Dr. Henry Immler, Martina Schmidt

# Rechnungswesen
## für Wirtschaftsschulen

## Band 1

1. Auflage

Bestellnummer 48000

www.bildungsverlag1.de

Unter dem Dach des Bildungsverlages EINS sind die Verlage Gehlen, Kieser, Stam, Dähmlow, Dümmler, Wolf, Dürr + Kessler, Konkordia und Fortis zusammengeführt.

Bildungsverlag EINS
Sieglarer Straße 2, 53842 Troisdorf

ISBN 978-3-427-**48000**-6

© Copyright 2006: Bildungsverlag EINS GmbH, Troisdorf
Das Werk und seine Teile sind urheberrechtlich geschützt. Jede Nutzung in anderen als den gesetzlich zugelassenen Fällen bedarf der vorherigen schriftlichen Einwilligung des Verlages.
Hinweis zu § 52a UrhG: Weder das Werk noch seine Teile dürfen ohne eine solche Einwilligung eingescannt und in ein Netzwerk eingestellt werden. Dies gilt auch für Intranets von Schulen und sonstigen Bildungseinrichtungen.

# Vorwort

Liebe Lernende, lieber Lernender,

> Wer vom Ziel nicht weiß,
> kann den Weg nicht haben,
> wird im selben Kreis
> all sein Leben traben;
> kommt am Ende hin,
> wo er hergerückt,
> hat der Menge Sinn
> nur noch mehr zerstückt.
>
> (Christian Morgenstern)

Dein Ziel im Fach Rechnungswesen soll sein, dich zu der Erkenntnis zu führen, dass mittels eines logischen Systems wirtschaftliche Vorgänge so klar werden, dass du für dich daraus den größten Nutzen ziehen kannst.

Das hier vorliegende **Lernbuch** möchte **dir helfen**, ausgehend von deinen täglichen Einnahmen und Ausgaben, Leistungen und Kosten zu überschauen. Mithilfe deines Lehrers sollen dir **Methoden** erschlossen werden, die dir helfen, dein **Wissen** zu **erweitern**. Mit diesem Buch wird dir ein neues Hilfsmittel gegeben, um deine **Handlungsfähigkeit** zu **erhöhen**.

Vielleicht bist du es noch gewöhnt, dass dir vieles vorgegeben wird, und manch einem von euch mag es sehr bequem erscheinen, wenn er lediglich gut aufbereitete Aufgaben übernehmen kann. Dieses Buch verlangt mehr von dir: Du sollst deinen **Weg selbst gehen**, und dein Lehrer möchte dir helfen, diesen Weg zu finden. Erwarte also nicht, dass dir der Lehrer alles vorgibt, sondern **werde selbst aktiv**.

Das vorliegende Lernbuch deckt den neuen Lehrplan für Wirtschaftsschulen in Bayern ab. Es hält sich an die Vorgaben, die an einen handlungsorientierten Unterricht gestellt werden. Im didaktischen Mittelpunkt steht die projektorientierte Schülerselbsttätigkeit.

Der Stoff ist so aufbereitet, dass eine weitgehende Differenzierung nach Tempo, Niveau und Methode möglich ist. Das heißt im Klartext: **Du kannst** dein **Lerntempo** innerhalb des vom Lehrer vorgegeben Rahmens **selbst bestimmen**, du hast die **Möglichkeit tiefer einzusteigen** als es der Lehrplan verlangt und du kannst Aufgaben entsprechend deinen Fähigkeiten und Möglichkeiten bearbeiten.

# Inhaltsverzeichnis

| | | |
|---|---|---:|
| Vorwort | | 3 |
| Einleitung | | 6 |
| **A** | **Grundlagen der Buchführung** | 7 |
| 1 | Überschussberechnung im privaten Haushalt | 10 |
| 2 | Die einfache Buchführung eines privaten Haushaltes | 22 |
| 3 | Die doppelte Buchführung eines privaten Haushaltes | 25 |
| 4 | Erfassen von Gegenständen und Werten | 28 |
| **B** | **Buchführung in einer Unternehmung** | 31 |
| 1 | Buchhalterische Grundlagen bei der Gründung eines Unternehmens | 33 |
| 1.1 | Vermögenswerte | 34 |
| 1.2 | Inventur und Inventar | 35 |
| 1.3 | Die Eröffnungsbilanz | 39 |
| 2 | Vorgänge im laufenden Geschäftsbetrieb | 42 |
| 2.1 | Übertrag der Eröffnungsbilanz in T-Konten | 42 |
| 2.2 | Rechenzeichen in der T-Kontenbuchführung | 43 |
| 2.3 | Bilanzverlängerung (Rechnungen aus dem Bereich des Anlagevermögens) | 45 |
| 2.4 | Aktivtausch (Einkauf von Anlagevermögen im POS-Verfahren) | 45 |
| 2.5 | Passivtausch (Umschuldung eines Darlehens) | 46 |
| 2.6 | Bilanzverlängerung (Aufnahme eines neuen Kredits) | 46 |
| 2.7 | Bilanzverkürzung (Zahlung einer Rechnung) | 47 |
| 3 | Rechnungen aus dem Bereich Einkauf und Verkauf von Handelswaren | 48 |
| 3.1 | Eingangsrechnungen | 49 |
| 3.2 | Ausgangsrechnungen | 49 |
| 3.3 | Tageslosung | 50 |
| | *Exkurs: Die Umsatzsteuer bzw. Mehrwertsteuer* | 51 |
| 3.4 | Rechnungen aus dem Bereich Aufwand und Ertrag | 58 |
| 3.5 | Gewinn- und Verlustrechnung | 60 |
| 4 | Buchen nach Belegen | 61 |
| 4.1 | Buchung der Belege zum Kauf von Anlagevermögen | 61 |
| 4.2 | Buchung der Kreditaufnahme | 61 |
| 4.3 | Buchung der Belege aus dem Einkaufs- und Verkaufsbereich | 62 |
| 4.4 | Weitere Buchungen von Belegen im Bereich der Erfolgskonten | 66 |
| 5 | Zahlung der Rechnungen | 68 |
| 5.1 | Zahlung der Kreditorenrechnungen | 69 |
| 5.2 | Zahlung der Debitorenrechnungen | 69 |
| 6 | Buchungssätze und Vorkontierung | 71 |
| 7 | Abschluss der T-Kontenblätter | 73 |

| | | |
|---|---|---|
| 8 | Der Kontenrahmen | 75 |
| 9 | Besondere Geschäftsvorfälle im Warenverkehr | 78 |
| 9.1 | Nachlässe beim Wareneinkauf | 78 |
| 9.2 | Bezugskosten beim Wareneinkauf | 80 |
| 9.3 | Gutschriften wegen Schlechtlieferung und Lieferbonus | 80 |
| 9.4 | Besonderheiten beim Warenverkauf | 81 |
| 10 | Einsatz eines Finanzbuchhaltungsprogramms | 85 |
| 10.1 | Der Mandant | 85 |
| 10.2 | Sachkonten, Kreditorenkonten und Debitorenkonten | 86 |
| 10.3 | Kreditoren- und Debitorenbuchhaltung | 86 |
| 10.4 | Der FIBU-Stempel | 87 |
| 11 | Privatentnahmen und -einlagen | 89 |

| | | |
|---|---|---|
| **C** | **Übungen zu den einzelnen Themenbereichen** | **93** |
| 1 | Allgemeine Geschäftsvorfälle | 94 |
| 1.1 | Buchungen aus dem Bereich Beschaffung und Absatz von Waren | 94 |
| 1.2 | Buchungen aus dem Bereich der betriebsbedingten Aufwendungen und Erträge | 95 |
| 2 | Buchungen auf T-Konten und Abschluss | 96 |
| 3 | Besondere Geschäftsvorfälle im Warenverkehr | 99 |
| 3.1 | Buchungen aus dem Bereich Beschaffung von Waren | 99 |
| 3.2 | Buchungen aus dem Bereich Absatz von Waren | 102 |
| 3.3 | Allgemeine Fragen | 105 |
| 4 | Private Einlagen und private Entnahmen | 106 |

| | | |
|---|---|---|
| **D** | **Zusammenhängende Übung** | **107** |
| | Januar | 108 |
| | Februar | 109 |
| | März | 110 |
| | April | 111 |
| | Mai | 111 |
| | Juni | 113 |
| | Juli | 114 |
| | August | 115 |

Anhang: Belegsammlung .................................. 117

Glossar ................................................ 198

Stichwortverzeichnis ..................................... 200

Kontenrahmen

## Einleitung

Auf deinem Stundenplan steht jetzt Rechnungswesen. Vermutlich kannst du mit diesem Begriff noch nicht viel anfangen. Wahrscheinlich hast du schon einmal gehört, dass Kaufleute eine Buchhaltung haben. Die Buchhaltung ist eine Kunst, die schon der große Meister Goethe lobte:

> „Welche Vorteile gewährt die doppelte Buchhaltung dem Kaufmanne! Es ist eine der schönsten Erfindungen des menschlichen Geistes ..."

Im ersten Jahr erhältst du eine Einweisung in das System der doppelten Buchführung. Zum Fach Rechnungswesen gehört aber auch ein geschicktes Kalkulieren des Marktpreises. Dazu sollst du die Bedeutung von Aufwendungen und Kosten, Erträgen und Leistungen und vieles mehr kennen lernen.

Folgende Elemente wirst du immer wieder finden:

- Sachtexte,

- Definitionen,

- Verweis auf Tabellenkalkulation,

- Aufgaben,

- Dialoge,

- Zusammenfassungen,

- Verweise auf das [ → ] Glossar.

Die Autoren wünschen dir viel Freude beim Lernen. Dein Lernen soll dich befähigen, dein tägliches Leben zu meistern.

# A Grundlagen der Buchführung

1. Überschussberechnung im privaten Haushalt
2. Die einfache Buchführung eines privaten Haushaltes
3. Die doppelte Buchführung eines privaten Haushaltes
4. Erfassen von Gegenständen und Werten

## Haushaltsbuch

| Monat Oktober | Ein- nahmen | Ausgaben Gesamt- betrag | Wohnen | Grund- nahrung | Körper- pflege | Reini- gung | Unter- haltung | Bildung | Fahrtkosten | Anschaffung Instandhaltung | Verschiedenes |
|---|---|---|---|---|---|---|---|---|---|---|---|
| | | | Miete, Heizung, Wasser, Strom, Telefon etc. | Brot, Fleisch, Getränke, etc. | | | Zeitschriften, Bücher, Fernsehen, Theater, Geschenke, Hobby | | öffentliche Verkehrsmittel, Auto | Bekleidung, Hausrat, Möbel, Reparaturen | |
| Übertrag aus September | 280,67 € | | | | | | | | | | |
| . Okt. | | 185,48 € | | 47,88 € | Augencreme 14,90 € | | Tierpark 19,00 € | | Monatsfahrkarte 33,60 € | Kleidung 70,10 € | |
| . Okt. | | 54,71 € | | | Waschmittel 20,00 € | | | | | | |
| . Okt. | | 7,00 € | | | | | Museu | | | | |
| . Okt. | | 42,29 € | | 29 € | | | | | | | |
| . Okt. | | 63,10 € | | € | | | | | | | |
| . Okt. | | 42, | | | | | Kla un ri | | | | |
| . Okt. | | | | | | | | | | Geschirr 32,95 € | |
| . Okt. | | | | | | | | | Tanken Opel | | |
| . Okt. | | | | | | | | | | | |
| . Okt. | | | | | | | | | | | |
| . Okt. | | | | | | | | | | | |
| . Okt. | | | | | | | | | | 46,00 € | |
| . Okt. | | | | | | | | | | | |
| . Okt. | | | | | | | | | | | |
| . Okt. | | | | | | | | | | | Babysitter 15,00 € |
| . Okt. | | | | | | | | | | | |
| . Okt. | | | | | | | | | | | |
| . Okt. | | | | | | | | | | | |
| . Okt. | | 42 | | | | | | | | | |
| . Okt. | | 4, | | | | | | | | | |

## Grundlagen der Buchführung

Wann hast du das letzte Mal mit Euro und Cent gerechnet? Sicher ist das nicht lange her, denn bei jedem Einkauf rechnest du.
Schreibst du dir auf, was du wann ausgegeben hast? Heftest du wichtige Rechnungen und Quittungen ab? Berechnest du, was du dir wann von deinem Taschengeld kaufen wirst, und notierst du dir wichtige Einnahmen und Ausgaben? Wenn ja, hast du bereits erste Schritte der Buchführung vollzogen. Wenn du Einnahmen und Ausgaben schriftlich niederlegst, hast du sicher ein bestimmtes System, nach dem du vorgehst. Du benötigst die Rechenarten Plus und Minus sowie Mal und Geteilt.

**(1)** Schaue dir den nebenstehenden Kassenbon an und erkläre alle Posten, Beträge und die dazugehörigen Rechenarten.

```
               WAL-MART
               SUPERCENTER
       IMMER NIEDRIGPREISE IMMER WAL-MART
                  WEILHEIM
                 HAUS 3386
               TEL.: 0881 - 94300
ST 3386        00001106 TE 05 TR        02024
7% BAKERY      000008700819          1,99 € 2
NEKTARINEN     000000007067K         1,28 € 2
ALLG. LAND J.  402890000464          1,56 € 2
FREILAND EIER  400480200021          1,28 € 2
SCHLAGRAHM     400845201012          1,49 € 2
PFAND          000000005242          0,15 € 2
BANANEN        000000007107K
   0,518 kg X 1,38 / kg              0,71 € 2
KRAUETEROLLE   020551500178          1,78 € 2
ROTWEINKAESE   020599200159          1,59 € 2
BUTTER 250G    400233460224          0,85 € 2
SAHNE-CAMB.    000004050840          1,58 € 2
SPEICK SEIFE   400980000100          1,28 € 1
PFLANZENSEIF   400980000732          1,02 € 1
                    ZWISCHENSUMME    16,56 €
                            SUMME    16,56 €
                           KREDIT    16,56 €
                        RÜCKGELD €    0,00 €
19,00 % MWST            2,30 €        0,43 €
 7,00 % MWST           14,26 €        0,93 €
               ARTIKEL VERKAUFT 13
              TC 8356 9934 7306 6747
                  Grenzenlos günstig!
          Internationale Wochen bei WAL-MART.
                 28.08.07 19:01:35
```

Glossar

Die Buchführung baut auf zwei Grundlagen auf:
- auf der Systemlogik
- auf NORMATIVE [ ← ] Bestimmungen

Im **privaten Haushalt** kann eine **Buchführung hilfreich** sein. Eine Aufstellung der Einnahmen und eine Aufstellung der Ausgaben gibt Hinweise für ein sinnvolles Wirtschaften. Im privaten Haushalt kann jeder seine eigenen Normen aufstellen. Sie müssen allerdings zur selbstgewählten Systemlogik passen.
**Kaufleute** sind zur **Buchführung verpflichtet**. Sie müssen die zahlreichen gesetzlichen Regelungen beachten. Die normativen Bestimmungen sind einerseits Grundlage für die Systemlogik, andererseits gibt es auch Regeln, die das Gesetz vorschreibt (z. B. Bilanzrichtliniengesetz, HGB, GmbHG).

# Grundlagen der Buchführung

**(2)** Schaue im Fremdwörterlexikon unter den Begriffen
  a) System
  b) Logik
nach und schreibe das Wesentliche auf.

> **Du kannst der Kasse nur Geld entnehmen, das du vorher eingenommen hast.**

**(3)** Du hast folgende vier verschiedene Aufstellungen zur Einnahme und Ausgabe eines gleichen Vorgangs vorliegen.

| Artikel | Kilopreis | Menge | Gesamtpreis |
|---|---|---|---|
| Birnen | 2,99 € | 2,80 kg | 8,37 € |
| Äpfel | 3,99 € | 3,20 kg | 12,77 € |
| Bananen | 1,99 € | 1,50 kg | 2,99 € |
| | | | 24,13 € |
| | | | |
| Ausgabe | | | 24,13 € |
| Einnahme | | | 50,00 € |
| Differenz | Ausgabe – Einnahme | | – 25,87 € |

| Artikel | Kilopreis | Menge | Gesamtpreis |
|---|---|---|---|
| Birnen | 2,99 € | 2,80 kg | – 8,37 € |
| Äpfel | 3,99 € | 3,20 kg | – 12,77 € |
| Bananen | 1,99 € | 1,50 kg | – 2,99 € |
| | | | – 24,13 € |
| | | | |
| Ausgabe | | | – 24,13 € |
| Einnahme | | | 50,00 € |
| Differenz | Ausgabe – Einnahme | | 74,13 € |

| Artikel | Kilopreis | Menge | Gesamtpreis |
|---|---|---|---|
| Birnen | 2,99 € | 2,80 kg | 8,37 € |
| Äpfel | 3,99 € | 3,20 kg | 12,77 € |
| Bananen | 1,99 € | 1,50 kg | 2,99 € |
| | | | 24,13 € |
| | | | |
| Ausgabe | | | 24,13 € |
| Einnahme | | | 50,00 € |
| Differenz | Einnahme – Ausgabe | | 25,88 € |

| Artikel | Kilopreis | Menge | Gesamtpreis |
|---|---|---|---|
| Birnen | 2,99 € | 2,80 kg | – 8,37 € |
| Äpfel | 3,99 € | 3,20 kg | – 12,77 € |
| Bananen | 1,99 € | 1,50 kg | – 2,99 € |
| | | | – 24,13 € |
| | | | |
| Ausgabe | | | – 24,13 € |
| Einnahme | | | 50,00 € |
| Differenz | Einnahme – Ausgabe | | 74,13 € |

  a) Beschreibe kurz, welcher Vorgang Grundlage dieser Aufstellung gewesen sein könnte.
  b) Entscheide, ob jeweils eine Systemlogik vorliegt und begründe.
  c) Erkläre fehlerhafte Denkansätze.
  d) Welche Systemlogik würdest du bevorzugen? Bitte begründe deine Entscheidung.

## 1 Überschussberechnung im privaten Haushalt

**Glossar**

Du hast unbegrenzte BEDÜRFNISSE [ ← ], aber nur begrenzte Mittel, um deine Bedürfnisse befriedigen zu können. Die knappen Mittel (= dein knappes Geld) müssen so ausgegeben werden, dass du eine optimale Befriedigung deiner Bedürfnisse erzielen kannst.

Vielleicht hast du schon einmal eine Liste geschrieben, in der du das, was du am **dringendsten** kaufen möchtest, an die **erste Stelle** schreibst. Eine solche Aufstellung wird **Prioritätenliste** genannt.

**Glossar**

(4) Erstelle eine Liste mit mindestens fünf MATERIELLEN BEDÜRFNISSEN [ ← ], die du demnächst befriedigen möchtest.

(5) Erkunde die Preise und schreibe sie in die Liste.

(6) Ordne diese Liste nach Dringlichkeit.

(7) Erstelle eine Liste, in die du die Einnahmen für die nächsten Wochen aufschreibst.

(8) Erstelle eine Liste, in die du deine laufenden Ausgaben einträgst.

(9) Berechne, ob dir gemäß deiner Einnahmen und deiner laufenden Ausgaben pro Woche Geld übrig bleibt.

(10) Wenn dir kein Geld übrig bleibt, suche entweder nach Möglichkeiten, die laufenden Ausgaben zu reduzieren oder die Einnahmen zu erhöhen. Vielleicht kannst du sowohl die Ausgaben reduzieren als auch die Einnahmen erhöhen.

(11) a) Wie hoch ist dein Überschuss pro Woche?
b) Wie hoch ist der Überschuss nach vier Wochen?

(12) Bestimme, wie viele Bedürfnisse du in nächster Zeit mit dem Überschuss aus den vergangenen vier Wochen befriedigen kannst.

**Glossar**

Eine Familie muss mit den gegebenen Mitteln auskommen. Der HAUSHALTSVORSTAND [ ← ] der Familie Bergmann möchte wissen, ob die monatlichen Einnahmen ausreichen, um die anfallenden Ausgaben zu decken.

Diese Rechnung lässt sich z. B. anhand eines Haushaltsbuches durchführen.

## Überschussberechnung im privaten Haushalt

### Haushaltsbuch (Kasse)

| Monat Oktober | Einnahmen | Ausgaben Gesamtbetrag | Wohnen (Miete, Heizung, Wasser, Strom, Telefon etc.) | Grundnahrung (Brot, Fleisch, Getränke, etc.) | Körperpflege | Reinigung | Unterhaltung (Zeitschriften, Bücher, Fernsehen, Theater, Geschenke, Hobby) | Bildung | Fahrtkosten (öffentliche Verkehrsmittel, Auto) | Anschaffung Instandhaltung (Bekleidung, Hausrat, Möbel, Reparaturen) | Verschiedenes |
|---|---|---|---|---|---|---|---|---|---|---|---|
| Übertrag aus September | 780,67 € | | | | | | | | | | |
| 1. Okt. | | 185,48 € | | 47,88 € | Augencreme 14,90 € | | Tierpark 19,00 € | | Monatsfahrkarte 33,60 € | Kleidung 70,10 € | |
| 2. Okt. | | 54,71 € | | 34,71 € | | Waschmittel 20,00 € | | | | | |
| 3. Okt. | | 7,00 € | | | | | Museum 7,00 € | | | | |
| 4. Okt. | | 42,29 € | | 42,29 € | | | | | | | |
| 5. Okt. | | 63,10 € | | 63,10 € | | | | | | | |
| 6. Okt. | | − | | | | | | | | | |
| 7. Okt. | | 42,74 € | | 27,74 € | | | | Klavierunterricht 15,00 € | | | |
| 8. Okt. | | 50,08 € | | 11,13 € | | | | | | Geschirr 38,95 € | |
| 9. Okt. | | 51,72 € | | 51,72 € | | | | | | | |
| 10. Okt. | 500,00 € | 46,17 € | | 22,17 € | | | | | Tanken Opel 24,00 € | | |
| 11. Okt. | | 28,70 € | | 28,70 € | | | | | | | |
| 12. Okt. | | 95,08 € | | 95,08 € | | | | | | | |
| 13. Okt. | | − | | | | | | | | | |
| 14. Okt. | 200,00 € | 63,17 € | | 28,17 € | | | | Klavierunterricht 15,00 € | Tanken Fiat 20,00 € | | |
| 15. Okt. | | 98,41 € | | 52,41 € | | | | | | Schaumstoff 46,00 € | |
| 16. Okt. | | 52,00 € | | 52,00 € | | | | | | | |
| 17. Okt. | | 38,40 € | | 38,40 € | | | | | | | |
| 18. Okt. | | 5,20 € | | 5,20 € | | | | | | | |
| 19. Okt. | | 53,85 € | | 24,35 € | Kosmetik 14,50 € | | | Klavierunterricht 15,00 € | | | |
| 20. Okt. | | 28,00 € | | | | | Kino 13,00 € | | | | Babysitter 15,00 € |
| 21. Okt. | | 99,07 € | Holz 71,60 € | 27,47 € | | | | | | | |
| 22. Okt. | | 78,80 € | | 78,80 € | | | | | | | |
| 23. Okt. | | 62,79 € | | 2,79 € | Friseur 60,00 € | | | Klavierunterricht 15,00 € | | | |
| 24. Okt. | | 19,20 € | | 4,20 € | | | | | | | |
| 25. Okt. | | 42,75 € | | 42,75 € | | | | | | | |
| 26. Okt. | | 4,20 € | | 4,20 € | | | | | | | |
| 27. Okt. | | − | | | | | | | | | |
| 28. Okt. | | 76,42 € | | 6,52 € | | | | | | Hose 69,90 € | |
| 29. Okt. | | 20,00 € | | 20,00 € | | | | | | | |
| 30. Okt. | | − | | | | | | | | | |
| 31. Okt. | | − | | | | | | | | | |
| Σ | 1.480,67 € | 1.409,33 € | 71,60 € | 811,78 € | 109,40 € | | 99,00 € | | 77,60 € | 224,95 € | 15,00 € |

(13) Wie hoch sind die Gesamteinnahmen im Monat Oktober?

(14) Reichen die Einnahmen aus, um alle Ausgaben zu decken?

(15) Findest du die Aufteilung der Ausgaben in verschiedene Bereiche sinnvoll? Begründe deine Meinung.

(16) Wie hoch sind die durchschnittlichen Ausgaben pro Tag?

Heute werden viele Zahlungsvorgänge über die Bank abgewickelt. Um einen gesamten Überblick über Einnahmen und Ausgaben zu erhalten, müssen die Zahlungsvorgänge des laufenden Bankkontos mit berücksichtigt werden. Eine Zusammenstellung lässt sich anhand der Kontoauszüge durchführen (vgl. S. 13).

*Wenn du dir das Wichtigste bereits jetzt merkst, hast du später ein gutes Grundwissen, wenn der Kredit in Betriebswirtschaft besprochen wird.*

(17) Versuche fünf Vorgänge aus dieser Liste zu erklären.

(18) Reichen die Einnahmen aus, um alle Ausgaben des Monats Oktober zu decken?

(19) Erstelle eine neue Gesamtliste der Ausgaben der Familie Bergmann, in der die Kassen- und Bankbewegungen zusammengefasst werden.

(20) Wie hoch sind die Ausgaben der fünfköpfigen Familie Bergmann für Grundnahrungsmittel?

(21) Wie hoch ist der Überschuss, den die Familie Bergmann im Monat Oktober erwirtschaftet hat?

## Überschussberechnung im privaten Haushalt

## Kontobewegungen Oktober*

| Kontoauszug | Datum | Vorgang | | | Ausgaben | Einnahmen |
|---|---|---|---|---|---|---|
| 30 | 30. Sept. | Annuität | | | 511,29 € | |
| | 30. Sept. | Hypothek | | | 103,32 € | |
| | 1. Okt. | Debeka-Versicherungen | | | 259,91 € | |
| | 1. Okt. | E.ON-Energie | | | 158,22 € | |
| | 1. Okt. | Bausparvertrag | | | 240,82 € | |
| | 4. Okt. | Lastschrift Hapflmeier (Schuhe) | | | 105,40 € | |
| | 7. Okt. | Kindergeld | | | | 308,00 € |
| | 7. Okt. | EC Modehaus Wagner | | | 129,90 € | |
| 31 | 9. Okt. | Telekom | | | 84,49 € | |
| | 11. Okt. | Geldautomat Weilheim | | | 500,00 € | |
| | 14. Okt. | Gehalt Monika | | | | 873,09 € |
| | 14. Okt. | Geldautomat Peißenberg | | | 200,00 € | |
| | 16. Okt. | Überweisung Harrer Biodiesel | | | 60,04 € | |
| | 18. Okt. | EC Shell Peißenberg | | | 40,16 € | |
| | 22. Okt. | EC Biomichl (Lebensmittel) | | | 28,34 € | |
| | 25. Okt. | Securvita Betriebskrankenkasse | | | 519,76 € | |
| 32 | 28. Okt. | Mastercard-Abrechnung | DB | 8,10 € | | |
| | | | Wal Mart | 46,94 € | | |
| | | | Wal Mart | 14,10 € | | |
| | | | Wal Mart | 17,80 € | | |
| | | | Wal Mart | 20,71 € | | |
| | | | Autobahn Italien | 0,60 € | | |
| | | | Autobahn Italien | 2,30 € | | |
| | | | Wal Mart | 19,15 € | | |
| | | | Wal Mart | 47,40 € | | |
| | | | Wal Mart | 14,10 € | 191,20 € | |
| 34 | 29. Okt. | Gehalt Hermann | | | | 2.997,36 € |
| | | Summen | | | 3.132,85 € | 4.178,45 € |
| | | Überschuss/Defizit Oktober | | | 1.045,60 € | |
| | | aus September | | | − 1.017,03 € | |
| | | Übertrag für November | | | 28,57 € | |

\* Die Aufstellung wurde auf der Grundlage der Kontoauszüge eines Girokontos erstellt.

Lisa klärt mit Paul, der bei einer Bank im zweiten Lehrjahr ist, die Vorgänge bei einem Girokonto.

**Dialog**

Lisa: „Was ist eigentlich ein Girokonto?"
Paul: „Über dieses Konto können die täglich anfallenden Zahlungsströme erfolgen."
Lisa: „Zahlungsströme? Was heißt denn das?"
Paul: „Nun, es gibt Einnahmen, und es gibt Ausgaben."
Lisa: „Welche Einnahmen?"
Paul: „Wenn z. B. dein GEHALT [ ← ] eingeht, hast du Einnahmen, die jetzt auf deinem Konto liegen."
Lisa: „Und Ausgaben?"
Paul: „Wenn du z. B. deine Stromrechnung über dein Girokonto zahlst, ist das für dich eine Ausgabe."
Lisa: „Du hast vorhin von Zahlungsstrom gesprochen, jetzt von Ausgabe."
Paul: „Korrekt! Sowohl Ausgabe als auch Einnahmen verursachen Zahlungsströme. Einmal fließt Geld deinem Konto zu, einmal fließt es ab."
Lisa: „Erhalten meine Eltern Mieteinnahmen, weil sie einen Teil unseres Hauses vermietet haben, ist das eine Einnahme. Geld strömt auf das Konto."

## Überschussberechnung im privaten Haushalt

**Dialog** (Fortsetzung)

**Paul:** „Die Bank listet alle Zahlungsströme im Kontoauszug."

**Lisa:** „Das heißt, ein Kontoauszug zeigt mir, wie viel Geld ich zur Verfügung habe."

**Paul:** „Ja! Und in der Regel erhalten gute Bankkunden auf ihrem Girokonto einen Dispositionskredit."

**Lisa:** „Erkläre mit bitte noch den Dispositionskredit, aber dann reicht es erst einmal."

**Paul:** „Das bedeutet, dass der Bankkunde über einen bestimmten Kreditrahmen verfügen kann. Nehmen wir einmal an, du hast einen Kreditrahmen von 3.000,00 €. Du hast noch 1.000,00 € Guthaben auf diesem Konto, möchtest aber ein Notebook zu 1.350,00 € kaufen und gleich per LASTSCHRIFTVERFAHREN [ → ] zahlen. Da du 3.000,00 € Kredit hast, kannst du ohne weiteres zahlen. Dein Konto ist dann noch nicht überzogen, sondern es steht nur mit 350,00 € im Soll. € 3.000,00 ist das KREDITLIMIT [ → ], bis zu dem dir Zahlungen oder Abhebungen möglich sind."

**Lisa:** „O. K. Soweit erst einmal. Ich werde jetzt noch einmal sorgfältig überlegen, was du mir alles erzählt hast."

**Glossar**

**Glossar**

Lisa hat nicht alle Begriffe, die Paul verwendet hat, gewusst. Sie wollte aber nicht immer nachfragen.

**(22)** Schreibe alle Begriffe heraus, die dir nicht klar sind, und kläre diese mithilfe von Nachschlagewerken.

**(23)** Jedes der folgenden Kästchen soll 300,00 € symbolisieren.

Zahlungseingang

| ---------- | ---------- | Zahlungseingang | ---------- | ---------- | ---------- | ---------- |

Zahlungsausgang

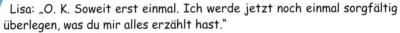

Du sollst jetzt Folgendes ablesen:
a) die Einnahmen
b) die Ausgaben
c) den Überschuss

## Grundlagen der Buchführung

**(24)** Stelle folgende Einnahmen und Ausgaben nach der beispielhaften Grafik dar. Wähle jeweils einen geeigneten Maßstab. Du kannst die Aufgabe auch über ein Grafik-Programm oder über ein Tabellenkalkulationsprogramm am PC erstellen.
  a) Einnahmen 3.000,00 €; Ausgaben 2.500,00 €
  b) Einnahmen 1.520,00 €; Ausgaben 1.050,00 €
  c) Einnahmen 2.200,00 €; Ausgaben 2.200,00 €
  d) Einnahmen 2.600,00 €; Ausgaben 2.900,00 €

In der Aufgabe 24 d wirst du festgestellt haben, dass hier ein DEFIZIT [ ← ] entstanden ist. Auf Dauer darf sowohl ein privater Haushalt als auch ein Unternehmen nicht so wirtschaften, dass Defizite entstehen. Wird ständig defizitär gewirtschaftet, droht ein INSOLVENZVERFAHREN [ ← ].

**(25)** Nimm Stellung zu folgender Aussage: „Wenn du kein Girokonto hättest, und alle Zahlungsströme flössen bar über deine Bargeldkasse, wäre die Situation (3) d grundsätzlich nicht möglich."

**(26)** Nimm Stellung zu folgender Aussage: „Wenn für dein Girokonto kein Dispositionskredit gewährt würde, und alle Zahlungsströme flössen über dein Girokonto, wäre die Situation in Aufgabe 24 d grundsätzlich nicht möglich; es sei denn, es ist ein ausreichender Überschuss aus der letzten Periode vorhanden."

**(27)** Stelle eine Situation dar, bei der du zwar einen Dispositionskredit für dein Girokonto eingeräumt bekommen hast, eine Ausgabe aber dennoch nicht möglich ist.

**Dialog**

Lisa setzt bei der nächsten Gelegenheit das Gespräch mit Paul fort:
Paul: „Na, weißt du noch, was Zahlungsströme sind? Und kennst du noch die Aufgaben, die ein Girokonto erfüllt?"
Lisa: „Ich denke schon. Bei einem Girokonto ist es möglich, dass mir die Bank einen Dispositionskredit einräumt."
Paul: „Prima. Ich habe hier einen Kontoauszug."

```
                                    Kontonummer      erstellt am         Auszug      Blatt
  RAIFFEISENBANK WEILHEIM EG           13475        10.05.200x          14/200x      1/2
  82362 WEILHEIM, GESCH. ST. HUGLFING               um 09:27                      Girokonto
  BLZ 701 696 02                            K o n t o a u s z u g               EUR-Konto
  Bu-Tag    Wert     Vorgang        Alter Kontostand vom 06.05.200x       2.349,22 S

  08.05.   08.05.   PN: 931                                                  46,71 S
                    EC-GA  KARTE 1 GEB. EU 4,00
                    Konto: 006001515 BLZ: 50040000
                    GBP   30.00KURS0, 7024000KURS VOM 06.05.03
                    DERBY    AM05.03. 3DRR EAST A/P         GBR
  08.05.   08.05.   PN: 5501 UEBERWEISUNG                                     0,90 S
                    TELEKOM BUCHHALTUNG 05 MCHN
                    Konto: 0593232807 BLZ: 70010080
                    9285598030 DIFFERENZ    SCHR 2003-05-05 FAX GAP
  08.05.   08.05.   PN:5501 ÜBERWEISUNG                                      51,08 S
                    TELEKOM BUCHHALTUNG 05 MCHN
                    Konto: 0593232807 BLZ: 70010080
                    0092901863024
```

## Überschussberechnung im privaten Haushalt

```
                                    Kontonummer      erstellt am       Auszug    Blatt
RAIFFEISENBANK WEILHEIM EG            13475        10.05.200x         14/200x    2/2
82362 WEILHEIM, GESCH. ST. HUGLFING                um 09:27                    Girokonto
BLZ 701 696 02                              K o n t o a u s z u g             EUR-Konto
Bu-Tag     Wert      Vorgang
08.05.    08.05.    PN: 931 GUTSCHRIFT                                       1.021,33 H
                    MATTHIAS BUCHNER
                    Konto:  0000830291 BLZ: 70169521
                    MIETE MAI 03
08.05.    08.05.    PN: 931 GUTSCHRIFT                                           0,90 H
                    MATTHIAS BUCHNER
                    Konto:  0000830291 BLZ: 70169521
                    HEIZÖL ECT. ABLÖSE
09.05.    08.05.    PN: 913                                                     51,08 S
                    EC-GA KARTE 1 GEB. EU 4,00
                    Konto: 00060015150 BLZ: 50040000
                    GBP        50,00KURS0, 7073000KURS VOM 07.05.03
                    LEICESTER AM 04.05.03 12. 48 ALLIANCE&LEICESTER A GBR
12.05.    10.05     PN: 6111 70169602 1105 09.26 KARTE 1
                    EC-AUTOMAT 10.05 Huglfing                                  500,00 S
                    Neuer Kontostand vom 10.05.200x                            762,13 S
```

**Dialog** (Fortsetzung)

**Lisa:** „Da steht viel. Was ist denn wichtig?"

**Paul:** „Jedes Datum ist wichtig; je nachdem, welche Information du benötigst. Ein Kontoauszug sollte sehr sorgfältig gelesen werden. Es ist ein Beleg, nach dem die Kaufleute buchen. Hier handelt es sich allerdings nicht um ein Geschäftskonto."

**Lisa:** „Also müssen alle fähig sein, einen Kontoauszug zu verstehen. Ich verstehe einiges nicht. Wofür steht z. B. ‚Bu-Tag' und ‚Wert'?"

**Paul:** „‚Bu-Tag' steht für Buchungstag. Das ist der Tag, an dem ein Mitarbeiter der Bank den Vorgang bucht. Bei Wert wird der Tag eingegeben, zu dem der Zahlungsstrom für die Bank bedeutsam ist. Schau z. B. die letzte Buchung an. Diese erfolgte am 12. Mai. Der Kunde dieser Bank hat aber am 10. Mai, einem Samstag, mit seiner Karte am Automat Geld abgehoben."

**Lisa:** „Und wofür steht das S oder das H hinter dem Eurobetrag?"

**Paul:** „Das steht für Soll und Haben."

**Lisa:** „Diese Begriffe habe ich schon gehört. Ich weiß damit aber nichts anzufangen."

**(28)** Frage deine Eltern, wie sie in Besitz ihrer Kontoauszüge gelangen.

**(29)** Bitte deine Eltern, dir einen privaten Kontoauszug zu zeigen und lasse dir erklären, was die Positionen auf diesem bedeuten.

**(30)** Beantworte folgende Fragen zum abgebildeten Kontoauszug.
a) BLZ ist die Abkürzung für Bankleitzahl. Wozu dienen Bankleitzahlen? Wenn du es nicht weißt, frage deine Eltern, Bekannte oder in einer Bank.
b) Wann wurde dieser Kontoauszug erstellt?
c) Wofür steht auf dem Kontoauszug:
– 14/200x
– 1/2 und 2/2?

d) Am 8. Mai wurde in Großbritannien vom Geldautomaten abgehoben. GBP steht für britische Pfund.
   1. Am wievielten Mai wurde abgehoben und zu welcher Uhrzeit?
   2. In welchem Ort wurde abgehoben?
   3. Welcher Tag wurde für die Kursumrechnung gewählt?
   4. Wie lautet der Kurs?
   5. Wie viele GBP wurden abgehoben?
   6. Rechne die abgehobenen GBP in Euro um.
   7. Wie hoch ist die Gebühr für diesen Vorgang?

e) Erkläre knapp den Zahlungsvorgang „Überweisung Telekom".

f) Entscheide nun, ob ein „S" hinter dem Eurobetrag das Konto mehrt oder mindert. Begründe anhand der Vorgänge auf dem Kontoauszug.

g) Wurde der Dispositionskredit in Anspruch genommen? Begründe anhand des Kontoauszuges.

h) Worin besteht der Unterschied zwischen Buchungstag und Tag der Wertstellung?

Ein Kontoauszug zeigt dem Kontoinhaber alle Bewegungen auf dem Konto an. Stelle dir vor, du bist Kontoinhaber.
Überlege: Das Gehalt gehört dir, liegt aber auf der Bank. Das bedeutet doch, dass dir die Bank dieses Geld schuldet. Die Bank verbucht aus ihrer Sicht das eingegangene Gehalt im Haben.

(31) Schau dir jetzt noch einmal die Aufstellung (S. 11 Haushaltsbuch) an.
   a) Hast du die Aufgabe 18 richtig gelöst?
   b) Nenne die Zahlungsströme, die deine Einnahmen erhöhen.

(32) Warum stehen die Zahlungsströme der Einnahmen bei der Bank im Haben?

(33) Hat dieser Haushalt im Januar einen Überschuss oder ein Defizit erwirtschaftet? Begründe deine Aussage.

*Lehrerhilfe Aufgabe 27*

(34) Frage deine Eltern, ob sie ein Haushaltsbuch führen. Wenn ja, lasse dir das System erklären.

(35) Schreibe eine Woche deine Einnahmen und deine Ausgaben in eine Tabellenkalkulation.

(36) Kannst du dir vorstellen, ein Haushaltsbuch zu führen, wenn du dich aus dem Haushalt deiner Eltern verabschiedet hast? Begründe deine heutige Meinung.

## Zusammenfassung

Einnahmenströme und Ausgabenströme können in grafischen Darstellungen oder in Zahlentabellen erfasst werden. Sind die Einnahmen höher als die Ausgaben, erwirtschaftet der Haushalt einen Überschuss. Sind die Ausgaben höher als die Einnahmen, muss der Haushalt, sofern er keine früheren Überschüsse nutzen kann, einen Kredit aufnehmen. Ein Dispositionskredit erlaubt dem Kontoinhaber, dass er bis zu einem bestimmten Limit ins „Minus" gehen darf. Die Ausgaben dürfen über einen langen Zeitraum nicht ständig höher sein als die Einnahmen. Hält sich der Haushalt nicht an diese Regel, droht ihm ein Insolvenzverfahren.

Soll und Haben sind wichtige Begriffe in der Buchhaltung. Bei einem Kontoauszug bedeutet Haben **aus der Sicht der Bank**, dass sie ihrem Kunden den Betrag schuldet, ein Soll bedeutet, die Bank hat vom Kunden noch etwas zu bekommen. Aus **Sicht des Bankkunden** sind Einnahmen Soll-Posten und Ausgaben Haben-Posten.

## Zusammenfassende Übungen

**(37)** Ein Haushalt führt ein Haushaltsbuch.
  a) Erstelle für den Monat November eine Ausgabentabelle für folgende Vorgänge.

| Vorgänge | | | | | |
|---|---|---|---|---|---|
| 1. Nov. | Grundnahrungsmittel | 12,00 € | 12. Nov. | Grundnahrungsmittel | 104,41 € |
| | Tanken | 20,00 € | | Stühle vom Flohmarkt | 90,00 € |
| | Kleidung | 59,00 € | 13. Nov. | Café | 25,00 € |
| 2. Nov. | | - € | | Tanken | 40,00 € |
| 3. Nov. | Energie | 126,00 € | 14. Nov. | Grundnahrungsmittel | 13,54 € |
| | Wasser/Abwasser | 87,20 € | 15. Nov. | Grundnahrungsmittel | 196,95 € |
| | Grundnahrungsmittel | 42,53 € | 16. Nov. | Grundnahrungsmittel | 22,89 € |
| 4. Nov. | Grundnahrungsmittel | 33,00 € | 17. Nov. | Grundnahrungsmittel | 80,35 € |
| | Musikunterricht | 15,00 € | 18. Nov. | Grundnahrungsmittel | 14,35 € |
| 5. Nov. | Grundnahrungsmittel | 89,77 € | 19. Nov. | Grundnahrungsmittel | 144,25 € |
| | Miete | 720,00 € | 20. Nov. | Grundnahrungsmittel | 29,35 € |
| | Kosmetik | 53,90 € | 21. Nov. | Grundnahrungsmittel | 30,85 € |
| | Tanken | 20,00 € | 22. Nov. | Grundnahrungsmittel | 75,99 € |
| | Geschenk | 47,00 € | 23. Nov. | | - € |
| | Bücher | 98,70 € | 24. Nov. | Grundnahrungsmittel | 8,00 € |
| 6. Nov. | Konzert | 220,00 € | 25. Nov. | | - € |
| 7. Nov. | Grundnahrungsmittel | 68,26 € | 26. Nov. | | - € |
| | Telekom | 57,30 € | 27. Nov. | Grundnahrungsmittel | 43,02 € |
| 8. Nov. | Grundnahrungsmittel | 16,26 € | 28. Nov. | Grundnahrungsmittel | 48,00 € |
| 9. Nov. | Grundnahrungsmittel | 9,24 € | 29. Nov. | Grundnahrungsmittel | 49,30 € |
| 10. Nov. | Grundnahrungsmittel | 33,73 € | 30. Nov. | Kino | 15,00 € |
| | Heizöl | 1.289,90 € | | Versicherungen | 167,30 € |
| 11. Nov. | Grundnahrungsmittel | 79,68 € | | | |
| | Musikunterricht | 15,00 € | | | |

  b) Bestimme, ob es sich um ein Defizit oder um einen Überschuss handelt, wenn die Familie Bergmann im November wegen des Weihnachtsgeldes 2.467,30 € Mehreinnahme hat als im Oktober. (vgl. Tab. „Kontobewegungen Oktober")
  c) Stelle die Situation für diesen Monat grafisch dar.

**(38)** Ein Kontoauszug steht mit 1.567,23 € im Haben.
   a) Hat der Kunde bei der Bank Schulden oder schuldet die Bank dem Kunden den Betrag?
   b) Ein Bankkunde liest auf seinem Kontoauszug 750,22 € im Soll. Er zahlt 760,00 € ein. Wie hoch ist jetzt sein Bankguthaben?

**(39)** Folgende Bewegungen sind auf einem Kontoauszug vermerkt:
   - Übertrag                  233,55 €   H
   - Energieversorgung         120,00 €   S
   - Miete Oktober             720,00 €   S
   - Gehalt Oktober          2.117,22 €   H

   a) Berechne den neuen Kontostand und kläre, ob der Bankkunde bei der Bank Guthaben oder Schulden hat.
   b) Die Bank räumt einen Dispositionskredit in Höhe von 2.000,00 € ein. Welcher Betrag steht dem Kunden zurzeit problemlos zur Verfügung?

## 2 Die einfache Buchführung eines privaten Haushaltes

Lisa hat heute Geburtstag. Ihr Bruder Paul und ihr Vater sind neugierig, was sie alles geschenkt bekommen hat. Ihr Vater schreibt die Geburtstagsgeschenke für Monika auf:
- Eltern: Buch, „Sophies Welt"
- Oma: 70,00 €
- Opa: Fotoalbum
- Bruder: CD
- Tante: Tagebuch

Die Geburtstagsgeschenke liegen auf einem runden Tisch. Nachdem Lisa allen für die Geschenke gedankt hat, räumt sie diese auf.
Das neue Buch legt sie auf ihren Nachttisch, die CD steckt sie in die CD-Box, das Tagebuch legt sie auf ihren Schreibtisch und das Geld kommt in eine Kassette.

Nun überlegt sie sich, in welchem Gesamtwert sie Geschenke bekommen hat. Sie weiß, dass das Buch 10,00 € kostet, das Fotoalbum 15,00 €, die CD 14,99 € und das Tagebuch 8,00 €.

*Für die einfache Buchführung reicht eine Euro-Spalte.*

| Buch | 10,00 € |
|---|---|
| Fotoalbum | 15,00 € |
| CD | 14,99 € |
| Tagebuch | 8,00 € |
| Geld | 70,00 € |
| Summe | 117,99 € |

Sie hat nun ein kleines Vermögen von 117,99 €. Von dem Bargeld, das in der Kassette liegt, möchte sie sich ein lustiges T-Shirt für 25,00 € kaufen. Sie nimmt daher 25,00 € aus der Kassette und geht einkaufen.

**(40)** Wie hoch ist der Bargeldbestand, der in der Kassette liegt, vor und nach dem Kauf des T-Shirts?

**(41)** Was meinst du: Ist Lisa durch diesen Kauf ärmer geworden, d. h., ist ihr Vermögen geringer geworden? Schreibe deine Meinung auf und begründe sie.

**(42)** Erstelle eine neue Tabelle, in der dieser Kauf bereits berücksichtigt ist. (vgl. Tab. S. 22)

**(43)** Vergleiche die Summe deiner neuen Tabelle mit der alten Tabelle und überprüfe deine Meinung zur Aufgabe Nr. 42.

Lisa überlegt sich: „Ich habe nun ein Buch, eine CD, ein Tagebuch und ein T-Shirt. In meiner Kassette liegen jetzt noch 45,00 €. Ich würde mir gerne zu meinem neuen T-Shirt eine Hose kaufen. Leider kostet diese 60,00 €.

**(44)** Wie viele Euro fehlen?

**(45)** Wie könnte Lias das fehlende Geld erhalten?

Sie geht zu ihrer Mutter und bittet sie, ihr die 15,00 € vorzustrecken. Lisa schlägt vor, dass die Mutter es ja mit dem nächsten Taschengeld verrechnen könne. Die Mutter ist einverstanden und gibt ihr ein zinsloses [ → ] DARLEHEN über die fehlenden 15,00 €.

Lisa überlegt: „Das Buch, die CD, das Tagebuch, das T-Shirt und die 45,00 € gehören mir. Das ist mein kleines Vermögen. Aber auch die 15,00 € habe ich. Wenn diese 15,00 € in meiner Kassette liegen – ja, was ist das dann?"

Lisa verfügt über 60,00 € Bargeld. Sie vermag mit diesen 60,00 € die gewünschte Hose zu kaufen. Das Bargeld setzt sich aus ihren Mitteln und aus dem Darlehen, das ihr die Mutter gegeben hat, zusammen. Ihre Mittel bilden das Eigenkapital, während die gegebenen Mittel der Mutter das Fremdkapital sind.

**(46)** Schreibe die Verlaufsformen von „vermag" auf. Bilde dann das dazugehörige Substantiv.

**(47)** Erstelle eine kleine Zeichnung, fotografiere oder klebe eine Collage mit allen Vermögensgegenständen auf, die Lisa hat.

**(48)** Erstelle nun eine weitere Tabelle, wobei du nun die 15,00 €, die Lisa als Darlehen erhalten hat, in der Kassette berücksichtigst.

**(49)** Vergleiche nun die Summe mit deiner letzten Tabelle.

**Glossar**

*In der Umgangssprache sagt man oft: „Leihe mir das Geld!" Das ist falsch, denn das bedeutet, jemandem etwas kostenlos zum Gebrauch zu überlassen. Der Verleiher möchte dasselbe zurück. Vermeide diesen Fehler!*

## Grundlagen der Buchführung

Lisa eilt in den Jeansladen. Sie deutet gleich auf den Ständer mit der gewünschten Hose. Die freundliche Verkäuferin lächelt sie an und sagt: „Du hast Glück, denn wir gewähren ab heute auf alle Teile, die in diesem Ständer hängen, zehn Prozent Rabatt."

**(50)** Berechne, wie viele Euro Lisa in die Kassette zurücklegen kann.

**(51)** Erstelle eine weitere kleine Tabelle, in welcher der Kauf der Hose berücksichtigt ist.

**(52)** Vergleiche nun die Summe mit deiner letzten Tabelle.

Lisas aufgezeichnetes Vermögen beträgt nun 132,99 €. Aber in diesem Vermögen steckt ein Posten, der ihr nicht gehört. Lisa könnte sich nun eine kleine Notiz machen, in der sie festhält: 15,00 € Schulden bei der Mutter.

**(53)** Wie hoch ist der Wert des Vermögens, das sie besitzt?

*Lehrerhilfe Aufgabe 49*
*S = Soll*
*H = Haben*

**(54)** Lisa möchte den Betrag, den sie der Mutter schuldet, mit S oder H kennzeichnen. Welchen Buchstaben müsste sie wählen?

**(55)** Wenn die Mutter den Betrag, den Lisa ihr schuldet, mit dem Buchstaben S oder H kennzeichnen würde, müsste sie genau den anderen wählen, den Lisa wählt. Begründe diese Aussage.

# 3 Die doppelte Buchführung eines privaten Haushaltes

Lies nun noch einmal das Zitat von Goethe. (vgl. S. 6)

Lisa hat eine einfache Buchhaltung niedergeschrieben. Sie schreibt auf, wo bestimmte Mittel „drinstecken"; im Buch, in der CD, im Tagebuch, im T-Shirt, in der Hose und in der Kassette. Das ist die Mittelverwendung.

| Buch | 10,00 € |
|---|---|
| Fotoalbum | 15,00 € |
| CD | 14,99 € |
| Tagebuch | 8,00 € |
| T-Shirt | 25,00 € |
| Hose | 54,00 € |
| Kassette | 6,00 € |
| | 132,99 € |

Nun führt sie eine weitere Tabelle, in der sie aufschreibt, woher die Mittel kommen.

| von Lisa selbst | 117,99 € |
|---|---|
| von der Mutter | 15,00 € |

**(56)** Bilde die Summe für die Tabelle der Mittelherkunft.

**(57)** Vergleiche diese Summe mit der letzten Tabelle über Lisas Vermögen.

Es wird deutlich, dass die Tabelle, die Auskunft gibt, woher Lisas Mittel kommen, die gleiche Summe hat, wie die Tabelle, die Auskunft gibt, wohin sie ihre Mittel ‚gesteckt hat'. Die beiden Tabellen können nun zusammengeführt werden.

| Buch | 10,00 € | von Lisa | 117,99 € |
|---|---|---|---|
| Fotoalbum | 15,00 € | | |
| CD | 14,99 € | von der Mutter | 15,00 € |
| Tagebuch | 8,00 € | | |
| T-Shirt | 25,00 € | | |
| Hose | 54,00 € | | |
| Kassette | 6,00 € | | |
| Summe | 132,99 € | | 132,99 € |

**Glossar**

Links erkennst du, in was Lisa INVESTIERT [ → ] hat, rechts siehst du wie sie FINANZIERT [ → ] hat.
Links steht ihr Vermögen, rechts ihr Eigenkapital und das Fremdkapital. Die Vermögensseite heißt im Fachbegriff „Aktiva", die Seite, welche die Herkunft der Mittel zeigt, wird „Passiva" genannt.
Aus der einfachen Buchhaltung wird die doppelte. Wir sprechen ab jetzt auch vom System der **„Doppik"**.

> **Merke**
>
> **Ein Kaufmann unterscheidet Geld und Kapital. Geld ist immer das, was in der Kassette oder auf der Bank liegt. Das Kapital zeigt hingegen, von wem die Mittel kommen. Als Wirtschaftsschüler oder Wirtschaftsschülerin wirst du ab sofort Geld und Kapital nicht mehr verwechseln. Das Vermögen (Aktiva) steht bei der Buchhaltung auf der linken Seite, das Kapital auf der rechten Seite (Passiva).**

(58) Wem gehört in unserem Beispiel das Fremdkapital?

(59) Warum spricht der Kaufmann von Eigenkapital und von Fremdkapital?

(60) Schreibe auf, wie du Lisas Vermögen verändern könntest, ohne dass sich das Kapital – sowohl Eigenkapital als auch Fremdkapital – verändert.

(61) Was versteht man unter dem System der Doppik?

> **Zusammenfassung**
>
> **Vermögen:** Das Vermögen zeigt auf, wie vorhandene Mittel angelegt sind. Es ist übersichtlich, wenn du dein Vermögen in einer Tabelle aufschreibst.
>
> **Kapital:** In einer weiteren Tabelle kann aufgeschrieben werden, von wem das Kapital kommt. Die Mittel, die von dir selbst aufgebracht werden, nennt der Kaufmann „Eigenkapital". Oft reicht dein Eigenkapital nicht aus, und andere müssen dir Kapital zur Verfügung stellen. Das nennt der Kaufmann Fremdkapital.
>
> Du erhältst zwei Tabellen:
> - eine Tabelle über das Vermögen und
> - eine Tabelle über das Kapital
>
> Beide Tabellen werden zusammengeführt. Die Kaufleute haben sich geeinigt, dass das Vermögen (= Mittelverwendung) auf der linken Seite steht und das Kapital (= Mittelherkunft) auf der rechten. Die Summe auf beiden Seiten ist gleich groß.
>
> Die Vermögensseite gibt Auskunft, wo die Mittel investiert wurden, die rechte Seite gibt Auskunft, wie das Vermögen finanziert ist (Systemlogik). Einerseits zählt man zusammen, was an Werten in den Mitteln steckt, andererseits zählt man zusammen, wo die Mittel herkommen.

## Exkurs

In England fahren die Autos auf der linken Seite, in Deutschland auf der rechten. Das ist so genormt, denn würde jeder fahren, wie er es für richtig hielte, gäbe es ein Chaos. Dass die Mittelverwendung auf der linken Seite und die Mittelherkunft auf der rechten steht, ist ebenfalls eine Norm, um Chaos zu verhindern.

### Exkurs Ende

### Zusammenfassende Übung

**(62)** Paul hat endlich ein neues Jugendzimmer bekommen. Nun möchte er die folgenden Daten im System der Doppik aufschreiben.
Hinweis: Schreibe bei der Mittelverwendung jeden Gegenstand gesondert auf, fasse aber bei der Mittelherkunft sinnvoll zusammen.

| Gegenstand | Wert | Eigentümer |
|---|---|---|
| Schrank | 800,00 € | Eltern |
| Bett | 400,00 € | Eltern |
| Lampen u. a. | 300,00 € | Eltern |
| Schreibtisch | 100,00 € | Eltern |
| Stereoanlage | 700,00 € | Bruder |
| Notebook | 900,00 € | Paul |
| CD-Sammlung | 600,00 € | Paul |
| Bücher | 800,00 € | Paul |
| Bargeld | 100,00 € | Paul |

## 4 Erfassen von Gegenständen und Werten

Hast du dir eigentlich schon einmal überlegt, welche Werte in deinem Zimmer stecken?

Um die Werte in deinem Zimmer festzustellen, musst du erst einmal eine Liste anlegen, in die du alles einträgst. In die Liste schreibst du Stückzahl, Kilogramm, Liter usw. Diese Liste wird Inventurliste genannt.

Neben den Sachgegenständen sollen z. B. auch alle Namen gelistet werden, von denen noch Gelder zu erwarten sind. Ferner werden Rechte wie z. B. PATENTRECHTE [ ← ] gelistet. In einer weiteren Liste sollen diejenigen eingetragen werden, die ein Darlehen gegeben haben.

> **Merke**
> Die Inventurlisten haben keine Bewertung in Geld.

**(63)** Schreibe alle Gegenstände aus deinem Zimmer, die dir einfallen, in eine Liste.

**(64)** Ergänze die Liste zu Hause. Denke auch an kleinere Gegenstände.

**(65)** Erkunde folgende Vorräte in eurem privaten Haushalt: Vorräte in Dosen, Brot, Mehl, Zucker, Getränke, Schreibhefte, Kleiderstoff, Heizöl und Brennholz. Trage die Artikel in eine Liste.

**(66)** Welche Einheit gibst du den folgenden Vorräten?
 a) Dosenvorräte
 b) Brot
 c) Mehl
 d) Zucker
 e) Hefte DIN A4
 f) Kleiderstoff
 g) Heizöl
 h) Brennholz

**(67)** Erstelle eine Liste mit allen Gegenständen in deinem Klassenzimmer.

**(68)** Schreibe die Namen derjenigen auf, bei denen du Schulden hast. Denke dabei auch an Gegenstände, die dir andere auf Zeit zur Verfügung gestellt haben.

Du hast nun durch Zählen, Messen und Wiegen die Menge einzelner Gegenstände erfasst. Vielleicht waren auch Sachen dabei, z. B. Büroklammern, die nur mit großem Zeitaufwand gezählt, gemessen oder gewogen werden könnten. Diese Sachen dürfen auch geschätzt werden. Der Vorgang des Zählens, Messens, Wiegens und Schätzens wird in der Geschäftswelt Inventur genannt.

> Inventur: Bestandsaufnahme = körperliche oder buchmäßige Bestandsaufnahme aller Vermögensgegenstände und Schulden.

**Definition**

Wenn du nun wissen möchtest, wie viele Werte z. B. in deinem Jugendzimmer stecken, musst du alles mit Preisen versehen. In einigen Fällen wird es leicht sein, den Preis zu ermitteln, in anderen Fällen ist es sehr schwierig. Wenn du etwas verkaufen möchtest, richtest du dich in erster Linie nach dem Einkaufspreis.

**(69)** Schätze die Werte deines Jugendzimmers und schreibe diese Schätzungen auf.

**(70)** Ergänze deine Tabelle aus der Aufgabe 65 mit den Einkaufspreisen. Hinweis: Deine Tabelle sollte wie unten stehend aufgebaut sein.

| Anzahl | Art | Preis/Einheit | Wert |
|---|---|---|---|
| 5 Dosen | Fisch | 1,25 € | 6,25 € |
| 8 Ster | Holz | 60,00 € | 480,00 € |
| ∑ | | | 486,25 € |

**(71)** Versuche die Einkaufspreise für die Schulausstattung zu ermitteln. Ergänze deine Tabelle mit den Einkaufspreisen.

**Lernzielkontrolle: Silbenrätsel**

1. inhaltliches Ordnungsprinzip in der Buchführung
2. niedergeschriebene Rangfolge der Wertigkeiten
3. Geldströme, welche die Liquidität verbessern
4. Geldströme, welche die Liquidität mindern
5. Träger einer Aufstellung der Geldströme bei einer Bank
6. Bankkonto, das für den täglichen Zahlungsverkehr geeignet ist
7. Möglichkeit, Schulden bei einer Bank oder Sparkasse über das Girokonto zu haben
8. Form eines bargeldlosen Zahlungsverkehrs
9. Fehlbetrag im Budget
10. Die entsprechende Kontenseite zum Passiva innerhalb der täglichen Geschäftsbuchführung
11. Oberbegriff beim Inventar unter Gliederungspunkt A
12. Vermögen, das in der Kasse steckt
13. andere Bezeichnung für Aktiva
14. andere Bezeichnung für Passiva
15. der erste Posten im Passiva
16. Posten des Passiva, der nicht Eigenkapital ist
17. Begriff für das System der doppelten Buchführung
18. Körperliche Bestandsaufnahme

## Grundlagen der Buchführung

Silben:

| | | |
|---|---|---|
| Aus- | Hab- | ri- |
| aus- | her- | schrift- |
| Bar- | In- | Sys- |
| De- | kapi- | tal- |
| Dis- | kapi- | tal- |
| dit- | Kon- | täten- |
| Dop- | kon- | tel- |
| dung- | kre- | tel- |
| Ei- | kunft- | tem- |
| Ein- | Last- | tions- |
| en- | liste- | to- |
| en- | lo- | to- |
| en- | men- | tur- |
| fah- | Mit- | ven- |
| fi- | Mit- | ver- |
| Fremd- | mög- | Ver- |
| gab- | nah- | ver- |
| geld- | pik- | wen- |
| gen- | posi- | zit- |
| gik- | Prio- | zug- |
| Giro- | ren- | |

> **Zusammenfassung**
>
> In der Inventur werden Gegenstände und Sachen durch Zählen, Messen, Wiegen oder Schätzen erfasst. Das erfolgt i.d.R. durch eine körperliche Bestandsaufnahme. Die Gegenstände und Sachen werden in Einheiten wie z.B. Stück, Paletten, Liter, Kilogramm erfasst. In einer vollständigen Inventur werden auch die Namen derjenigen aufgeführt, bei denen Forderungen bestehen und bei denen Verbindlichkeiten zu verzeichnen sind.
>
> Für weitere Arbeiten ist es sinnvoll, die Werte der einzelnen Gegenstände und Sachen zu bestimmen. Die Bewertung gehört aber nicht mehr zur Inventur.

# B Buchführung in einer Unternehmung

1. Buchhalterische Grundlagen bei der Gründung eines Unternehmens
2. Vorgänge im laufenden Geschäftsbetrieb
3. Rechnungen aus dem Bereich Einkauf und Verkauf von Handelswaren
4. Buchen nach Belegen
5. Zahlung der Rechnungen
6. Buchungssätze und Vorkontierung
7. Abschluss der T-Kontenblätter
8. Der Kontenrahmen
9. Besondere Geschäftsvorfälle im Warenverkehr
10. Einsatz eines Finanzbuchhaltungsprogramms
11. Das Privatkonto

> Am 1. September 2003 wurde die Unternehmung Otto Seelmann e. K. gegründet. Folgendes Unternehmensprofil liegt vor:

| | |
|---|---|
| **Firma** | Pflanzen- und Gartenservice Otto Seelmann e. K. |
| **Geschäftssitz** | Bergwerkstraße 14<br>82380 Peißenberg |
| **Telefon** | 08803 498090 |
| **Fax** | 08803 60980 |
| **Internet** | www.PflanzenGarten-Seelmann.de |
| **E-Mail** | pflanzengarten.seelmann@compuserve.de |
| **Geschäftsjahr** | 1. September bis 31. August |
| **Bankverbindung** | Raiffeisenbank Weilheim,<br>Konto-Nr. 114357200, BLZ 701 696 02<br>Postbank München,<br>Konto-Nr. 28 143 587, BLZ 700 100 80 |
| **Gesellschafter** | Inhaber Otto Seelmann |
| **Gegenstand des Unternehmens** | Einzelhandelsgeschäft für Pflanzen, Gartenbedarf und Dienstleistungen |
| **Handelswaren** | Blumen, Pflanzen, Erden, Tongefäße<br>Umsatzsteuersätze: 7 %; 19 % |
| **Mitarbeiter** | Praktikanten: 2 |
| **Absatzgebiet** | Stammkundschaft: Landkreis Weilheim<br>Laufkundschaft: Touristen |
| **Eigenkapital gemäß Bilanz** | 94.533,02 € |
| **UStVA-Kennziffer** | USt-IdNr.: DE 1269955311 |
| **Steuernummer** | 168/119/14222 Finanzamt Weilheim Obb. |
| **Steuerberater** | Hans Schmitt & Partner<br>Am Unteren Rain 26<br>82481 Mittenwald<br>Tel. 06623 9213-0 |
| **Handelsregister** | HRA 86551 München |

# 1 Buchhalterische Grundlagen bei der Gründung eines Unternehmens

Bevor Otto Seelmann den praktischen Geschäftsbetrieb aufnehmen darf, hat er einige Vorschriften zu erfüllen. Da Herr Seelmann eingetragener Kaufmann ist, gelten für ihn die Vorschriften des Handelsgesetzbuches (HGB).

Er ist verpflichtet:
- Bücher zu führen. Diese müssen so geführt werden, dass ein sachverständiger Dritter sich in einer angemessenen Zeit einen Überblick über die Geschäftsvorfälle und die Lage des Unternehmens verschaffen kann. Damit auch zu einem späteren Zeitpunkt jederzeit nachvollzogen werden kann, wie sich die Geschäfte entwickelt haben, ist Herr Seelmann verpflichtet, HANDELSBRIEFE [ ⟶ ] und Belege aufzubewahren, oder mindestens übereinstimmende Wiedergaben vorlegen zu können. Er darf also z. B. Belege auf MIKRO-FICHES [ ⟶ ] speichern.

  Die Handelsbücher muss er:
  - in einer lebenden Sprache führen,
  - vollständig, richtig, zeitgerecht und geordnet zusammenfassen.
- die Inventur durchzuführen.
- das Inventar zu erstellen. Dieses Inventar muss er jährlich neu erstellen.
- einen Jahresabschluss zu erstellen. Dieser Jahresabschluss ist nach den Richtlinien des HGB durchzuführen. Der Jahresabschluss ist somit:
  - klar und übersichtlich zu gliedern,
  - in deutscher Sprache zu führen,
  - in Euro zu bewerten und
  - von Herrn Seelmann mit Angabe des Datums zu unterzeichnen.

Herr Seelmann hat sein Vermögen nach bestimmten Vorschriften zu bewerten.

> **Merke**
> Grundsätzlich soll sich jeder Kaufmann eher zu arm als zu reich einschätzen.

Bevor Herr Seelmann sein Unternehmen gründete, hat er ein von der Industrie- und Handelskammer angebotenes Seminar für Unternehmensgründer besucht. Hier lernte er Teile des HGBs und einige Grundsätze kennen:

Das dritte Buch des HGBs über die Handelsbücher (§§ 238–339) fasst alle Vorschriften zusammen, welche die kaufmännische Rechnungslegung, deren Prüfung und Offenlegung betreffen. Von besonderer Bedeutung für die Bilanz sind folgende Paragrafen des Handelsgesetzbuches:
- Allgemeine Vorschriften §§ 242–245
- Ansatzvorschriften §§ 246–251
- Bewertungsvorschriften §§ 252–256
- Aufbewahrung und Vorlage §§ 257–261

**Dokumentationsgrundsätze**

Sie umfassen im Wesentlichen formale Grundsätze für die Eröffnungsbilanz, die laufende Buchführung, die Aufstellung des Inventars und der PERIODENABSCHLÜSSE [ ← ].

- Grundsatz des systematischen Aufbaus der Buchführung
- Grundsatz der Sicherung der Vollständigkeit der Konten
- Grundsatz der vollständigen und verständlichen Aufzeichnung
- Beleggrundsatz
- Grundsatz der Einhaltung gesetzlich festgelegter Aufbewahrungsfristen
- Grundsatz der Zuverlässigkeit und Ordnungsmäßigkeit des Rechnungswesens durch ein internes Kontrollsystem.

*Das System der Doppik erfüllt z. B. den Dokumentationsgrundsatz des systematischen Aufbaus.*

Die Bilanz ist eine wesentliche Grundlage für die Berechnung der Einkommenssteuer. Die Richtlinien und Vorschriften des Einkommensteuergesetzes müssen strikt beachtet werden.

(1) Lies im HGB §§ 238 f. und verdeutliche an praktischen Beispielen die Vorschriften.

(2) Lies im HGB § 257 (1) und beantworte folgende Fragen:
   a) Welche Unterlagen muss Herr Seelmann aufbewahren?
   b) Welche Unterlagen müssen unbedingt im Original aufbewahrt werden?
   c) Nenne Unterlagen, die zehn Jahre aufbewahrt werden müssen.

(3) Auch die Paragrafen 263 bis 339 HGB schreiben vor, wie die ordnungsgemäße Buchführung zu erfolgen hat. Warum sind diese Paragrafen für Herrn Seelmann bedeutungslos?

## 1.1 Vermögenswerte

Otto Seelmann hat sein eigenes, privates Kapital in sein neu gegründetes Unternehmen eingebracht. Er kann in eigenen Räumen wirtschaften. Die vorerst leeren Räume müssen als Ladengeschäft mit Servicebetrieb eingerichtet werden. Er benötigt u. a. Computer, eine Kasse, Regale, Schreibtische, verschiedenes Werkzeug. Dieses Vermögen ist sein Besitz.

(4) Worin besteht der Unterschied zwischen Besitz und Eigentum?

## 1.2 Inventur und Inventar

Otto Seelmann ist verpflichtet, eine Aufstellung über Mittelherkunft und Mittelverwendung zu erstellen. Als Erstes wird er auflisten, was er besitzt. Herr Seelmann führt eine **Inventur** durch.

*Vgl. Zur Inventur Kapitel 1.2, Teil A*

Danach werden die Vermögensgegenstände und die Schulden bewertet und neu gelistet. In der Geschäftswelt sagt man: es wird ein **Inventar** erstellt.

> „Inventar: Bestandsverzeichnis
> → 1. Umgangssprachlich: Die zum Betrieb eines Unternehmens gehörenden Einrichtungsgegenstände.
> 2. Rechnungswesen: Das im Anschluss an eine Inventur über Vermögensgegenstände und Schulden aufgestellte Verzeichnis nach § 240 HGB. "

Otto Seelmann schreibt auf, was er hat:

- ein Grundstück; teilweise noch im Bau befindliche Gebäude, Werkzeug, einen Lieferwagen, Betriebs- und Geschäftsausstattung
- Forderungen an das Finanzamt aus Vorsteuer, Guthaben beim **KONTOKORRENTKONTO [ → ]**, Bargeld
- Schulden bei der Bank

Nun bewertet er die festgestellten Vermögensgegenstände und Schulden.

- Der notariell festgestellte Wert des Grundstücks beträgt 45.605,44 €.
- Die im Bau befindlichen Gebäude haben lt. Handwerkerrechnungen einen Wert von 16.752,69 €.
- Ein Gutachter hat den Wert der Maschinen auf 10.000,00 € festgesetzt.
- Der gebrauchte Lieferwagen ist lt. Rechnung 10.000,00 € wert.
- Die Betriebs- und Geschäftsausstattung beträgt lt. diverser Rechnungen 6.382,96 €.
- Gemäß der Rechnung hat die Unternehmung vom Finanzamt 4.698,83 € Vorsteuer zurückzubekommen.
- In der Kasse befinden sich 894,88 €.
- Das Kontokorrentkonto steht aus der Sicht der Bank mit 78,32 € im Haben.

*Kontokorrent: Vgl. S. 15 „Dispositionskredit"*

**(5)** Du hast folgendes Schema für den Eintrag des Inventars zur Verfügung. Übertrage das Schema in deine Unterlagen.

| Inventar zum 1. September 2003 | | |
|---|---:|---:|
| **A Vermögen** | | |
| I. Anlagevermögen | | |
| 1. Bebaute Grundstücke | | |
|     Grundstücke mit Betriebsgebäuden | 45.605,44 € | |
|     Gebäude im Bau | 16.752,69 € | |
|     Betriebsgebäude | 34.272,89 € | 96.631,02 € |
| 2. Maschinen | | |
|     Minibagger | 6.700,00 € | |
|     Rasenmäher | 620,00 € | |
|     Laubsauger | 150,00 € | |
|     diverse Geräte | 2.530,00 € | 10.000,00 € |
| 3. Fuhrpark | | |
|     Lieferwagen | | 10.000,00 € |
| 4. Betriebs- und Geschäftsausstattung | | |
|     Büroeinrichtung | 2.578,90 € | |
|     Büromaschinen | 3.804,06 € | 6.382,96 € |
| II. Umlaufvermögen | | |
|   1. Vorsteuer | | 4.698,83 € |
|   2. Kasse | | 894,88 € |
|   3. Bank | | 78,32 € |
| Summe des Vermögens | | **128.686,01 €** |
| **B Schulden** | | |
| Verbindlichkeiten gegenüber Kreditinstituten | | 34.211,37 € |
| Summe der Schulden | | **34.211,37 €** |
| **C Ermittlung des Eigenkapitals** | | |
| Summe des Vermögens | | 128.686,01 € |
| Summe der Schulden | | 34.211,37 € |
| Reinvermögen (Eigenkapital) | | **94.533,02 €** |
| 200x.09.01 (Datum), → *Otto Seelmann* | | |

Das Inventar des Otto Seelmann e. K. ist noch nicht sehr umfangreich und daher sehr übersichtlich. Wenn das Unternehmen erfolgreich wirtschaftet, wird das Inventar bald sehr umfangreich sein.

● **FALL**

Andrea, die Praktikantin in Herrn Seelmanns Betrieb hatte in einem früheren Praktikum in einem Vulkaniseur-Handwerksbetrieb ein Inventar nach folgendem Schema und folgenden Daten zu erstellen:

# Buchhalterische Grundlagen bei der Gründung eines Unternehmens

| Inventar zum ... | | |
|---|---|---|
| **A Vermögen** | | |
| I. Anlagevermögen | | |
| 1. Bebaute Grundstücke | | |
| Grundstücke mit Betriebsgebäuden | 1.274.000,00 € | |
| Bauten auf fremden Grundstücken | 15.151,00 € | |
| 2. Maschinen | | |
| Kompressor usw. | | |
| 3. Fuhrpark | | |
| Firmenwagen | | 10.943,00 € |
| 4. Betriebs- und Geschäftsausstattung | | |
| Büromöbel lt. Einzelinventarliste | | |
| usw. | | |
| II. Umlaufvermögen | | |
| 1. Handelswaren | | |
| 4 x 135/80R13 (Reifen) | | |
| usw. | | |
| 2. Forderungen aus Lieferungen | | |
| und Leistungen | | |
| Albert, Wunsiedel usw. | | |
| 4. Kasse | | 430,00 € |
| 5. Guthaben bei Banken | | |
| Volksbank | 12.765,89 € | |
| Sparkasse | 7.654,88 € | |
| Postbank | 6.900,75 € | |

| | | | |
|---|---|---|---|
| **B Schulden** | | | |
| | 1. Verbindlichkeiten gegenüber Kreditinstituten<br>langfristige Darlehen ERP-Kredit<br>kurzfristige Darlehen Volksbank | | |
| | 2. Verbindlichkeiten aus Lieferungen und Leistungen<br>Auto-Pneu AG usw. | | 356,00 € |
| **C Ermittlung des Eigenkapitals** | | | |
| Summe des Vermögens | | | |
| Summe der Schulden | | | |
| Reinvermögen (Eigenkapital) | | | |

(6)
a) Übernimm diese Tabelle in ein Tabellenkalkulationsprogramm.
b) Trage die fehlenden Daten ein.

| Forderungen aus Lieferungen und Leistungen | | |
|---|---|---|
| Albert | Wunsiedel | 231,40 € |
| Bussard | Würzburg | 434,20 € |
| Cäsar | Weiden | 304,20 € |
| Daniel | Traunstein | 304,20 € |
| Eberhard | Straubing | 322,40 € |
| Frankenstein | Senden | 322,40 € |
| Gebauer | Schweinfurt | 847,60 € |
| Haus | Schwabach | 342,16 € |
| Inder | Rosenheim | 549,64 € |
| Jakob | Regensburg | 549,64 € |
| Kaiser | Passau | 259,48 € |
| Leben | Nürnberg | 259,48 € |
| Müller | Nördlingen | 496,60 € |
| Nagel | Neuburg | 496,60 € |
| Oswald | München | 683,80 € |
| Peter | Mühldorf | 231,40 € |
| Richard | Memmingen | 434,20 € |
| Sandner | Lichtenfels | 274,82 € |
| Theobald | Landshut | 248,30 € |
| Ulrich | Kitzingen | 423,80 € |
| Viktor | Kempten | 1.099,28 € |
| Wagner | Ingolstadt | 341,90 € |
| Zeppelin | Holzkirchen | 274,82 € |

| Maschinen | |
|---|---|
| Kompressor | 3.478,90 € |
| Lagerbühne | 3.600,00 € |
| Heizplattenpresse | 6.116,98 € |
| Auswuchtmaschine | 3.002,00 € |
| finish-balancer | 5.341,70 € |
| Walze | 3.000,00 € |
| Auswuchtmaschine | 6.866,32 € |
| Hochdruck-Reiniger | 3.063,50 € |
| Montiergerät | 910,62 € |
| Luft-Wagenheber | 1.862,87 € |
| gebrauchte Raum-Maschine | 1.499,00 € |
| Zwei-Säulen-Hebebühne | 4.559,40 € |
| Montiergerät spezial | 3.335,64 € |
| Montiergerät | 1.260,00 € |
| Bühne für Reifenlager | 2.165,31 € |
| gebr. Vulkanisierkessel | 5.604,87 € |
| Belegmaschine | 3.285,00 € |

| BGA | |
|---|---|
| Büromöbel lt. Einzelliste | 2.727,00 € |
| EDV-Anlage lt. Einzelliste | 2.396,00 € |

| Verbindlichkeiten aus Lieferungen und Leistungen | | |
|---|---|---|
| Auto-Pneu AG | Hof | 356,00 € |
| Berger OHG | Gunzenhausen | 334,00 € |
| Cemir KG | Garmisch-Partenkirchen | 234,00 € |
| Deller GbR | Fürth | 744,00 € |
| Esser e. K. | Freising | 882,00 € |
| Fahrenholz GmbH | Eschenbach | 2.608,00 € |
| Gustav e. K. | Erlangen | 131,60 € |
| Holler GmbH | Donauwörth | 211,40 € |
| Industrie-Bedarf AG | Dinkelsbühl | 499,00 € |
| K & J AG | Deggendorf | 955,00 € |
| Langer e. K. | Dachau | 263,00 € |
| Moro GmbH | Coburg | 178,00 € |
| Neureifen AG | Bayreuth | 835,00 € |
| Ober & Partner | Bamberg | 234,00 € |
| Quelle GmbH | Bad Wörishofen | 496,00 € |
| Reifendienst AG | Bad Windsheim | 882,00 € |
| Suttor GmbH | Bad Neustadt | 978,00 € |
| Traublinger AG | Bad Aibling | 658,00 € |
| Ullrich e. K. | Augsburg | 211,40 € |
| Vulk GmbH & Co. KG | Aschaffenburg | 399,20 € |
| Wolf GbR | Ansbach | 382,00 € |
| Zubehör & Mehr GmbH | Amberg | 526,00 € |

| Warenvorräte | | |
|---|---|---|
| Anzahl | Reifengröße | Stückpreis |
| 8 | 135/80R13 | 44,50 € |
| 8 | 185/70R14 | 83,50 € |
| 16 | 165/70R13 | 58,50 € |
| 16 | 165/65R13 | 62,00 € |
| 16 | 175/80R14 | 73,50 € |
| 8 | 205/55R16 | 163,00 € |
| 8 | 110/80-17TL | 65,80 € |
| 16 | 150/70ZR17TL | 105,70 € |
| 12 | 196/65TR15TL | 49,90 € |
| 12 | 215/65R15TLRF | 95,50 € |
| 8 | 190/50ZR17TL | 131,50 € |

| langfristige Darlehen | |
|---|---|
| ERP-Kredit | 320.000,00 € |
| Hypothek Commerzbank | 420.000,00 € |
| kurzfristige Darlehen | |
| Volksbank | 15.000,00 € |

## 1.3 Die Eröffnungsbilanz

Die Werte des Inventars müssen lt. §§ 242 – 245 HGB in die Form einer Bilanz übertragen werden. Zur Gründung muss Otto Seelmann eine **Eröffnungsbilanz** erstellen.

Die Bilanz übernimmt die Werte aus den Inventarlisten. In der Bilanz werden die Inventarlisten zu bestimmten Positionen zusammengefasst, z. B. werden alle Kundenforderungen in einem Posten ausgewiesen. Die Bilanz wird in Kontenform dargestellt. Die Vermögensseite (= Mittelverwendung) stellt die Aktiva dar, die Passiva erfassen die Mittelherkunft.

**Buchführung in einer Unternehmung**

|  | Eröffnungsbilanz per 1. September 2003 | | |
|---|---|---|---|
| Pflanzen- und Gartenservice<br>Otto Seelmann e. K. | Bergwerkstraße 14 | | 82380 Peißenberg |

| AKTIVA | | PASSIVA | |
|---|---|---|---|
| Anlagevermögen | | Eigenkapital | |
|    bebaute Grundstücke | 45.605,44 € |    Privateinlage | 94.474,64 € |
|    Gebäude im Bau | 16.752,69 € | | |
|    Betriebsgebäude | 34.272,89 € | Fremdkapital | |
|    Maschinen | 10.000,00 € |    kurzfr. Bankdarlehen | 34.211,37 € |
|    Fuhrpark | 10.000,00 € | | |
|    BGA | 6.382,96 € | | |
| Umlaufvermögen | | | |
|    Vorsteuer | 4.698,83 € | | |
|    Kasse | 894,88 € | | |
|    Bank | 78,32 € | | |
| | __128.686,01 €__ | | __128.686,01 €__ |

*BGA = Betriebs- und Geschäftsausstattung*

Peißenberg, 1. September 2003   *Otto Seelmann*

Am Ende eines Geschäftsjahres muss Otto Seelmann eine neue Bilanz erstellen. Diese Schlussbilanz zeigt, wie im Geschäftsjahr gewirtschaftet wurde. Darüber hinaus dient sie zur Ermittlung der Einkommensteuer für dieses Jahr.

*s. Teil A, Kap. 3*

**(7)** Vergleiche die Werte des Inventars mit den Werten der Bilanz.

**(8)** Welche Posten gehören zur Mittelverwendung und welche zur Mittelherkunft?

**(9)** Wiederhole die Aufgaben von S. 69 ff. aus Teil A und schreibe diese in der Form eines Inventars und in der Form einer Bilanz.

## Zusammenfassung

Inventur → Inventar → Bilanz

Wer verpflichtet ist, Buch zu führen, muss als Erstes eine **Inventur** durchführen. Dazu erfasst er alle Gegenstände durch **Zählen, Messen, Wiegen** oder **Schätzen**. Er schreibt auf, bei wem er Schulden hat. Dann schreibt er alles in Inventurlisten. In diesen stehen grundsätzlich noch keine Werte. Erst bei der Aufstellung des **Inventars** werden die einzelnen Posten **bewertet**. Die formale Aufstellung des Inventars gliedert sich in

- A. Vermögen
- B. Schulden
- C. Eigenkapital (Reinvermögen)

Das Eigenkapital ergibt sich aus der Differenz von A und B.

Die **Inventarliste** ist bei Gründung einer Unternehmung die **Grundlage der Eröffnungsbilanz**. Die formale Aufstellung der Bilanz gliedert sich in **Aktiva** und **Passiva**. Im Aktiva wird die Mittelverwendung gezeigt, das Passiva informiert über die Mittelherkunft.

Die **Bilanz** ist das kürzeste und dabei doch ein **vollständiges Zahlenbild** einer Unternehmung. Die Aktivseite beantwortet die Frage nach den vorhandenen Vermögenswerten, die sich im Besitz der Unternehmung befinden, und die Passivseite gibt Auskunft, aus welchen Quellen das Kapital stammte, mit dessen Hilfe die Aktiva beschafft worden sind.

Die **Grundsätze** für die Inventur, das Inventar und die Bilanz sind weitgehend im HGB festgelegt. Da die Bilanz auch Grundlage für die Einkommensteuer ist, gelten auch die Vorschriften des EStG (Einkommensteuergesetz).

## 2 Vorgänge im laufenden Geschäftsbetrieb

Die Bilanz muss bei Personengesellschaften vom Geschäftsinhaber und bei Kapitalgesellschaften vom Geschäftsführer oder Vorstand unterschrieben werden.

> **Merke**
> Die Bilanz ist geschlossen, d. h., Veränderungen dürfen in einer bestätigten Bilanz nicht mehr vorgenommen werden. Die Bilanz wird für das kommende Geschäftsjahr geöffnet, um die neuen Geschäftsvorfälle zu erfassen.

Um die Veränderungen während eines Geschäftsjahres zu erfassen, könnte täglich eine neue Bilanz erstellt werden. Das ist aber sehr umständlich und in der Praxis nicht durchführbar. Statt täglich neue Bilanzen zu erstellen, werden **Nebenrechnungen** geführt. Diese Nebenrechnungen werden in **Form eines Kontos** geführt. Auf den Konten werden alle Änderungen gebucht, die Bilanz bleibt also vorerst unverändert.

### 2.1 Übertrag der Eröffnungsbilanz in T-Konten

Das Unternehmen Otto Seelmann e. K. ist gegründet. Es gehört zum tertiären Wirtschaftssektor.
Die wichtigsten Gebäude sind fertig gestellt, und nun kann das Unternehmen HANDELSWAREN [ ← ] von Lieferern einkaufen und diese an seine Kunden weiterverkaufen. Daneben bietet das Unternehmen Dienstleistungen an.
Um den Geschäftsbetrieb zu erhalten, müssen Stromrechnungen, Werbeträger u. v. a. m. bezahlt werden. Das Unternehmen wird tätig und das bedeutet, dass sich die Werte der Eröffnungsbilanz ändern.

> **Beispiele:**
> Otto Seelmann
> - kauft Zimmerpflanzen ein und zahlt per Bank,
> - mäht Rasen, pflegt Blumenbeete und kassiert dafür Bargeld,
> - zahlt Energie per Lastschrift,
> - überweist den fälligen Betrag für eine Anzeige im Kreiskurier.

(10) Welche Handelswaren kauft das Unternehmen ein?
(11) Welche Dienstleistungen könnte das Unternehmen noch anbieten?
(12) Wie erreicht das Unternehmen, dass es einen Gewinn erwirtschaftet?

## Vorgänge im laufenden Geschäftsbetrieb

Die Bilanz muss „umgeschrieben" werden. Früher hat man diese „Umschreibung" in T-Konten durchgeführt, heute erledigt ein Finanzbuchhaltungsprogramm, das am Computer eingesetzt wird, diese Arbeit.

Um die Systemlogik zu verstehen, ist es nötig die Aufspaltung in T-Konten vorzunehmen.

Eine Bilanz kann man mit einer Waage vergleichen. Es ist eine große Waage, auf der links die Posten aus der Mittelverwendung und rechts die Posten der Mittelherkunft liegen.
Du nimmst jetzt alle Posten von der großen Waage herunter und legst sie auf kleine Waagen.

Beispiel aus der Mittelverwendung →
Von der großen Waage „Bilanz" auf die kleine Waage „Kasse".

| Soll | Kasse | Haben |
|---|---|---|
| AB  894,88 € | | |

Beispiel aus der Mittelherkunft →
Von der großen Waage „Bilanz" auf die kleine Waage „Eigenkapital".

| Soll | Eigenkapital | Haben |
|---|---|---|
| | AB | 94.474,64 € |

*AB = Anfangsbestand*

*vgl. Eröffnungsbilanz*

*Bewahre dieses T-Kontenblatt mit den Eröffnungsbuchungen gut auf. Du benötigst es für weitere Aufgaben.*

**(13)** Übernimm die Form des T-Kontos und erstelle für jeden Bilanzposten ein T-Konto.

**(14)** Übertrage die Werte aus der Eröffnungsbilanz.

## 2.2 Rechenzeichen in der T-Kontenbuchführung

Du weißt, dass z. B. Einnahmen zusammengezählt werden und die Ausgaben davon abgezogen werden. In der Regel wirst du erst alle Ausgaben zusammenzählen und dann von den Einnahmen abziehen. Im Teil A Kapitel 3 hast du das System der Doppik und die Rechnungen im T-Kontensystem bereits kennen gelernt.

**(15)** Wiederhole noch einmal in Teil A das Kapitel 3: „Das System der Doppik".

Der Trennstrich zwischen Soll und Haben wirkt wie ein Minuszeichen.

| Soll | Haben |
|---|---|
| | |

*Trennstrich*

> **Beispiel:**
> Am 5. September entnimmt Otto Seelmann der Kasse 500,00 € und zahlt es bei der Bank ein. Der **Kassenbestand** steht im Soll. Die **Entnahme** steht im **Haben**. Werden die Werte nebeneinander geschrieben, bedeutet dies für die Kasse, dass sie im Haben gemindert wird. Der neue Kassenstand ergibt sich durch den Rechenschritt der **Subtraktion**.

| Soll | Kasse | | Haben |
|---|---|---|---|
| Anfangsbestand | 894,88 € | 200x-09-05 | 500,00 € |

Die Mittelverwendung „Bank" steht im Soll und wird bei diesem Geschäftsvorfall im Soll gemehrt.

| Soll | Bank | Haben |
|---|---|---|
| AB | 78,32 € | |
| 200x-09-05 | 500,00 € | |

Hier werden Werte untereinandergeschrieben. Der neue Bankbestand errechnet sich durch den Rechenschritt der Addition.

(16) Wie hoch ist der Kassenstand nach dem Geschäftsvorfall gemäß des Belegs vom 5. September?

(17) Wie hoch ist der Kontostand bei der Bank nach dem Geschäftsvorfall?

## 2.3 Bilanzverlängerung (Rechnungen aus dem Bereich des Anlagevermögens)

> Der Bau für das Unternehmen von Otto Seelmann ist zwar weitgehend fertig, doch gehen zur Fertigstellung der im Bau befindlichen Anlagen immer wieder Rechnungen ein.

Sowohl in der Inventaraufstellung als auch in der Bilanz wird zwischen Anlage- und Umlaufvermögen unterschieden. Mittelverwendung, die nicht dem schnellen Umsatz dient, wird dem Anlagevermögen zugeschrieben. Wird z. B. Anlagevermögen auf Ziel gekauft, verlängert sich die Bilanz, denn im Aktiva erhöht sich das Anlagevermögen, und im Passiva erhöhen sich die Verbindlichkeiten. Seelmann hat zwei Rechnungen (alle Rechnungen sind im Anhang gesammelt dargestellt) vor sich liegen: „Parkett & Dielen GmbH" und „A. Gehrmann, Malerbetrieb GbR".

*Kauf auf Ziel bedeutet, die Rechnung ist nach einem festgelegten Zeitpunkt zum Ausgleich fällig.*

| Soll | Gebäude im Bau | Haben |
|---|---|---|
| AB | 16.752,69 € | |
| 200x-09-08 | 7.000,00 € | |
| 200x-09-09 | 5.320,00 € | |

| Soll | Verbindlichkeiten | Haben |
|---|---|---|
| | AB | 0,00 € |
| | 200x-09-08 | 8.120,00 € |
| | 200x-09-09 | 6.171,20 € |

Hinweis:
Wenn du dir die Rechnungen genau anschaust, findest du den Posten „Umsatzsteuer". Das Thema Umsatzsteuer wird in einem späteren Kapitel (Exkurs: Umsatzsteuer) behandelt. Hier wird der Betrag des Anlagevermögens ohne Steuer gebucht und die Verbindlichkeit mit Steuer.

*Der Wert des Anlagevermögens ergibt sich aus Anschaffung und Herstellungskosten.*

(18) Wie hoch ist der Kontostand des Kontos Gebäude im Bau?

(19) Wie hoch ist der Kontostand der Verbindlichkeiten?

(20) Hat sich durch diesen Vorgang das Eigenkapital geändert? Begründe deine Antwort.

## 2.4 Aktivtausch (Einkauf von Anlagevermögen im POS-VERFAHREN) [ → ]

Glossar

Otto Seelmann hat am 9. September bei der Leichtmetall Oberland AG Regale eingekauft und mit seiner EC-Karte und Geheimnummer gezahlt. Nun wird das Konto Betriebs- und Geschäftsausstattung höher und das Kontokorrentkonto bei der Bank niedriger.

## Buchführung in einer Unternehmung

BGA = Betriebs- und Geschäftsausstattung

| Soll | BGA | | Haben |
|---|---|---|---|
| AB | 6.382,96 € | | |
| 200x-09-09 | 450,00 € | | |

| Soll | Bank | | Haben |
|---|---|---|---|
| AB | 78,32 € | 200x-09-09 | 522,00 E |
| 200x-09-05 | 500,00 € | | |

Exkurs: Die Umsatzsteuer bzw. Mehrwertsteuer

Auch auf dieser Rechnung findet sich der Posten „Umsatzsteuer". Hier wird der Betrag des **Anlagevermögens ohne Steuer** verrechnet und die Abbuchung beim **Bankkonto mit Steuer.**

(21) Wie hoch ist der Kontostand des Kontos BGA?

(22) Wie hoch ist der Kontostand des Kontokorrentkontos?

(23) Hat sich durch diesen Vorgang das Eigenkapital geändert? Begründe deine Antwort.

## 2.5 Passivtausch (Umschuldung eines Darlehens)

Otto Seelmann hat zur Zwischenfinanzierung ein kurzfristiges Bankdarlehen als FÄLLIGKEITSDARLEHEN [ ← ] aufgenommen. Ein Teil des kurzfristigen Bankdarlehens wird am 10. September in einen langfristigen ERP-KREDIT [ ← ] umgeschuldet.

| Soll | kurzfristiges Darlehen | | Haben |
|---|---|---|---|
| 200x-09-10 | 20.000,00 € | AB | 34.211,37 € |

| Soll | ERP-Kredit | | Haben |
|---|---|---|---|
| | | 200x-09-10 | 20.000,00 € |

(24) Wie hoch ist der neue Kontostand des Kontos langfristiges Darlehen?

(25) Wie hoch ist der Kontostand des ERP-Kredites?

(26) Hat sich durch diesen Vorgang das Eigenkapital geändert? Begründe deine Antwort.

## 2.6 Bilanzverlängerung (Aufnahme eines neuen Kredits)

Um die noch eingehenden Baurechnungen begleichen zu können, nimmt Otto Seelmann am 10. September einen neuen Kredit auf. Die Bank gewährt ein HYPOTHEKENDARLEHEN [ ← ] in Höhe von 25.000,00 €.

Durch die Aufnahme der Hypothek erhöhen sich das Kontokorrentkonto und das Konto Fremdkapital.

| Soll | Bank (Kontokorrent) | | Haben |
|---|---|---|---|
| AB | 78,32 € | | |
| 200x-09-05 | 500,00 € | | |
| 200x-09-12 | 25.000,00 € | | |

| Soll | Darlehen | | Haben |
|---|---|---|---|
| 200x-09-10 | 20.000,00 € | AB | 34.211,37 € |
| | | 200x-09-12 | 25.000,00 € |

(27) Wie hoch ist der Kontostand des Kontokorrentkontos?

(28) Wie hoch ist der Kontostand des Darlehenkontos?

(29) Hat sich durch diesen Vorgang das Eigenkapital geändert? Bitte begründe deine Antwort.

## 2.7 Bilanzverkürzung (Zahlung einer Rechnung)

Am 18. September zahlt Otto Seelmann die fälligen Baurechnungen. Seine Verbindlichkeiten und sein Guthaben auf dem Kontokorrentkonto der Bank verringern sich.

*Vgl. Rechnungen Parkett & Dielen GmbH und A. Gehrmann GbR*

| Soll | Bank | | Haben |
|---|---|---|---|
| AB | 78,32 € | 200x-09-18 | 14.292,20 € |
| 200x-09-05 | 500,00 € | | |
| 200x-09-12 | 25.000,00 € | | |

| Soll | Verbindlichkeiten | | Haben |
|---|---|---|---|
| 200x-09-18 | 8.120,00 € | 200x-09-08 | 8.120,00 € |
| 200x-09-18 | 6.172,20 € | 200x-09-09 | 6.172,20 € |

(30) Wie hoch ist der Kontostand des Kontos Verbindlichkeiten?

(31) Wie hoch ist der Kontostand des Kontokorrentkontos?

(32) Hat sich durch diesen Vorgang das Eigenkapital geändert? Begründe deine Antwort.

### Zusammenfassung

Jeder **Geschäftsvorfall** wird auf **zwei Konten** gebucht: auf dem einen Konto auf der **Sollseite**, auf dem anderen Konto auf der **Habenseite**. Ein aktives Bestandskonto nimmt im Soll zu und im Haben ab. Ein passives Bestandskonto nimmt im Soll ab und ihm Haben zu. Wird **nur auf Aktivkonten** gebucht, handelt es sich um einen **Aktivtausch**, wird **nur auf passive Konten** gebucht, handelt es sich um einen **Passivtausch**. Die **Bilanzsumme** bleibt dann **unverändert**. Wird **sowohl** auf ein **aktives** als **auch** auf ein **passives Konto** gebucht, kann sich die **Bilanz** entweder **verlängern oder verkürzen**.

## 3 Rechnungen aus dem Bereich Einkauf und Verkauf von Handelswaren

Otto Seelmann hat Kaufverträge mit seinen Lieferern und seinen Kunden abgeschlossen.

Ein Händler kauft Handelswaren zum **Einkaufspreis**, und er verkauft zum **Verkaufspreis**. Die **Differenz** zwischen beiden Preisen wird in der Praxis **„Rohgewinn"** genannt.

In den Fächern Betriebswirtschaft und Wirtschaftsmathematik oder Mathematik hast du den Begriff Einstandspreis (= Bezugskostenpreis) kennen gelernt.

Der Listeneinkaufspreis ist der Preis, der laut Händlerliste zu zahlen ist. Der Unternehmer interessiert sich aber in erster Linie für den **Einstandspreis**. Dieser Preis ist **Grundlage** für die weitere **Kostenkalkulation** und die Gewinnberechnung. Es wird bis zum **Listenverkaufspreis kalkuliert**, d. h. Kundenskonto und Kundenrabatt werden eingerechnet.

**Definition**

„ Einstandspreis: Der Preis, der dem Wert der Ware vor der Einlagerung entspricht. "

**Definition**

„ Barverkaufspreis: Der Preis, den der Kunde dem Händler zahlen soll. "

*Lernende im H-Zweig kennen die Einkaufskalkulation aus dem Fach Wirtschaftsmathematik.*

| | |
|---|---|
| Listeneinkaufspreis | Einstandspreis |
| ./. Lieferrabatt | + Handlungskosten |
| Zieleinkaufspreis | Selbstkosten |
| ./. Lieferskonto | + Gewinn |
| Bareinkaufspreis | Barverkaufspreis |
| + Bezugskosten | + Kundenskonto |
| **Einstandspreis** | Zielverkaufspreis |
| | + Kundenrabatt |
| | Listenverkaufspreis |

## 3.1 Eingangsrechnungen

Der Einzelhändler wird in der Regel für die eingekauften Waren eine Rechnung erhalten. Die Erfüllung eines Kaufvertrages erfolgt grundsätzlich Zug-um-Zug.

§ 433 BGB:
„(1) Durch den Kaufvertrag wird der Verkäufer einer Sache verpflichtet, dem Käufer die Sache zu übergeben und das Eigentum an der Sache zu verschaffen …

(2) Der Käufer ist verpflichtet, dem Verkäufer den vereinbarten Kaufpreis zu zahlen …"

Im zweiseitigen Handelskauf wird in der Regel die Ware vom Kunden (Warengläubiger und Geldschuldner) abgenommen, und der Lieferer (Warenschuldner und Geldgläubiger) schreibt eine Rechnung. Die Rechnung ist innerhalb einer gesetzten Frist zu begleichen. Zwischen Wareneingang und der Begleichung der Rechnung liegt oft eine Zeitspanne. Der Verkäufer gewährt dem Käufer in dieser Zeit einen Warenkredit. Das bedeutet, der Käufer geht ein Schuldverhältnis ein. Gebucht wird auf ein passives Bestandskonto. Man nennt es: „Verbindlichkeiten aus Lieferungen und Leistungen".

> **Merke**
> 
> Eine Eingangsrechnung (ER) erkennst du daran, dass deine Unternehmung im Anschriftenfeld steht.

## 3.2 Ausgangsrechnungen

Ein Einzelhändler verkauft an manche Kunden auch auf Rechnung. Zwischen Warenausgang und der Begleichung der Rechnung kann eine Zeitspanne liegen. Er gewährt seinem Kunden in dieser Zeit einen Warenkredit. Der Einzelhändler (Geldgläubiger) hat an seinen Kunden (Geldschuldner) Forderungen. Diese Forderungen werden auf ein aktives Bestandskonto gebucht. Man nennt es: „Forderungen aus Lieferungen und Leistungen".

> **Merke**
> 
> Eine Ausgangsrechnung (AR) erkennst du daran, dass deine Unternehmung im Feld des Absenders steht.

(33) Nimm die Rechnungen der Wennekamp GmbH vom 1. September und von Rigi Peißenberg GmbH vom 1. September zur Hand und beantworte folgende Fragen zu diesen zwei Belegen.
  a) Welcher Beleg ist eine Eingangsrechnung?
  b) Woran erkennst du die Eingangsrechnung?
  c) Was wurde eingekauft?

*Rechnungen sind Belege für die Buchführung.*

*Skonto ist ein gewährter Nachlass bei schneller Zahlung.*

d) Welche Beträge kommen auf der Eingangsrechnung vor? Erkläre diese Beträge.
e) Woran erkennst du die Ausgangsrechnung?
f) Was wurde verkauft?
g) Welche Beträge kommen auf der Ausgangsrechnung vor? Erkläre diese Beträge.

Der Unterschied zwischen dem Einstandspreis und dem Barverkaufspreis wird in der Praxis „Rohgewinn" genannt.

**(34)** Wie hoch ist der Rohgewinn beim Einkauf und Verkauf der Rotbuchen, wenn kein Skonto in Anspruch genommen wird?

### 3.3 Tageslosung

*Schließen ein Kaufmann und ein Nichtkaufmann einen Vertrag, spricht man von einem einseitigen Handelskauf.*

Otto Seelmann ist ein Einzelhändler, der viele Verkäufe über die Ladentheke abwickelt. Für diese einseitigen Handelsgeschäfte wird in der Regel keine Rechnung ausgestellt. Die Beträge werden über die Tageskasse erfasst. Die Einnahmen an einem Tag, die in die Kasse kommen, nennt der Kaufmann „Tageslosung". Das Kassenbuch muss taggenau geführt werden.

§ 146 AO
Allgemeine Ordnungsvorschriften für die Buchführung und für Aufzeichnungen.
(1)[2] Kasseneinnahmen und Kassenausgaben sollen täglich festgehalten werden.

AO = Abgabenordnung

Otto Seelmann bucht einmal in der Woche die Tageslosung in sein FIBU-PROGRAMM [ ← ] ein.

**(35)** Im Teil A hast du das Haushaltsbuch kennen gelernt. Wie könnte sich das Kassenbuch von Otto Seelmann e. K. davon unterscheiden?

**(36)** Frage in der Übungsfirma nach, ob ein Kassenbuch geführt wird. Wenn nein, frage nach der Begründung; wenn ja, lasse dir den Aufbau erklären.

**(37)** Welchen Beleg erhält ein Kunde, wenn er Pflanzen einkauft, und diese an der Kasse Zug-um-Zug bar zahlt?

**(38)** Nenne mehrere Möglichkeiten, wie der Einzelhändler die Barzahlungseingänge erfassen kann.

**(39)** Wie hoch sind die Einnahmen aus den Tageslosungen im Monat September? Entnimm die Daten aus der Übersicht „Einnahmen je Kalenderwoche" aus dem Anhang „Belege".

Auf beinahe allen Rechnungen findest du den Posten „Mehrwertsteuer" oder „Umsatzsteuer". Die Kassenbelege zur Tageslosung weisen ebenfalls diese Steuer aus. Bevor wir uns weiter mit der Systematik der Doppik beschäftigen, lassen wir uns auf einen kleinen Exkurs zu dieser Steuerart ein.

## Exkurs: Die Umsatzsteuer bzw. Mehrwertsteuer

Im Kapitel 1 (Teil A) hast du den Begriff „Mehrwertsteuer" kennen gelernt. Die Mehrwertsteuer ist eine Endverbrauchersteuer, das bedeutet, der Endverbraucher trägt diese Steuer. Das Unternehmen ist grundsätzlich nicht mehrwertsteuerpflichtig, doch verrechnet der Unternehmer diese Steuer über den Umsatz. Wenn er Waren und Dienstleistungen umsetzt, wird Umsatzsteuer fällig.

Die Praktikantin Andrea unterhält sich mit ihrem Chef Herrn Seelmann:

**Dialog**

**Andrea:** „In meinem Lehrbuch zu Hause gibt es ein Kapitel, das Mehrwertsteuer heißt. Sie als Unternehmer reden aber von Umsatzsteuer."

**Seelmann:** „Man spricht im Geschäftsleben deshalb von Umsatzsteuer, weil beim Verkauf Ware umgesetzt wird."

**Andrea:** „Aber eigentlich hat der Geschäftsmann oder die Geschäftsfrau mit der Mehrwertsteuer gar nichts zu tun, denn nur der Endverbraucher hat diese zu zahlen."

**Seelmann:** „Ja, so ist es – rechtlich gesehen. Praktisch übernimmt der Unternehmer eine Service-Funktion für das Finanzamt. Wenn man es genau nimmt, müsste der private Kunde (Endverbraucher) die Ware beim Verkäufer bezahlen und dann den Mehrwertsteueranteil beim Finanzamt einzahlen."

**Andrea:** „So als Beispiel bedeutete das, wenn ich eine Tafel Schokolade kaufen würde, die ohne Steuer 1,50 € kostet, müsste ich dem Einzelhändler 1,50 € zahlen und dann dem Finanzamt 0,11 € abführen."

**Seelmann:** „Das wäre praktisch nicht durchführbar; bei jedem Einkauf zum Finanzamt gehen, um dort die Mehrwertsteuer zu zahlen. Und genau aus diesem Grund sammelt der Einzelhändler, der Friseur oder der Handwerker die fällige Mehrwertsteuer und führt diese dem Finanzamt ab. Deswegen sagen Unternehmer zu dieser Steuer ‚Umsatzsteuer'."

**(40)** Warum spricht der Unternehmer bei einem Verkauf von Umsatzsteuer?

Otto Seelmann kauft regelmäßig für sein Unternehmen ein. Du hast gelernt, dass bei Einkäufen, die für sein Unternehmen getätigt werden, zwar Umsatzsteuer zu zahlen, aber keine Mehrwertsteuer zu tragen ist. Verkauft er dagegen an den Endverbraucher, muss er Mehrwertsteuer verrechnen.

**Buchführung in einer Unternehmung**

**(41)** Schaue dir alle Belege aus dem Monat September an und unterscheide zwischen
  a) Belegen, die keine Mehrwertsteuer ausweisen,
  b) Belegen, bei denen Otto Seelmann Steuern berechnet werden und
  c) Belegen, bei denen er Steuern berechnet.

**(42)** Otto Seelmann kauft Handelswaren ein, um diese zu verkaufen. Der Lieferant stellt eine Rechnung, auf der auch die Mehrwertsteuer ausgewiesen wird.
  a) Erstelle eine Tabelle nach folgendem Aufbau:

| Name des Lieferers | Datum | Rechnungsbetrag brutto | USt 7 % | USt 19 % | Rechnungsbetrag netto |
|---|---|---|---|---|---|
|  |  |  |  |  |  |
|  |  |  |  |  |  |

  b) Addiere aus allen Wareneingangsrechnungen des Monats September die ausgewiesene Steuer.
  c) Berechne den gesamten Warenwert (ohne USt).

**(43)** Otto Seelmann hat im September mehrere Verkäufe durchgeführt.
  a) Erstelle eine Tabelle nach folgendem Aufbau:

| Name des Kunden | Datum | Rechnungsbetrag brutto | USt 7 % | USt 19 % | Rechnungsbetrag netto |
|---|---|---|---|---|---|
|  |  |  |  |  |  |
|  |  |  |  |  |  |

  b) Addiere aus allen Warenausgangsrechnungen des Monats September die ausgewiesene Steuer.
  c) Berechne den Warenwert (ohne USt).
  d) Berechne die Umsatzsteuer aus den Dienstleistungen und den verkauften Waren entsprechend der Tabelle „Abrechnung per Lastschriftverfahren" im Anhang.
  e) Wie hoch ist der Wert der Dienstleistungen (ohne USt) und der im Rahmen der Dienstleistungen verkauften Waren?

Für die nächste Aufgabe sollst du folgendes Schema zur Berechnung verwenden.

| Berechnung der Brutto- und Nettowerte | | | |
|---|---|---|---|
| z. B. Tageslosung | | | |
| KW 37 | | 500,74 € | 119 % |
|  |  | 79,95 € | 19 % |
|  |  | 420,79 € | 100 % |

*KW = Kalenderwoche*

  f) Berechne die Umsatzsteuer aus den Tageslosungen.
  g) Wie hoch ist der Warenverkaufswert (ohne USt) aus den Tageslosungen?

Rechnungen aus dem Bereich Einkauf und Verkauf von Handelswaren

Otto Seelmann muss dem **Lieferanten** den **Bruttobetrag**, d. h. den Betrag inklusive Mehrwertsteuer, **bezahlen.**

**(44)** Finde den Widerspruch in folgenden Aussagen:
Otto Seelmann muss als Händler keine Mehrwertsteuer (hier gleich Umsatzsteuer) zahlen. Otto Seelmann muss dem Lieferanten den Bruttobetrag, d. h. den Betrag inklusive Mehrwertsteuer, bezahlen.

**(45)** Wenn Otto Seelmann den Bruttobetrag an den Lieferanten gezahlt hat, hat er zu viel bezahlt. Wie viele Euro hat er zu viel bezahlt?
Erkläre dies am Beispiel eines entsprechenden Beleges aus dem Monat September.

Der Widerspruch lässt sich auflösen, wenn klar ist, dass Otto Seelmann an die Lieferer auch Mehrwertsteuer zahlt, aber sich diese vom Finanzamt zurückholt.

**Beispiel:** Die Rechnung der „Agrarbedarf und Baumschule Wennekamp GmbH" vom 1. September beträgt 389,55 €. Der Warenwert beträgt 361,20 €, die Umsatzsteuer (Mehrwertsteuer) beträgt 28,35 €.

*Diese Daten kannst du auch dem Beleg entnehmen.*

Mit nachfolgendem Schema kann man die Umsatzsteuer in einem Tabellenkalkulationsprogramm berechnen.

|   | A | B | C | D |
|---|---|---|---|---|
| 1 | Warenwert | 335,60 € | 100 % | ? |
| 2 | USt | 23,49 € | 7 % | Gib folgende Formel ein: B1 * C2 / C1 |
| 3 | Bruttowert | 359,09 € | 107 % | Gib folgende Formel ein: B2 * C3 / C2 |

|   | A | B | C | D |
|---|---|---|---|---|
| 4 | Warenwert | 25,60 € | 100 % | Baumwachs |
| 5 | USt | 4,86 € | 19 % | Gib folgende Formel ein: B4 * C5 / C4 |
| 6 | Bruttowert | 30,46 € | 119 % | Gib folgende Formel ein: B5 * C6 / C5 |
| 7 | Summe | 389,55 € |  | Rotbuchen + Baumwachs |

Aus der Tabelle ist abzulesen, dass Otto Seelmann von der Bank, ohne Skontoabzug, 389,55 € überweist. Das sind 28,35 € zu viel. Und genau diesen Betrag stellt er dem Finanzamt in Rechnung. Daraus ergibt sich, dass er an das Finanzamt Forderungen hat. Die vom Finanzamt zu erhaltende Steuer nennt der Unternehmer „Vorsteuer".

*Vergleiche mit der Überweisung am 29. September*

**(46)** Wie viel **Vorsteuer** (VSt) hat Otto Seelmann für den Monat September vom Finanzamt zurückzubekommen? (vgl. Aufgabe 42)

### Der Begriff „Mehrwertsteuer"

Verkauft ein Unternehmer Waren oder Dienstleistungen, verlangt er neben dem Warenwert vom Kunden auch die Umsatzsteuer. Diese Umsatzsteuer wird dem Finanzamt geschuldet.

Kauft ein Unternehmer Waren oder Dienstleistungen, hat er an seinen Lieferer auch die Mehrwertsteuer zu zahlen. Als Unternehmer holt er sich diese als Vorsteuer vom Finanzamt zurück.

Somit hat der Unternehmer einerseits Verbindlichkeiten und andererseits Forderungen an das Finanzamt. Die Verbindlichkeiten werden in der Regel höher sein. Die Differenz, die er dem Finanzamt schuldet, ist die Zahllast.

In der Praxis wirst du auf Rechnungen sowohl den Begriff Mehrwertsteuer als auch den Begriff Umsatzsteuer finden.

Anhand folgendem Beispiel soll die Logik des Begriffs „Mehrwertsteuer" bewiesen werden.

Dazu ist es wichtig, im Hinterkopf zu behalten, dass der Unternehmer bei einem Verkauf von Waren oder Dienstleistungen von Umsatzsteuer spricht und beim Einkauf von Vorsteuer.

**Beispiel:** Der Hersteller von mineralisiertem Torf, die Firma Geoplanta GmbH, kauft Torf und Mineralstoffe ein. Die Rechnungen sehen wie folgt aus:

# Rechnungen aus dem Bereich Einkauf und Verkauf von Handelswaren

## Bayerische Torf AG

Bayerische Torf AG · Westendstraße 6c · 83043 Bad Aibling

Geoplanta GmbH

Westendstraße 6c
83043 Bad Aibling
Tel. 08061 906860
Fax 08061 90686-9
baytorf@baytorf.com

## Rechnung

| Ihre Bestellung | vom | Kunden-Nr. | Rechnungs-Nr. | Rechnungsdatum |
|---|---|---|---|---|
| 2318 | 2. Mai 200x | 3798 | 1434 | 4. Mai 200x |

| | | | |
|---|---|---|---|
| 5 t Rohtorf | 11,00 € | | 49,00 € |
| | | 19% USt | 9,31 € |
| | | | 58,31 € |

## Penzberg-Chemie AG

Penzberg-Chemie AG · Nonnenwald 2 · 82377 Penzberg

Geoplanta GmbH

Nonnenwald 2
82377 Penzberg
Tel. 08856 60-0
Fax 08856 603896
p-chemie@penzbergchemie.com

## Rechnung

| Ihre Bestellung | vom | Kunden-Nr. | Rechnungs-Nr. | Rechnungsdatum |
|---|---|---|---|---|
| 2349 | 3. Mai 200x | 5640 | 4328 | 5. Mai 200x |

| | | | |
|---|---|---|---|
| 1,50 t | 20,00 € | | 35,00 € |
| Mineralstoffe lt. beiliegendem Lieferschein | | | |
| | | 19% USt | 6,65 € |
| | | | 41,65 € |

## Buchführung in einer Unternehmung

| Ausgangsrechnung Bayerische Torf AG | = Eingangsrechnung Geoplanta |
|---|---|
| Ausgangsrechnung Penzberg Chemie AG | = Eingangsrechnung Geoplanta |

Die „Geoplanta GmbH" berechnet den Einstandspreis für 1.000 kg.

| Geoplanta GmbH Einstandspreise | | | | | | | |
|---|---|---|---|---|---|---|---|
| Einstandspreis für die Herstellung von Torf mit Mineralstoffen | | | | | | | |
| für 1.000 kg | | | | | | | |
| 6.500,00 kg | Torf + Mineralstoffe | 84,00 € | Netto | | | | |
| 1.000,00 kg | Torf + Mineralstoffe | 12,92 € | Netto | 19 % | 2,45 € | USt | |
| für 1.000 Kilogramm muss Geoplanta | | 2,45 € | Umsatzsteuer an | Bayerische Torf AG | | | |
| | | | und | Penzberg-Chemie AG | | zahlen | |

„Geoplanta" produziert nun und verkauft 1.000 kg an den Großhändler „Gebrüder Bauer Offene Handelsgesellschaft" im Warenwert von 32,31 €.

| Ausgangsrechnung Geoplanta GmbH | = Eingangsrechnung für | Gebr. Bauer OHG |
|---|---|---|
| | | Kerschensteinerstr. 4 |
| | | 86720 Nördlingen |
| 1.000,00 kg Mineralisierter Torf | | 32,31 € |
| | 19 % | 6,14 € |
| | | 38,45 € |

Der Großhändler Gebrüder Bauer OHG verkauft diesen mineralisierten Torf an den Einzelhändler Otto Seelmann e. K. zum Warenwert von

| Ausgangsrechnung | | |
|---|---|---|
| Gebr. Bauer offene Handelsgesellschaft | = Eingangsrechnung für | Otto Seelmann e. K. |
| 1.000,00 kg Mineralisierter Torf | | 48,46 € |
| | 19 % | 9,21 € |
| | | 57,67 € |

Der Einzelhändler Otto Seelmann verkauft diese 1.000 kg mineralisierten Torf an seine Kunden (Endverbraucher).

| Otto Seelmann | | |
|---|---|---|
| Verkauf an Endverbraucher | | 72,69 € |
| | 19 % | 13,81 € |
| | | 86,50 € |

**(47)** Berechne in einer Tabelle alle an das Finanzamt gezahlten Umsatzsteuerbeträge. Erstelle folgendes Schema:

| für 1.000 Kilogramm zahlen | |
|---|---|
| Bayerische Torf AG und Penzberg-Chemie AG | an das Finanzamt |
| Geoplanta GmbH | an das Finanzamt |
| Gebr. Bauer OHG | an das Finanzamt |
| Otto Seelmann | an das Finanzamt |

Stell dir vor, du bist bei einem Wirtschaftsprüfer oder Steuerberater tätig. Du hast für folgende Mandanten zu buchen: Hersteller, Großhändler, Einzelhändler.

*Mandant ist derjenige, für den gebucht wird.*

**(48)** Mandant Bayerische Torf AG und Penzberg-Chemie AG:
   a) Wie hoch ist die ausgewiesene Umsatzsteuer beider Unternehmen für 1.000 kg?
   b) Warum ist die Umsatzsteuer für das Unternehmen eine Verbindlichkeit?

*Bei einer Eingangsrechnung handelt es sich um Vorsteuer, bei einer Ausgangsrechnung um Umsatzsteuer.*

**(49)** Mandant Geoplanta GmbH:
   a) Wie hoch ist ihre Vorsteuer für 1.000 kg?
   b) Wie hoch ist ihre Umsatzsteuer?
   c) Wie viel hat sie dem Finanzamt abzuführen?

**(50)** Mandant Gebrüder Bauer OHG:
   a) Wie hoch ist ihre Vorsteuer?
   b) Wie hoch ist ihre Umsatzsteuer?
   c) Wie viel hat sie dem Finanzamt abzuführen?

**(51)** Mandant Otto Seelmann e. K.:
   a) Wie hoch ist seine Vorsteuer?
   b) Wie hoch ist seine Umsatzsteuer?
   c) Wie viel hat er dem Finanzamt abzuführen?

*Mehrwert ist der Warenwert des Verkaufs minus Warenwert des Einkaufs (Einstandspreis).*

**(52)** Endverbraucher:
   Wie hoch ist der Mehrwertsteueranteil der Endverbraucher?

**(53)** Berechne den Mehrwert für die Geoplanta GmbH.

**(54)** Berechne den Mehrwert der Gebrüder Bauer OHG.

**(55)** Berechne den Mehrwert Otto Seelmann e. K.

**(56)** Berechne die Mehrwertsteuer auf die Mehrwerte von Bayerische Torf AG und Penzberg-Chemie AG für 1.000 kg, Firma Geoplanta GmbH für 1.000 kg, Gebrüder Bauer OHG, Otto Seelmann e. K.

**(57)** Addiere die abgeführte Steuer der Bayerischen Torf AG und Penzberg-Chemie AG, Firma Geoplanta GmbH, Gebrüder Bauer Offene Handelsgesellschaft und Otto Seelmann e. K.

**(58)** Vergleiche den Betrag aus Aufgabe 57 mit dem Mehrwertsteuerbetrag des Endverbrauchers.

> **Zusammenfassung**
>
> Beim **Verkauf** von Waren und Dienstleistungen wird grundsätzlich **Mehrwertsteuer** erhoben. Die Steuer hat der private Endverbraucher zu zahlen. Die Mehrwertsteuer ist an das Finanzamt abzuführen.
>
> **Unternehmen** müssen grundsätzlich **keine Mehrwertsteuer** tragen. Sie sind aber verpflichtet, die beim Kunden eingeholten Steuerbeträge dem Finanzamt weiterzuleiten. Aus Sicht des Unternehmers ist die vom Kunden erhobene Steuer **Umsatzsteuer**.
>
> Beim **Einkauf** zahlt das Unternehmen an seinen Lieferer ebenfalls Mehrwertsteuer. Da ein Unternehmen aber diese Steuer nicht tragen muss, darf es sich diese Steuer vom Finanzamt zurückholen. Aus Unternehmenssicht ist diese an den Lieferer gezahlte Steuer **Vorsteuer**.
>
> | | |
> |---|---|
> | Verkauf | → Umsatzsteuer |
> | Einkauf | → Vorsteuer |
> | Umsatzsteuer | → Verbindlichkeit an das Finanzamt |
> | Vorsteuer | → Forderung an das Finanzamt |

**Exkurs Ende**

## 3.4 Rechnungen aus dem Bereich Aufwand und Ertrag

Du hast eine Reihe von Belegen kennen gelernt:
- Belege, die das Anlagevermögen verändern
- Belege, die das Umlaufvermögen verändern
- Belege, die das Fremdkapital verändern
- Belege aus dem Einkauf von Handelswaren
- Belege aus dem Verkauf von Handelswaren und Dienstleistungen

Da wir „Just-in-Time" buchen, ist jeder Einkauf von Handelswaren bereits mit Rechnungseingang als Aufwand zu sehen. Eine Unternehmung kauft aber nicht nur Handelswaren, sondern auch Material und Dienstleistungen. Diese sind für den reibungslosen Betriebsablauf nötig. Jeder Verkauf von Handelswaren und Dienstleistungen ist als Ertrag zu sehen. Unternehmen können auch andere Erträge haben. Sie können z. B. Einnahmen verbuchen, die nicht mit dem eigentlichen Produktionsbetrieb zu tun haben. Eine Unternehmung kann u. a. Zinserträge erwirtschaften oder Pachterträge erzielen.

**Aufwendungen**

Ausgaben, die den Gewinn schmälern, sind Aufwendungen.
Der Gewinn ist Teil des Eigenkapitals, d. h., ein Aufwand reduziert das Eigenkapital.

**Rechnungen aus dem Bereich Einkauf und Verkauf von Handelswaren**

(59) Erstelle eine Liste über alle Belege aus dem Monat September, die für das Unternehmen Aufwand sind. Aufwendungen für den Einkauf von Handelswaren sollst du in dieser Liste nicht mit aufnehmen.

(60) Beantworte folgende Fragen zu den einzelnen Belegen (vgl. Aufgabe 59).
a) Wie heißt der Absender?
b) Wie lautet das Rechnungsdatum?
c) Wofür wurde die Ausgabe vorgenommen?
d) Wie hoch ist der Warenwert?
e) Wie hoch ist die MwSt in Prozent?
f) Wie hoch ist der absolute MwSt-Betrag?
g) Handelt es sich bei diesen Beträgen um Vorsteuer (VSt) oder um Umsatzsteuer (USt)? Begründe.
h) Wurde die Rechnung schon bezahlt? Begründe.

(61) a) Berechne die Summe der Aufwendungen (ohne Umsatzsteuer) aus den Belegen bis zum 30. September.
b) Berechne die Summe aus den Einkäufen der Handelswaren (ohne Umsatzsteuer) aus den Belegen bis zum 30. September.
c) Ziehe die Aufwendungen und die Einstandspreise für Wareneinkäufe aus dem Monat September vom Eigenkapital (s. Eröffnungsbilanz) ab. Wie hoch ist jetzt das Eigenkapital?

**Erträge**

Otto Seelmann bietet einmal in der Woche einen Gartenservice an. Hat er Aufträge, die er zeitlich nicht erfüllen könnte, vermittelt er diese Aufträge an einen befreundeten Unternehmer. Für die Vermittlung erhält er Provision. Diese Provision erhöht seinen Gewinn. Einnahmen, die den Gewinn erhöhen, sind Erträge. Gewinne erhöhen das Eigenkapital.

*Vergleiche Auflistung der Provisionsabrechnungen*

(62) Erkläre, welchen Einfluss die Provisionserträge auf das Eigenkapital haben.

(63) Erstelle eine Liste über alle Belege aus dem Monat September, die für das Unternehmen Erträge ausweisen. Erträge aus dem Verkauf von Handelswaren sollst du in dieser Liste nicht mit aufnehmen.

(64) a) Berechne die Summe der Erträge (ohne Umsatzsteuer) aus den Belegen bis zum 30. September.
b) Berechne die Summe aus den Dienstleistungen und den Verkäufen aller Handelswaren (ohne Umsatzsteuer) aus den Belegen bis zum 30. September.

c) Addiere die Erträge und die Nettoverkaufspreise aus dem Monat September zum Eigenkapital (s. Eröffnungsbilanz). Wie hoch ist jetzt das Eigenkapital?

(65) Formatiere in einem Tabellenprogramm zwei Spalten in Euro. Überschreibe die linke Spalte mit Aufwand und die rechte Spalte mit Ertrag. Übertrage nun alle Belege, die den Aufwand oder den Ertrag betreffen, entsprechend.

## 3.5 Gewinn- und Verlustrechnung

In der Praxis werden alle Aufwendungen den Erträgen gegenübergestellt. Überwiegen die Aufwendungen, wurde ein Verlust erwirtschaftet, überwiegen die Erträge, konnte das Unternehmen einen Gewinn erzielen. Die Gegenüberstellung von Aufwendungen und Erträgen erfolgt in der Gewinn- und Verlustrechnung. Dazu wird ein Sammelkonto erstellt.

(66) Berechne den möglichen Gewinn oder Verlust für den Monat September.

### Zusammenfassung

Aufwendungen sind nötig, um Erträge zu erzielen. So stehen sich immer Aufwendungen und Erträge gegenüber. Um festzustellen, welche Gruppe überwiegt, werden alle **Aufwendungen und Erträge auf einem** eigens dafür eingerichteten **Konto gesammelt**. Dieses Sammelkonto wird „**Gewinn- und Verlustkonto**" genannt. Sind die **Erträge höher** als die Aufwendungen, liegt ein Ertragsüberschuss vor. Diesen Überschuss nennt man **Reingewinn**. Er gehört dem Geschäftsinhaber und bewirkt eine **Mehrung** des **Eigenkapitals**. Sind dagegen die **Aufwendungen** höher als die Erträge, entsteht ein Verlust. Diesen **Reinverlust** hat der Geschäftsinhaber zu tragen. Er **vermindert** sein **Eigenkapital**.

# 4 Buchen nach Belegen

Auf den vorhergehenden Seiten hast du schon eine Reihe von Belegen kennen gelernt und du weißt, dass die Belege Vorgänge erfassen, welche die Bestände der Bilanz verändern.
Nun sollen diese Belege verbucht werden. Zuerst wirst du in die Technik der Verbuchung auf T-Konten eingewiesen, später wirst du nur noch vorkontieren und in ein FIBU-Programm eingeben.

*Belege aus dem Bereich Aufwand ändern das passive Bestandskonto Eigenkapital.*

> **Merke**
> Keine Buchung ohne Beleg.

## 4.1 Buchung der Belege zum Kauf von Anlagevermögen

Durch den Kauf wird der Bestand des Anlagekontos höher. Wird gleich gezahlt, mindert sich der Bestand des Zahlungskontos, wird auf Ziel eingekauft, erhöhen sich die Verbindlichkeiten.

**(67)**  a) Nimm dein T-Kontenblatt, das du unter der Aufgabe 13 erstellt hast, und eröffne zusätzlich ein T-Konto „Verbindlichkeiten".
b) Buche die Belege ER A. Gehrmann GbR und ER Holz und Boden GmbH in die T-Konten.
c) Buche den Beleg ER Leichtmetall Oberland GmbH ein.

*ER = Eingangsrechnung*

## 4.2 Buchung der Kreditaufnahme

Durch die Aufnahme eines Kredits wird der Bestand des Kontokorrentkontos und des Darlehenkontos höher. Die Umschuldung von Bankdarlehen zum ERP-Darlehen bewirkt, dass das Bankdarlehen sinkt und das Konto „ERP-Kredit" eingerichtet werden muss.

**(68)**  Buche den Beleg ERP-Kreditaufnahme vom 10. September entsprechend in die T-Konten.

**(69)**  Buche den Beleg „Hypothekendarlehen" vom 12. September in die T-Konten.

## 4.3 Buchung der Belege aus dem Einkaufs- und Verkaufsbereich

Die Eingangsrechnung der Wennekamp GmbH soll gebucht werden.
**Eine Eingangsrechnung wird auch Kreditorenfaktura genannt.**
Eine Eingangsrechnung bedeutet für den Empfänger, dass er diese Rechnung zu einem späteren, bestimmten Zeitpunkt bezahlen muss. Solange er diese Rechnung noch nicht bezahlt hat, hat der Empfänger dieser Rechnung beim Lieferanten Verbindlichkeiten. Wenn Otto Seelmann diese Rechnung bezahlt hat, findest du einen Vermerk auf der Rechnung.

Folgende Konten ändern sich bei diesem Geschäftsvorgang:
- Die Lieferverbindlichkeiten werden mehr.
   → Konto: Lieferverbindlichkeiten
- Die Warenvorräte werden mehr.
   → Konto: Aufwendungen für Waren
- Die Vorsteuer wird mehr.
   → Konto: Vorsteuer

(70) Beantworte folgende Fragen:
   a) Welchen Betrag muss Otto Seelmann dem Lieferer zahlen?
   b) Welchen Betrag fordert Otto Seelmann vom Finanzamt zurück? Bitte begründe deine Antwort.
   c) Bei welchen Konten handelt es sich um Aktiva (Mittelverwendung) und bei welchen um Passiva (Mittelherkunft)? Bitte begründe deine Antwort.

Auf T-Konten gebucht, sieht dieser Vorgang **Wareneinkauf** folgendermaßen aus:

*AB = Anfangsbestand*

| Soll | Aufwendungen für Waren | Haben |
|---|---|---|
| AB | – € | |
| Wennekamp | 361,20 € | |

| Soll | Vorsteuer | Haben |
|---|---|---|
| Wennekamp | 28,35 € | |

| Soll | Verbindlichkeiten aus LL | Haben |
|---|---|---|
| | AB | – € |
| | Wennekamp | 389,55 € |

(71) Wie hoch ist jetzt der Wert des Warenlagers (Konto Handelswaren)?

(72) Wie hoch sind jetzt die Verbindlichkeiten aus Lieferungen und Leistungen?

(73) Erkläre die Differenz zwischen dem Betrag im Konto Aufwendungen für Waren und dem Konto Verbindlichkeiten aus Lieferungen und Leistungen.

Der Beleg der Rigi Peißenberg GmbH vom 1. September soll gebucht werden.

**Eine Ausgangsrechnung wird auch Debitorenfaktura genannt.** Eine Ausgangsrechnung bedeutet für den Absender, dass sein Kunde diese Rechnung zu einem späteren, bestimmten Zeitpunkt begleichen muss. Solange er diese Rechnung noch nicht bezahlt hat, hat der Absender dieser Rechnung beim Kunden Forderungen. Wenn der Kunde diese Rechnung bezahlt hat, findest du einen Vermerk auf der Rechnung.

Folgende Konten ändern sich bei diesem Geschäftsvorgang:
- Die Forderungen werden mehr.
  → Konto: Forderungen aus Lieferungen und Leistungen
- Die Warenvorräte werden weniger.
  → Konto: Umsatzerlöse für Handelswaren
- Die Umsatzsteuer wird mehr.
  → Konto: Umsatzsteuer

**(74)** Beantworte folgende Fragen:
   a) Welchen Betrag muss der Kunde Rigi Peißenberg GmbH zahlen?
   b) Welchen Betrag muss Otto Seelmann an das Finanzamt abführen? Bitte begründe deine Antwort.
   c) Bei welchen Konten handelt es sich um Aktiva (Mittelverwendung) und bei welchen um Passiva (Mittelherkunft)? Bitte begründe deine Antwort.

**(75)** Otto Seelmann hat bei der Wennekamp GmbH diese Bäume für den Kunden Rigi Peißenberg GmbH bestellt und an diese weiterverkauft. Beantworte folgende Fragen:
   a) Warum wird Otto Seelmann diese Bäume nicht zu dem Preis verkaufen, den er von seinem Lieferer in Rechnung gestellt bekommt?
   b) Wie hoch ist der Rohgewinn bei diesem Geschäft in Euro?
   c) Wie hoch ist der Rohgewinn in Prozent?

*Barverkaufspreis – Einstandspreis = Rohgewinn*

Der Händler verkauft die eingekauften Waren zu einem anderen, i. d. R. höheren Preis an seine Kunden. Jedes erwerbswirtschaftlich ausgerichtete Unternehmen setzt sich die Gewinnmaximierung als Ziel. Der Gewinn erhöht das Eigenkapital.

Beim **Verkauf** darf das Wareneinkaufskonto nicht verwendet werden. Wir führen ein eigenes Konto mit der Bezeichnung **Umsatzerlöse aus Warenverkauf und Dienstleistungen**. Dieses Konto beeinflusst das Eigenkapitalkonto. Wir zählen dieses Konto zu den **Ertragskonten**.

**Buchführung in einer Unternehmung**

Wir buchen diesen Vorgang **Warenverkauf** im Folgenden auf T-Konten.

| Soll | Forderungen aus Lieferungen und Leistungen | Haben |
|---|---|---|
| 533,91 € | | |

| Soll | Umsatzsteuer | Haben |
|---|---|---|
| | | 38,72 € |

| Soll | Umsatzerlöse Handelswaren | Haben |
|---|---|---|
| | | 461,34 € |
| | | 33,84 € |

461,34 € → 7 %
33,84 € → 19 %
Vgl. Rechnung

Das Konto „Umsatzerlöse Handelswaren" ist ein Ertragskonto. Es mehrt das Eigenkapital.

Mit der Aufgabe 75 hast du den Rohgewinn bei diesem Vorgang ermittelt. In der Praxis kann der Unternehmer nicht bei jedem Vorgang durch Vergleich von Einstands- und Barverkaufspreisen den Rohgewinn ermitteln. Das Ergebnis soll die Buchhaltung vorlegen.

> **Merke**
> 
> **Wareneinkauf und Warenverkauf dürfen nicht auf dasselbe Konto gebucht werden.**

Zur besseren Übersicht geht die Praktikantin Andrea die Geschäftsvorfälle aus dem Einkaufs- und Verkaufsbereich am 1. September noch einmal durch: Otto Seelmann bestellt für den 1. September zwei Bäume und Baumwachs bei der Agrarbedarf und Baumschule Wennekamp GmbH für seinen Kunden Rigi Peißenberg GmbH. Der Frachtführer liefert die Waren FREI HAUS [ ← ] und Otto Seelmann legt sie ins Lager. Dadurch erhöht sich der Warenwert des Lagers. Schaue dir diesen Vorgang noch einmal anhand der Konten auf S. 62 an. Mit Rechnungsdatum vom 1. September werden diese Bäume und das Baumwachs zu einem höheren Preis an die Rigi Peißenberg GmbH verkauft.
Schaue dir diesen Vorgang noch einmal anhand der Konten zum Warenverkauf an.
In der Aufgabe 75 wurde der Rohgewinn ermittelt. Du hast gelernt, dass ein Verkauf i. d. R. das Eigenkapital erhöht. Allerdings nicht um den Preis, der beim Kunden erzielt wurde, denn der Einstandspreis muss subtrahiert werden. Folgerung: Der Preis, der für die Waren an den Lieferer gezahlt wurde, schmälert das Eigenkapital. Spätestens wenn die Ware aus dem Lager ist, muss das Eigenkapital korrigiert werden. Wird das Eigenkapital „angegriffen", spricht der Kaufmann von Aufwand. Wird das Eigenkapital „gestärkt", spricht der Kaufmann von Ertrag.

Die Waren sind im Lagerkonto gebucht. Vor dem Verkauf müssen sie aus dem Lagerkonto aus- und in das Aufwandskonto eingebucht werden.

In der modernen Warenwirtschaft wird das Prinzip „Just-in-Time" praktiziert. In unserem Beispiel werden die Bäume und das Baumwachs am Vormittag geliefert und am Nachmittag des gleichen Tages an den Kunden verkauft. Das bedeutet, das Lager mehrte sich nur für wenige Stunden.

Überlege: Du buchst erst einen Lagerzugang und müsstest jetzt am gleichen Tag einen Abgang buchen.

Der Vorgang sieht auf T-Konten folgendermaßen aus:

|  | Handelswaren |  | **Haben** |
|---|---|---|---|
| AB | – € | Entnahme | 361,20 € |
| + | 361,20 € | | |

|  | Aufwendungen für Waren |  | **Haben** |
|---|---|---|---|
| Entnahme Lager | 361,20 € | | |

*Vergleiche Beleg Einkauf Wennekamp und Verkauf Rigi GmbH*

**(76)** Wie hoch ist der Lagerbestand am Mittag?

**(77)** Wie hoch ist der Lagerbestand am Abend?

Die oben gezeigte Verbuchung ist sehr aufwändig und daher buchen wir bei „Just-in-Time" immer direkt auf das Konto Aufwendungen für Waren.

> **Merke**
>
> **Wir buchen alle Einkäufe aus dem Warenbereich „Just-in-Time" auf das Konto Aufwendungen für Waren.**

Wenn du jetzt alle Beträge aus dem Konto Aufwendungen für Waren zusammenzählst und von der Summe aller Beträge aus dem Konto Umsatzerlöse aus Warenverkauf und Dienstleistungen subtrahierst, weißt du wie hoch dein Rohgewinn ist.

| **Soll** | G + V |  | **Haben** |
|---|---|---|---|
| aus Wennekamp | 361,20 € | aus Rigi Peißenberg | 495,18 € |
| Saldo | 133,98 € | | |

> **Zusammenfassung**
>
> Ziel der Unternehmung ist, durch Einkauf und Verkauf von Handelswaren, Gewinne zu erwirtschaften. Der Einkauf der Waren verringert das Eigenkapital, während der Verkauf dieses erhöht. Wir buchen den Wareneinkauf als Aufwand und den Warenverkauf als Ertrag. Wird auf Ziel ein- und verkauft, erfassen wir unsere Lieferer als Kreditoren und unsere Kunden als Debitoren.

| Ablauf des Belegsgeschäftsganges Warenverkehr | | |
|---|---|---|
| Beschaffungsmarkt | Pflanzen & Gartenservice Otto Seelmann e. K. | Absatzmarkt |
| Otto Seelmann erhält von Lieferanten Handelsware zum Einstandspreis | ändert das Eigenkapital, da wir „Just-in-Time" buchen; Güterstrom | Otto Seelmann verkauft an Kunden zu Verkaufspreisen |
| Aufwand | Einkäufe und Verkäufe mit MwSt. | Erlöse |
| Ausgaben: Kreditorenzahlung | Geldstrom | Einnahmen: Debitorenzahlung |

## 4.4 Weitere Buchungen von Belegen im Bereich der Erfolgskonten

Die folgenden Aufgaben beziehen sich auf die weiteren Belege aus dem Monat September (siehe Anhang).

(78) Eingangsrechnungen für Handelswaren
   a) Wie heißen die Absender der Eingangsrechnungen? Erstelle anhand der Rechnungen eine Liste aller Kreditoren. Folgende Daten sollst du erfassen: Name, Ort, Straße, Zahlungsziele.
   b) Wie hoch ist jeweils der Warenwert?
   c) Wie hoch ist jeweils die Vorsteuer?
   d) Wie hoch sind jeweils die Verbindlichkeiten?
   e) Werden diese Einkäufe das Eigenkapital eher stärken oder schwächen? Wenn ja, in welcher Höhe?
   f) Übertrage die Einkäufe in dein T-Kontenblatt.

(79) Ausgangsrechnungen für Handelswaren und Dienstleistungen
   a) Wie heißen die Empfänger der Ausgangsrechnungen? Erstelle anhand der Rechnungen eine Liste aller Debitoren. Folgende Daten sollst du erfassen: Name, Ort, Straße, Zahlungsziele.
   b) Wie hoch ist jeweils der Warenwert?
   c) Wie hoch ist jeweils die Umsatzsteuer?
   d) Wie hoch sind jeweils die Forderungen?
   e) Werden diese Verkäufe das Eigenkapital eher stärken oder schwächen? Wenn ja, in welcher Höhe?
   f) Übertrage die Verkäufe in dein T-Kontenblatt.

**(80)** Weitere Belege aus dem Bereich Aufwand und Ertrag (ohne Kontoauszüge) vom Monat September.
   a) Erstelle eine Liste, in der du alle Belege, die einen Aufwand beinhalten, einträgst.
   b) Wie hoch ist der Aufwand?
   c) Wie hoch ist die Vorsteuer?
   d) Wie hoch ist der Zahlungsbetrag?
   e) Welchen Einfluss haben diese Geschäftsvorfälle auf das Eigenkapital?
   f) Übertrage die Geschäftsvorfälle in dein T-Kontenblatt. Du musst jetzt das neue T-Konto einführen. Entscheide, ob der Aufwand im Soll oder Haben gebucht wird.
   Bitte begründe deine Entscheidung.

**(81)** Zinsberechnung und Zinsaufwand
   Nimm den Kontoauszug von Seite 177 und beantworte folgende Fragen:
   a) Wie hoch sind die Zinsaufwendungen?
   b) Wie verändert sich das Kontokorrentkonto (Bank)?
   c) Wird dieser Geschäftsvorfall das Eigenkapital eher stärken oder schwächen? Begründe bitte inhaltlich und nach formaler Logik.
   d) Erstelle die jeweiligen Zinsabrechnungen.

> **Merke**
>
> Werden Zinsen berechnet, fällt grundsätzlich Umsatzsteuer an. Für die Zinsen, welche die Bank berechnet, entfällt die MwSt (Umsatzsteuer).

**(82)** Belege zu Geschäftsvorfällen, die das Eigenkapital nicht verändern. (Monat September)
   a) Ordne die Belege nach sachlichen Gesichtspunkten.
   b) Übertrage die Geschäftsvorfälle in dein T-Kontenblatt.

**(83)** Erkläre schriftlich alle Geschäftsvorfälle des Monats September.

Beispiel: Am 5. September: Einzahlung auf die Postbank. Die Bank wird im Soll (Aktiva) mehr und die Kasse im Haben (Passiva) weniger.

Grainau Plast: Der Kunde zahlt, d. h., die Bank wird im Soll (Aktiva) mehr und die Forderungen aus Lieferungen und Leistungen nehmen im Haben (Passiva) ab.

Rechnung Grünwald: Es wurden Waren eingekauft, d. h., die Aufwendungen für Waren werden im Soll höher (just in time), Otto Seelmann fordert vom Finanzamt die Vorsteuer und hat an Grünwald Verbindlichkeiten aus Lieferungen und Leistungen.

> **Zusammenfassung**
>
> Wie bereits in Kapitel 1 Teil B festgestellt, beruht die Buchführung auf einer durchgehenden Systemlogik.
>
> 1. Inventur → Aufzählung der Gegenstände und Erstellen von Inventurlisten
> 2. Inventar → Bewertung der aufgeführten Inventurdaten
> 3. Bilanz (geschlossene Aufstellung) → Gliederung in Aktiva (Mittelverwendung) und Passiva (Mittelherkunft)
> 4. Aufgliederung der Bilanzposten in T-Konten (offene Aufstellung) → Soll und Haben
> 5. Buchungen in T-Konten → Erhöhung und Minderung der Werte auf den einzelnen Konten
>
> Ausgehend vom Eigenkapital, das im Passiva steht, werden Veränderungen systematisch erfasst. Es gibt Vorgänge, die das Eigenkapital nicht verändern, und es gibt Vorgänge, die das Eigenkapital verändern. Das Eigenkapital verändert sich, wenn das Unternehmen Aufwand oder Ertrag verbucht.

## 5 Zahlung der Rechnungen

Bei einer Zahlung sind zwei Belege zu kontrollieren:
- Die Rechnung, die bereits gebucht worden ist.
- Der Kontoauszug, auf dem der Zahlungsstrom von der Bank dokumentiert wird.

Die Zahlungsströme werden i. d. R. anhand der Kontoauszüge gebucht.
Bei Barzahlung von Rechnungen wird entweder die Rechnung quittiert oder es wird eine eigene Quittung ausgestellt.

Besonders bei zweiseitigen Handelskäufen werden Rechnungen mit Zahlungsbedingungen ausgestellt. Alle Zahlungsbedingungen kannst du der Rechnung entnehmen. So findest du z. B. auf der Rechnung einen Vermerk, wann diese Rechnung zu zahlen ist. Oft wird ein Zahlungsziel angegeben. In vielen Fällen wird bei beschleunigter Zahlung ein Nachlass gewährt. Der Verkäufer gewährt Skonto. Somit können auf einer Rechnung mehrere Zahlungsziele angegeben sein.

> **Merke**
> Rechnungen und Kontoauszüge müssen sehr genau gelesen werden.

## 5.1 Zahlung der Kreditorenrechnungen

### ● FALL

Am 18. September wird die Rechnung A. & H. Gehrmann GbR vom 9. September per Bank bezahlt. Das bedeutet, die Verbindlichkeiten des Mandanten Otto Seelmann werden im Soll weniger und sein Konto Bank wird im Haben weniger.

(84) Wie hoch ist die Belastung auf dem Kontoauszug bei der Zahlung A. & H. Gehrmann?

(85) Wie hoch sind die Verbindlichkeiten laut Rechnung?

(86) Warum steht auf dem Bankauszug ein „S" hinter dem Betrag?

(87) Auf dem Konto Bank wird beim Mandanten Otto Seelmann im Haben gebucht. Begründe diese Buchung.

(88) Begründe, warum die Verbindlichkeiten aus Lieferungen und Leistungen im Soll gebucht werden.

(89) Prüfe, ob bei den Kreditorenzahlungen im September der Zahlungsbetrag stets mit dem Rechnungsbetrag übereinstimmt.

(90) Nenne die Zahlungsziele der einzelnen Rechnungen.

(91) Wie hoch ist gegebenenfalls das ausgewiesene Skonto bei den einzelnen Rechnungen?
   a) brutto
   b) netto
   c) Wie hoch ist der Steueranteil?

(92) Welche Rechnungen wurden im September gezahlt? Darf Otto Seelmann bei der Zahlung Skonto in Anspruch nehmen?

(93) Übertrage die Kreditorenzahlungen aus dem Monat September in dein T-Kontenblatt.

> **Merke**
> Bei der Zahlung einer Lieferantenrechnung fließt ein Geldstrom aus unserem Bankkonto oder aus unserer Kasse ab.

## 5.2 Zahlung der Debitorenrechnungen

### ● FALL

Am 5. September zahlt unser Kunde Grainau Plast GmbH die Rechnung vom 2. September. Das bedeutet, das Konto Bank von Otto Seelmann wird im Soll höher und seine Forderungen werden im Haben weniger.

(94) Wie hoch ist der Bankeingang?

(95) Wie hoch sind die Forderungen laut Rechnung?

(96) Warum steht auf dem Bankauszug ein „H" hinter dem Betrag?

(97) Auf dem Konto Bank wird bei Otto Seelmann im Soll gebucht. Begründe diese Buchung.

(98) Begründe, warum die Forderungen aus Lieferungen und Leistungen im Haben gebucht werden.

(99) Prüfe, ob bei den Debitorenzahlungen im September der Zahlungsbetrag stets mit dem Rechnungsbetrag übereinstimmt.

(100) Nenne die Zahlungsziele der einzelnen Rechnungen.

(101) Wie hoch ist gegebenenfalls das ausgewiesene Skonto bei den einzelnen Rechnungen?
a) brutto
b) netto
c) Wie hoch ist der Steueranteil?

(102) Welche Rechnungen wurden im September gezahlt? Darf der Kunde bei der Zahlung Skonto in Anspruch nehmen?

(103) Übertrage die Debitorenzahlungen aus dem Monat September in dein T-Kontenblatt.

> **Merke**
>
> Zahlt der Kunde, fließt ein Geldstrom zu unserem Bankkonto oder in unsere Kasse.

> **Zusammenfassung**
>
> Der Kontoauszug zeigt Zugänge und Abgänge vom Kontokorrentkonto. Werden Kreditorenrechnungen gezahlt, wird das Bankkonto im Haben gemindert. Gehen Zahlungen aufgrund von Debitorenrechnungen ein, wird das Bankkonto im Soll gemehrt. Es ist jeweils zu prüfen, ob die Zahlungsausgänge und Zahlungseingänge mit den Rechnungsbeträgen übereinstimmen.

# 6 Buchungssätze und Vorkontierung

Du wirst sicher schon bemerkt haben, dass du sehr konzentriert arbeiten musst, wenn du die Belege in die T-Konten einbuchst. Jedes Mal musst du überlegen, welches Konto im Soll und welches im Haben steht, um dann entsprechend zu übertragen. In der Praxis wird daher erst auf den Belegen **vorkontiert**. Das bedeutet, es werden die Buchungsvorgänge aufgeschrieben, bevor sie gebucht werden.

Heutzutage wird kaum noch jemand seine Buchführung über die T-Konten abwickeln. Aber auch bei Benutzung eines **Finanzbuchhaltungsprogramms** ist eine Vorkontierung sehr sinnvoll.

Für die Vorkontierung werden Buchungssätze formuliert. Dem Trennstrich des T-Kontos entspricht das Wörtchen „an". Vor diesem Wörtchen steht der Name des Kontos, das im Soll zu buchen ist, und nach dem Wörtchen steht der Name des Kontos, das im Haben zu buchen ist.

### ● FALL

Vorkontierung der Quittung für die Zahlung der Gewerbeanmeldung am 1. September

*s. Beleg im Anhang*

| Gebühren | steht im T-Konto im Soll |
|---|---|
| Kasse | steht im T-Konto im Haben |

| Soll | | Haben |
|---|---|---|
| Gebühren | an | Kasse |

In vielen Fällen reicht auf einer Seite ein Konto nicht aus.

Ist auf einer Seite mehr als ein Konto zu nennen, spricht man von einem zusammengesetzten Buchungssatz.

Vorkontierung der Rechnung von Parkett & Dielen GmbH vom 9. September:

| Soll | | Haben |
|---|---|---|
| Gebäude im Bau | an | |
| VSt | | Verb. LL |

In der Regel werden nun noch die Beträge den Konten zugeordnet.

Ab sofort sei dir die Verwendung des folgenden Schemas empfohlen.

| Datum | Soll Konto | | Haben Konto | Soll Beträge | Haben Beträge | Rechnung Beträge | % |
|---|---|---|---|---|---|---|---|
| 9. September | Anl. i. B VSt | an | Verb LL | 7.000,00 € 1.120,00 € | 8.120,00 € | 7.000,00 € 1.330,00 € 8.330,00 € | 100 % 19 % 119 % |

Hinweise für die Arbeit mit dem Tabellenkalkulationsprogramm:
1. Erstelle den formalen Rahmen.
2. Schreibe das Buchungsdatum in die erste Spalte.
3. Schreibe die betroffenen Soll-Konten vor das Wörtchen „an".
4. Schreibe das betroffene Haben-Konto nach dem Wörtchen „an".
5. Du könntest jetzt die Soll-Beträge und den Haben-Betrag aus dem Beleg entnehmen und entsprechend zuordnen. Ich empfehle aber zur Überprüfung einfache Dreisatz-Rechnungen vorzunehmen.

- Formatiere eine weitere Spalte „Rechnung Beträge" auf Euro.
- Formatiere eine weitere Spalte auf Prozent.
- Setze z. B. den Warenwert = 100 %
- Setze die VSt = 19 %
- Setze den Zahlungsbetrag = 119 %
- Berechne mit relativen Bezügen; hier:

$$\frac{1200 \cdot 19}{100}$$

$$\rightarrow \frac{\text{Ergebnis} \cdot 119}{19}$$

- Setze die Ergebnisse mit relativen Bezügen in die entsprechenden Soll- und Haben-Spalten.
- Bei Nutzung eines Tabellenkalkulationsprogramms kannst du das System für neue Aufgaben beliebig kopieren und neue Beträge einsetzen.

**(104)** Bilde nun die Buchungssätze für die Belege aus den Monaten September und Oktober. Findest du einen Posten auf dem Kontoauszug, auf dem Skonto vermerkt ist, dann buche diesen erst, wenn du das Kapitel 9 bearbeitet hast.

**(105)** Übertrage nun alle noch nicht verbuchten Geschäftsvorfälle aus dem Monat September in die T-Konten.

## Zusammenfassung

Bevor in die Konten gebucht wird, wird der Geschäftsvorfall i. d. R. in kürzerer Form festgelegt. Man schreibt zuerst das Konto, auf dem im **Soll** gebucht wird vor dem Wörtchen „an" und dann das Konto auf dem im **Haben** gebucht wird nach dem Wörtchen „an".
(Beispiel: Kasse im Soll, Bank im Haben. Es wird gesprochen als: „Kasse an Bank".) Daher kommt der Ausdruck **„Buchungssatz"**.

Das Auflösen der Bilanz in Konten wird zu Beginn einer Rechnungsperiode durchgeführt. Dann werden die täglichen Veränderungen auf den Konten gebucht.

# 7 Abschluss der T-Kontenblätter

Die offenen T-Kontenblätter werden am Ende einer Periode wieder geschlossen und in einer Schlussbilanz zusammengefasst.

Bitte erledige nun folgende Arbeitsschritte:
1. Markiere alle aktiven Bestandskonten blau, alle passiven Bestandskonten gelb, alle Aufwandskonten rot und alle Ertragskonten grün.
2. Addiere die stärkere Seite aller Aufwands- und Ertragskonten und schreibe die Summe unter beide Kontenseiten.

Beispiel: Warenverkauf mit 7 % Umsatzsteuer (Monat September)

| Soll | Umsatzerlöse aus Handelswaren 7 % | | Haben | |
|---|---|---|---|---|
| Saldo | 1.428,70 € | Rigi | 461,34 € | *Rechnung vom 1. Sept.* |
| | | Grainau | 299,70 € | *Rechnung vom 2. Sept.* |
| | | Bauservice | 667,66 € | *Rechnung vom 11. Sept.* |
| | 1.428,70 € | | 1.428,70 € | |

3. Erstelle eine neues Konto, das du G + V (Gewinn und Verlust) nennst.
4. Schreibe alle errechneten Salden gegengleich in das Konto G + V. Ziehe anschließend einen neuen Saldo und du siehst, ob über den Zeitraum ein Gewinn oder ein Verlust entstanden ist.
5. Buche den Saldo aus Gewinn oder Verlust auf das Eigenkapitalkonto.
6. Addiere die stärkere Seite aller aktiven und passiven Bestandskonten. Schreibe danach die Summe unter beide Kontenseiten und berechne den Saldo für jedes Konto.

*z. B.: Steht der Saldo beim Ertragskonto im Soll, kommt er im G + V-Konto ins Haben.*

7. Verrechne das Konto Vorsteuer mit dem Konto Umsatzsteuer. Buche den Saldo des Kontos Vorsteuer auf das Konto Umsatzsteuer.
8. Übertrage alle Salden der Bestandskonten in das Schlussbilanzkonto. Wenn du nun Aktiva und Passiva addierst, müssen beide Seiten gleich stark sein.

> **Merke**
> Zuerst werden die Aufwands- und Ertragskonten abgeschlossen und in das Gewinn- und Verlustkonto übertragen. Zum Schluss werden die Bestandskonten in die Bilanz übertragen.

(106) Warum kann das Konto Vorsteuer mit dem Konto Umsatzsteuer verrechnet werden?

(107) Vergleiche alle Posten der Schlussbilanz mit den Posten der Eröffnungsbilanz und erkläre mit eigenen Worten die Veränderungen.

(108) Schließe die T-Konten für den Monat September ab.

### Zusammenfassung

Am **Ende des Jahres** muss eine weitere Bilanz aufgestellt werden: die **Schlussbilanz**. Sie ist Grundlage für die Eröffnungsbilanz des neuen Geschäftsjahres.

Reihenfolge beim Abschluss der Konten:

1) **Abschluss der Aufwands- und Ertragskonten**
   a) Abschluss der Aufwandskonten auf das Gewinn- und Verlustkonto
   b) Abschluss der Ertragskonten auf das Gewinn- und Verlustkonto
2) **Abschluss des Gewinn- und Verlustkontos**
3) **Abschluss auf das Eigenkapitalkonto**
4) **Abschluss der Bestandskonten**
   a) Aufrechnung der Vorsteuer mit der Umsatzsteuer
   b) Übertrag der Salden aus den aktiven Bestandskonten in die Schlussbilanz
   c) Übertrag der passiven Bestandskonten in die Schlussbilanz

**Du kannst dich freuen, wenn Aktivseite und Passivseite die gleichen Summen ausweisen, denn das ist notwendige Voraussetzung.**

# 8 Der Kontenrahmen

> Es gelten stets die Grundsätze der ordnungsgemäßen Buchführung (GOB). Dazu gehört auch das Prinzip der Klarheit und Übersichtlichkeit. Die Buchführung soll einerseits dem Kaufmann helfen, die Situation seiner Unternehmungen zu erkennen, andererseits ist sie Grundlage für die Einkommensteuererklärung bei Einzelunternehmen und Personengesellschaften und für die Ermittlung der Körperschaftssteuer bei Kapitalgesellschaften.

*§ 243 Abs. 2 HGB; vgl. auch AO (= Abgabenordnung)*

Du bist nun in der Lage, Vorgänge im Geschäftsleben systematisch und logisch zu erfassen. Du weißt:
- Es gibt Geschäftsvorfälle, die das Eigenkapital nicht ändern.
- Es gibt Geschäftsvorfälle, die das Eigenkapital ändern.

Geschäftsvorfälle, die das Eigenkapital nicht ändern sind:
- Aktivtausch → z. B. Kasse an Bank
- Passivtausch → z. B. Darlehen an Verbindlichkeiten
- Bilanzverlängerung → z. B. BGA an Darlehen
- Bilanzverkürzung → z. B. Darlehen an Kasse

*Vgl. Kapitel 7 Abschluss der T-Kontenblätter*

Geschäftsvorfälle, die das Eigenkapital nicht ändern, werden grundsätzlich auf Bestandskonten gebucht, die direkt in die Schlussbilanz eingehen.

Geschäftsvorfälle, die das Eigenkapital ändern, sind:
- Kapitalmehrung → z. B. Bank an Zinsertrag
- Kapitalminderung → z. B. Zinsaufwand an Bank

Geschäftsvorfälle, die das Eigenkapital mindern oder mehren, werden grundsätzlich über Aufwands- und Ertragskonten gebucht und im G + V-Konto abgeschlossen. Der resultierende Gewinn oder Verlust wird mit dem Eigenkapital verrechnet.

Diese Systematik findet ihren Ausdruck in einer numerischen Gliederung.

### Gliederung

Die Grundsätze ordnungsgemäßer Buchführung verlangen, dass Geschäftsvorfälle nach Gruppen gegliedert werden:
1. Bestandskonten → ändern das Eigenkapital grundsätzlich nicht
2. Erfolgskonten → ändern das Eigenkapital
3. Abschlusskonten → führen zur Schlussbilanz

Die Bestandskonten werden unterteilt in:
1. Aktive Bestandskonten
2. Passive Bestandskonten

**Buchführung in einer Unternehmung**

Die aktiven Bestandskonten werden unterteilt in:
1. Aktive Bestandskonten als Sachkonten
2. Debitorenkonten

Die passiven Bestandskonten werden unterteilt in:
1. Passive Bestandskonten als Sachkonten
2. Kreditorenkonten

Die Erfolgskonten werden unterteilt in:
1. Aufwandskonten     → mindern grundsätzlich das EK
2. Ertragskonten      → erhöhen grundsätzlich das EK

Auf die Abschlusskonten wird nur am Ende der Rechnungsperiode gebucht. Die Kontenklasse 8 enthält die Konten der Ergebnisrechnung.

Am Ende aller Buchungsvorgänge für eine Periode steht die Schlussbilanz. Die Werte der Schlussbilanz sind die Werte der Eröffnungsbilanz für die neue Periode. (Konto 8010 Eröffnungsbilanzkonto = Konto 8000 Schlussbilanzkonto)

*Prinzip der Bilanzkontinuität: Werte der Schlussbilanz = Werte der Eröffnungsbilanz*

Die inhaltliche Sachlogik der Aufteilung der Kontenarten wird durch eine formale numerische Logik ergänzt:
- Kontenklasse      1 Ziffer, z. B. 5 = Erträge
- Kontengruppe      2 Ziffern, z. B. 54 = sonstige betriebl. Erträge
- Kontenart        3 Ziffern, z. B. 540 = Nebenerlöse
- Kontennummer     4 Ziffern, z. B. 5401 = Mietertrag

Jeder Unternehmer darf für sein Unternehmen innerhalb geltender Rechte und innerhalb der Sachlogik einen Kontenrahmen wählen. Wir wählen einen Schulkontenrahmen, der sich am Industriekontenrahmen ausrichtet. Dir liegt ein entsprechender Kontenplan (IKR) im Anhang vor.

*Du kannst zwei weitere Spalten anlegen, in welche du die Kontenbezeichnung einträgst.*

**(109)** Nimm deinen Kontenplan und beantworte folgende Fragen:
a) Welche Kontenklassen gehören zu den aktiven Bestandskonten?
b) Welche Kontenklassen gehören zu den passiven Bestandskonten?
c) Welche Kontenklassen ändern das Eigenkapital nicht?
d) Welche Kontenklassen ändern das Eigenkapital?
e) Welche Kontenklasse erhöht grundsätzlich das Eigenkapital?
f) Welche Kontenklassen mindern grundsätzlich das Eigenkapital?
g) Welche Kontenklasse zeigt die Ergebnisrechnung?

**(110)** Erstelle nun noch einmal die Eröffnungsbilanz Otto Seelmann e. K. und schreibe die Kontennummern dazu.

**(111)** Du sollst jetzt alle Belege noch einmal mit den Kontennummern in einen konventionellen Buchungsstempel eintragen.

In Anlehnung an das Schema auf S. 72 sei dir folgende Tabelle empfohlen:
Rechnung A. Gehrmann, Malerbetrieb GbR

| Datum | Soll Konto | | Haben Konto | Soll Beträge | Haben Beträge | Rechnung Beträge | % |
|---|---|---|---|---|---|---|---|
| 9. September | 0870 | | | 5.320,00 € | | 5.320,00 € | 100 % |
| | 2600 | an | 4400 | 851,20 € | 6.171,20 € | 1.010,80 € | 19 % |
| | | | | | | 6.330,80 € | 119 % |

## Zusammenfassung

Das System der Buchführung ist in drei große Bereiche geteilt:
→ Bilanzkonten   → Erfolgskonten   → Abschlusskonten

Ein numerischer Kontenrahmen gliedert diese drei Bereiche formallogisch.
Kontenklassen 0–4   → Bilanzkonten
Kontenklassen 5–7   → Erfolgskonten
Kontenklasse  8   → Abschlusskonten (Ergebnisrechnung)

Die Buchführung verlangt folgende Schritte:

1. Eröffnungsbilanz
2. Aufgliedern der Eröffnungsbilanz in einzelne Bestandskonten (z. B. T-Konten)
3. Einbuchen der Geschäftsvorfälle
   - Bilanzkonto aus der Eröffnungsbilanz hat einen Anfangsbestand.
   - Bilanzkonten, die in der Schluss- ist gleich Eröffnungsbilanz nicht vorkommen, werden neu angelegt.
   - Erfolgskonten haben grundsätzlich keinen Anfangsbestand.
4. Übertrag der Unterkonten auf das Hauptkonto
5. Abschluss (Saldierung) der Erfolgskonten
6. Übertrag der Salden der Erfolgskonten in das G + V-Konto
7. Übertrag des G + V-Kontos auf das Konto Eigenkapital
8. Übertrag des Kontos Vorsteuer auf das Konto Umsatzsteuer
9. Abschluss (Saldierung) der Bilanzkonten
10. Übertrag der Salden des Bilanzkontos in die Schlussbilanz
11. Übertrag der Schlussbilanz in die Eröffnungsbilanz

*Die Schlussbilanz des alten Geschäftsjahres ist als Eröffnungsbilanz des neuen Geschäftsjahres zu übernehmen.*

# 9 Besondere Geschäftsvorfälle im Warenverkehr

● **FALL**

*vgl. hierzu die entsprechenden Belege*

Ein Kunde, die Rigi Peißenberg GmbH, hat am 20. November bei Herrn Seelmann Bäume bestellt, die von der Firma Agrarbedarf und Baumschule Wennekamp GmbH im STRECKENGESCHÄFT [ ← ] geliefert werden. Zum Warenpreis werden die Transportkosten und eine Leihpalette berechnet. Am 25. November gibt der Kunde die in Rechnung gestellte Palette zurück. Herr Seelmann erteilt noch am gleichen Tag eine Gutschrift.

Am 28. November zahlt die Rigi Peißenberg GmbH die Rechnung unter Abzug von gewährtem Skonto. Am 30. November erteilt Herr Seelmann dem Kunden eine Gutschrift aufgrund einer Mängelrüge. Obwohl es nicht eindeutig ist, ob ein Baum aufgrund mangelnder Pflege nicht angewachsen ist, gewährt er aus Gründen der Kulanz Nachlass.

Am 5. Dezember erhält Herr Seelmann eine Gutschrift des Lieferers Agrarbedarf und Baumschulen Wennekamp GmbH für den von ihm im Streckengeschäft gelieferten Baum an die Firma Rigi Peißenberg GmbH.

Am 8. Dezember kauft unser Kunde, die Rigi Peißenberg GmbH, Torf und Erde. Herr Seelmann verrechnet die Gutschrift aufgrund der Schlechtlieferung und zahlt den Restbetrag bar aus.

Diese besonderen Vorgänge sollen in den Bereich Wareneinkauf und in den Bereich Warenverkauf eingeordnet werden.

## 9.1 Nachlässe beim Wareneinkauf

In vielen Fällen ist der Listeneinkaufspreis nicht identisch mit dem Bezugskostenpreis (Einstandspreis). Das Kalkulationsschema berücksichtigt Liefererrabatte, Liefererskonti und Bezugskosten.

### Liefererrabatte

*z. B. Mengen-, Jubiläums-, Einführungsrabatte*

Liefererrabatte werden ausgehandelt, bevor die Rechnung geschrieben wird. Diese können sofort abgezogen werden. Sie werden deshalb nicht gebucht.

(**112**) Vermerke dir in einer Liste alle Eingangsrechnungen und Ausgangsrechnungen, bei denen Rabatte gewährt werden.

### Liefererskonti

Auf vielen Belegen hast du schon gesehen, dass Liefererskonto gewährt wird. Während Rabatt nicht gebucht wird, kann ein in Anspruch genommenes Skonto erst bei der Zahlung berücksichtigt werden und ist daher beim Zahlungsvorgang zu buchen.

## Besondere Geschäftsvorfälle im Warenverkehr

**(113)** Die folgenden Aufgaben beziehen sich auf die Eingangsrechnung der Agrarbedarf & Baumschule Wennekamp GmbH vom 20. November.
  a) Wie hoch ist der Warenwert ohne Rabatt?
  b) Wie hoch ist der Warenwert nach Abzug des Rabatts?

**(114)** Bilde den Buchungssatz für den Wareneinkauf.

**(115)** Die Eingangsrechnung wird am 8. Dezember gezahlt.
  a) Darf Skonto abgezogen werden?
  b) Wie hoch ist der Skontobetrag?
  c) Wie hoch ist der Betrag, der zu zahlen ist?

Wird Skonto in Anspruch genommen, muss auch die Vorsteuer korrigiert werden.
Monika Buttner e. K. lieferte am 2. Oktober 21 COLLI [ ⟶ ] Rosen im Streckengeschäft an die Bauservice GmbH. Das Rechnungsdatum ist der 5. Oktober. Wir zahlen unter Abzug von 3 % Skonto.

Du solltest stets folgende Rechnung durchführen:

| S | H | S | H | Nebenrechnungen | | |
|---|---|---|---|---|---|---|
| 4400 an | 2880 | 350,42 € | 339,91 € | Höhe der Verbindlichkeit | 350,43 € | 100 % |
| | 6082 | | 9,82 € | Höhe der Zahlung | **339,91 €** | 97 % |
| | 2600 | | 0,69 € | Höhe des Skontos inkl. VSt | **10,51 €** | 3 % |
| | | | | Berechnung des VSt-Anteils | 10,51 € | 107 % |
| | | | | VSt | **0,69 €** | 7 % |
| | | | | Höhe des Skontos ohne VSt | **9,82 €** | 100 % |

*Rechnung Buttner vom 5. Oktober*

**(116)** War der Skontoabzug in Höhe von 3 % berechtigt? Bitte begründe deine Antwort.

**(117)** Berechne den Zahlungsbetrag, den Nachlass und die Höhe der Vorsteuerkorrektur bei Abzug von 1,5 %.

In der Regel kann man die Beträge vom Beleg ablesen. Es ist aber sehr wichtig, jede Rechnung zu kontrollieren. Erspare dir diese Mühe nicht.

> **Merke**
> **Die Verbindlichkeit ist immer zu 100 % auszubuchen. Der Betrag, der von der Bank abgeht, ist der um das Skonto geminderte. Durch den Abzug des Skontos wird der Warenwert niedriger und daher auch die Vorsteuer weniger.**

## 9.2 Bezugskosten beim Wareneinkauf

Beim Einkauf ist nicht der Listeneinkaufspreis für das günstigste Angebot entscheidend, sondern der Einstandspreis. Eine wichtige Frage ist, wer die Kosten der Verpackung und des Transports übernimmt.

*Kontenklasse 6*

Die Bezugskosten erhöhen den Wert der eingekauften Waren und mindern den Gewinn. Sie werden daher als Aufwand gebucht.

Es kommt vor, dass uns der Lieferer für Verpackungen oder Transporthilfen (z. B. Paletten, Rollcontainer, Collicos, Transportkisten) Kosten berechnet, die er zurückerstattet, wenn die Leihverpackung oder die Transporthilfe ordnungsgemäß zurückgegeben wird. In diesem Fall werden die verrechneten Bezugskosten wieder korrigiert.

> **Beispiel für einen Buchungssatz:**
> 4400   Verbindlichkeiten         an   6091   Bezugskosten
>                                         2600   Abziehbare Vorsteuer

**(118)** Suche im Kontenplan die entsprechenden Konten und schreibe diese in deine Unterlagen.

**(119)** Nenne die Eingangsrechnungen, die
a) Skonto
b) Transportkosten
c) Verpackungskosten
ausweisen und erstelle die jeweiligen Buchungssätze.

Die Konten 6081 und 6082 sowie 6091 und 6092 sind Unterkonten. Die Unterkonten werden auf das Oberkonto abgeschlossen. Z. B. 6081 auf 6080.

**(120)** Begründe, warum das Unterkonto auf das Oberkonto abgeschlossen wird.

## 9.3 Gutschriften wegen Schlechtlieferung und Liefererbonus

Trotz aller Sorgfalt kann es vorkommen, dass Ware nicht ordnungsgemäß geliefert wird. Wird die Ware nicht umgetauscht, schreibt der Lieferer seinem Kunden eine Gutschrift. Auch aus anderen Anlässen kann der Lieferer im Nachhinein Nachlass gewähren. Hat der Kunde eine bestimmte Menge abgenommen, oder im Laufe der Zeit einen bestimmten Umsatz erreicht, gewähren manche Lieferer einen Bonus (Gutschrift).

Alle Gutschriften müssen gebucht werden. Sie reduzieren die Verbindlichkeiten und den Wareneinstandspreis. Bei Gutschriften des Lieferers muss die Vorsteuer entsprechend korrigiert werden.

## Besondere Geschäftsvorfälle im Warenverkehr

• **FALL**

Mit dem Datum 31. Dezember erhält Otto Seelmann einen Bonus der Blumen Import KG. Du kannst diese Gutschrift nach folgendem Schema prüfen und kontieren:

| Soll | Haben | Soll | Haben | Neben-rechnung | | |
|---|---|---|---|---|---|---|
| 4400 | 6082 | *124,63 €* | *116,48 €* | 1.780,48 € | 100 % | Umsatz brutto |
|  | 2600 |  | *8,15 €* | *124,63 €* | 7 % | Bonus brutto |
|  |  |  |  | *124, 63 €* | 107 % | Bonus brutto |
|  |  |  |  | *116,48 €* | 100 % | Bonus netto |
|  |  |  |  | *8,15 €* | 7 % | Korrektur VSt |

*Achte darauf, dass du die **kursiv** geschriebenen Daten als Formel hinterlegst.*

**(121)** Suche weitere Belege für Gutschriften eines Lieferers und beantworte folgende Fragen:
  a) Wer ist der Absender?
  b) Warum wurde diese Gutschrift erteilt?
  c) Wie hoch ist der gutgeschriebene Warenwert?
  d) Wie hoch ist die anfallende Steuer?
  e) Um welchen Betrag reduzieren sich die Verbindlichkeiten?

**(122)** Bilde die Buchungssätze für diese Geschäftsvorfälle.

## 9.4 Besonderheiten beim Warenverkauf

Auch der Listenverkaufspreis entspricht nicht immer dem Barverkaufspreis. Otto Seelmann gewährt in einigen Fällen Rabatte, Skonti und Boni. Bei Schlechtlieferung erteilt er eine Gutschrift, sofern die Ware nicht umgetauscht wird.

*Barverkaufspreis*
*+ Kundenskonto*
*= Zielverkaufspreis*
*+ Kundenrabatt*
*= Listenverkaufspreis*

### Verrechnung der Versandkosten

Die berechneten Versandkosten sind Bestandteil der erbrachten Leistung. Sie sind daher auf das Konto Umsatzerlöse zu buchen. In einigen Fällen kann der Kunde die Transporthilfen oder das Verpackungsmaterial zurückgeben und er bekommt nach ordnungsgemäßer Rückgabe eine Gutschrift.

In vielen Fällen werden die Versandkosten als eigener Rechnungsposten ausgewiesen.

### Kundenskonto

Damit der Zahlungsverkehr beschleunigt wird, kalkulieren Verkäufer mit Skonto. Damit hat der Geldschuldner zwei Zahlungstermine zur Auswahl.
- Zahlung innerhalb der gesetzten Skontofrist
- Zahlung innerhalb der gewährten Frist

## ● FALL

Am 10. Oktober verkauft Otto Seelmann Handelsware an das Gasthaus M. Gebauer im Wert von 246,74 € (inkl. USt). Am 16. Oktober zahlt Frau Gebauer per Bank unter Abzug von Skonto.

Nimmt ein Kunde Skonto in Anspruch, reduzieren sich die Umsatzerlöse. Daher wird über das Konto 5101 korrigiert.

| S | H | S | H |  |  | Nebenrechnungen |
|---|---|---|---|---|---|---|
| 2800 an |  | 241,81 € |  | 246,74 € | 100 % | Höhe der Forderung |
| 5111 |  | 4,61 € |  | **241,81 €** | 98 % | Höhe der Zahlung |
| 4800 | 2400 | 0,32 € | 246,74 € | 4,93 € | 2 % | Höhe des Skontos inkl. USt |
|  |  |  |  | 4,93 € | 107 % | Berechnung des USt-Anteils |
|  |  |  |  | 0,32 € | 7 % | USt |
|  |  |  |  | 4,61 € | 100 % | Höhe des Skontos ohne USt |

(123) Schaue im Kontenplan nach, wie das Konto 5111 heißt.

(124) Das Konto 5111 ist ein Unterkonto von 5110. Es wird über 5110 abgeschlossen. Begründe bitte warum.

(125) Vergleiche die Berechnung des Skontos im Falle von Frau Gebauer mit den Daten auf der Rechnung.

(126) Vergleiche diese Berechnung mit der Berechnung aus dem Wareneinkauf.

(127) Warum wird in diesem Fall die Umsatzsteuer reduziert?

### Kundenrabatt

Otto Seelmann wird seinen Kunden in bestimmten Fällen Rabatt gewähren. Rabatte sind schon beim Eingang der Rechnung bekannt und werden deshalb nicht gebucht. Der Listeneinkaufspreis entspricht dann nicht dem Zieleinkaufspreis.

(128) Suche Ausgangsrechnungen, auf denen Otto Seelmann seinen Kunden Rabatt gewährt. Berechne den Rabatt und kontrolliere auf Richtigkeit.

### Gutschriften an Kunden

Kunden können unter Umständen Waren zurücksenden oder zurückgeben. Gründe hierfür können sein:
- Schlechtlieferung
- Falschlieferung
- Rücknahme aus Kulanzgründen

Ebenso wie beim Skonto reduzieren sich die Umsatzerlöse, und die Forderungen an die Kunden werden weniger. Gutschriften werden grundsätzlich auf das mit der Endziffer 1 belegte Konto des jeweiligen Erlöskontos gebucht.

**Beispiel**
| | | | | | |
|---|---|---|---|---|---|
| 5111 | Erlösberichtigungen | | | | |
| 4800 | Umsatzsteuer | | an | 2400 | Forderungen LL |

Kommt die Ware wegen falscher Lieferungen unbeschädigt zurück oder wird unbeschädigte Ware aus Kulanzgründen zurückgenommen, wird direkt auf das Hauptkonto gebucht.

**Beispiel**
| | | | | | |
|---|---|---|---|---|---|
| 5110 | Umsatzerlöse für Handelswaren | | | | |
| 4800 | Umsatzsteuer | | an | 2400 | Forderungen LL |

**(129)** Suche die Belege mit Gutschriften für Debitoren und schreibe die Buchungssätze auf.

**(130)** Warum wird im Falle einer Gutschrift im Bereich Debitoren die Umsatzsteuer reduziert?

**(131)** a) Du kannst spätestens jetzt alle Geschäftsvorfälle bis zum 30. November vorkontieren.
b) Du kannst jetzt das Kassenbuch weiterführen.

## Zusammenfassung

**Besondere Geschäftsvorfälle im Bereich Wareneinkauf**
- Lieferer gewähren bei bestimmten Anlässen Rabatt.
  **Liefererrabatte** werden vom Listeneinkaufspreis **sofort abgezogen** und deshalb **nicht gebucht**.

- **Skonto** wird gewährt, um den Zahlungsverkehr zu beschleunigen. Gewährt der Lieferer ein Skonto, wird dieser bei der Zahlung berücksichtigt. Wird unter Abzug von **Liefererskonto** gezahlt, **reduziert** sich der **Warenwert**. Der Skonto wird **auf Nachlässe gebucht**.
  Beispiel: *Verbindlichkeiten aus LL an Bank*
      *+ Nachlässe Aufwendungen HW*
      *+ Vorsteuer*

- Beim Einkauf können zum Bareinkaufspreis noch **Bezugskosten** hinzukommen. Dieser zusätzliche Aufwand wird auf das **Unterkonto** des jeweiligen Aufwandskontos für **Wareneinkauf gebucht**.
  Beispiel: *Aufwendungen für Bezugskosten HW an Kasse*
      *+ Vorsteuer*

*HW = Handelswaren*

- Werden in Rechnung gestellte **Verpackungen** oder **Transporthilfen zurückgegeben**, schreibt der Lieferer eine **Gutschrift**. Das jeweilige **Aufwandskonto ist zu korrigieren**.
  *Beispiel: Verbindlichkeiten aus LL an Aufwendungen Bezugskosten HW*
  *+ Vorsteuer*

- In bestimmten Fällen wird eingekaufte **Ware** an den Lieferer **zurückgesandt**. Dadurch **reduzieren sich** das Konto Verbindlichkeiten und das jeweilige **Aufwandskonto**.
  *Beispiel: Verbindlichkeiten aus LL an Aufwendungen HW*
  *+ Vorsteuer*

- In einigen Fällen gewährt der Lieferer einen **nachträglichen Nachlass**, z. B. wegen mangelhafter Lieferung. Ist eine bestimmte Warenmenge abgenommen worden, kann ein **Bonus** gewährt werden. In diesen Fällen wird der **vorher gebuchte Aufwand korrigiert**.
  *Beispiel: Verbindlichkeiten aus LL an Bank*
  *+ Nachlässe Aufwendungen HW*
  *+ Vorsteuer*

**Besondere Geschäftsvorfälle im Bereich Warenverkauf**

- Beim Verkauf kann es vorkommen, dass der Kunde **Waren zurücksendet**. Sind die Waren noch **in Ordnung**, wird der **Buchungssatz umgedreht**.
  *Beispiel: Umsatzerlöse HW an Forderungen aus LL*
  *+ Umsatzsteuer*

- Sind die **Waren nicht mehr verkäuflich**, buchen wir auf das **Konto Erlösberichtigungen**.
  *Beispiel: Erlösberichtigungen HW an Forderungen aus LL*
  *+ Umsatzsteuer*

- Um den Zahlungsverkehr zu beschleunigen, wird oft **Kundenskonto** gewährt. Vom Kunden in Anspruch genommene Skonti werden über das Konto **Erlösberichtigungen** gebucht.
  *Beispiel: Bank*
  *+ Erlösberichtigungen HW*
  *+ Umsatzsteuer         an Forderungen aus LL*

- **Rabatte** werden vom Listenverkaufspreis **sofort abgezogen** und deshalb **nicht gebucht**.

- **Transport- und Verpackungskosten**, die dem Kunden in Rechnung gestellt werden, sind **Bestandteil der Leistung** und werden auf das Konto **Umsatzerlöse** gebucht. Transportkosten, die ein Dritter dem Verkäufer in Rechnung stellt, werden auf das Konto **Ausgangsfrachten** gebucht.

## 10 Einsatz eines Finanzbuchhaltungsprogramms

In den meisten Unternehmen wird heute ein FIBU-Programm verwendet. Das FIBU-Programm arbeitet nach den Prinzipien der T-Konten. Der Anwender muss nur den Buchungssatz eingeben, das Buchen auf Konten wird dann vom Finanzbuchhaltungsprogramm durchgeführt.

*FIBU*
*= Finanzbuchhaltung*

Das FIBU-Programm übernimmt zahlreiche Schritte automatisch, z. B.:
- Berechnung der Vorsteuer und der Umsatzsteuer
- Debitoren- und Kreditorenbuchführung
- Berechnung der Skonti
- Saldierung
- Abschlussbuchungen
- Übertrag der Schlussbilanz in die neue Eröffnungsbilanz

Dazu muss das FIBU-Programm entsprechend eingerichtet werden.

Eigentlich kann jeder in das FIBU-Programm Daten eingeben. Deshalb ist die Frage, warum sich Wirtschaftsschüler noch mit T-Konten und Saldierungen befassen müssen.

Die Antwort ist einfach, denn an den modernen Buchhalter werden zwei Forderungen gestellt:
- Er muss sich mit der Anwendersoftware auskennen.
- Er muss das System der Buchhaltung verstehen.

Das bedeutet auch, dass er das FIBU-Programm an die Bedürfnisse des Mandanten anpassen und mit einem FIBU-Stempel vorkontieren können muss. Im Anschluss kann irgendjemand die Daten in das Programm eingeben.

### 10.1 Der Mandant

Der Mandant ist derjenige, für den gebucht wird. Er muss im FIBU-Programm angelegt werden, bevor gebucht werden kann. Jedes FIBU-Programm führt den Anwender über eine interaktive Menüsteuerung durch die einzelnen Schritte.

**(132)** Lege den Mandanten Pflanzen- und Gartenservice Otto Seelmann e. K. an.

## 10.2 Sachkonten, Kreditorenkonten und Debitorenkonten

Bei einem FIBU-Programm wird zwischen Sachkonten und Kreditoren-/Debitorenkonten unterschieden. In der Regel ist die Kreditoren- und Debitorenbuchhaltung aus dem Sachkontenrahmen ausgegliedert. Sie beginnt z. B. mit dem Konto 100001. Dann ist z. B. der erste Kunde 10001, der zweite 10002 usw. Die Kreditoren beginnen z. B. mit 500001.

Die Salden der einzelnen Kreditoren- und Debitorenkonten werden auf dem Sachkonto „Verbindlichkeiten aus Lieferungen und Leistungen" bzw. auf „Forderungen aus Lieferungen und Leistungen" gesammelt. Das Sammelkonto wird als Bilanzkonto ausgewiesen. Die Debitoren- und Kreditorenkonten können separat ausgedruckt werden.

Unsere **Konten** 2400 **Forderungen aus Lieferungen und Leistungen** und 4400 **Verbindlichkeiten aus Lieferungen und Leistungen** sind im FIBU-Programm Sammelkonten, die in vielen FIBU-Programmen **nicht direkt bebucht** werden können. Das FIBU-Programm saldiert alle Debitorenfakturen bzw. alle Kreditorenfakturen und überträgt diese auf das Sammelkonto 2400 bzw. 4400.

## 10.3 Kreditoren- und Debitorenbuchhaltung

Jedes FIBU-Programm ermöglicht eine eigene Kreditorenbuchführung und eine eigene Debitorenbuchführung. Jeder Kreditor und jeder Debitor erhält eine eigene Kontonummer. Diese Kontonummern sind außerhalb des Sachkontenrahmens angelegt und haben mehr als vier Zifferstellen. Für unsere Kreditoren wählen wir die Kontonummern 440001, 440002, 4400 ff. Für Lieferanten, bei denen wir nur einmal oder selten einkaufen, können wir ein Kreditorengemeinschaftskonto anlegen (z. B. diverse Kreditoren). Für unsere Debitoren wählen wir die Kontonummer 240001, 240002, 2400 ff. Für Kunden, die nur einmal oder selten bei uns mit Zahlungsziel einkaufen, können wir ein Debitoren-Gemeinschaftskonto anlegen (z. B. diverse Debitoren).

*Auch hier führt das FIBU-Programm über eine interaktive Menüsteuerung den Anwender durch die einzelnen Schritte.*

Die Kreditoren und die Debitoren müssen im FIBU-Programm angelegt werden. Kreditoren und Debitoren können auch während der Eingabe der laufenden Buchungen ergänzt und erweitert werden.
Das FIBU-Programm prüft den Zahlungsausgang bzw. den Zahlungseingang anhand der in der Maske eingegebenen Konditionen.
Über eine interaktive Menüsteuerung kann der Anwender die einzelnen Schritte zur Kreditoren- und zur Debitorenüberwachung nachvollziehen.

## 10.4 Der FIBU-Stempel

Der FIBU-Stempel entspricht grundsätzlich dem konventionellen Stempel. Er berücksichtigt aber die Belange der Finanzbuchhaltung.

| BA | Datum | SOLL | HABEN | BLNR | Brutto/Netto | TEXT | BETRAG | % | USt/VSt |
|----|-------|------|-------|------|--------------|------|--------|---|---------|
|    |       |      |       |      |              |      |        |   |         |
|    |       |      |       |      |              |      |        |   |         |

Legende:
BA = Buchungsart

Folgende Buchungsarten werden unterschieden:
- EB = Eröffnungsbuchung
- B = Buchung
- KF = Kreditorenfaktura
- KZa = Kreditorenzahlung
- DF = Debitorenfaktura
- DZa = Kreditorenzahlung

EB → Eingabe der Werte aus der Eröffnungsbilanz. Das ist nur beim erstmaligen Einsatz des FIBU-Programms nötig, da das Programm die Schlussbilanz per Eingabebefehl in die neue Eröffnungsbilanz übernimmt.

B → Jede Buchung während des laufenden Geschäftsjahres, die über ein Sachkonto und nicht über ein Debitoren- oder Kreditorenkonto geführt wird.

KF → Jede Eingangsrechnung, die über ein Kreditorenkonto gebucht werden soll.

KZa → Jede Zahlung einer Rechnung, die über das Kreditorenkonto gebucht wurde.

DF → Jede Ausgangsrechnung, die über ein Debitorenkonto gebucht werden soll.

DZa → Jede Zahlung einer Rechnung, die über das Debitorenkonto gebucht wurde.

Datum: Hier wird das Buchungsdatum (nicht der Buchungstag) eingegeben, z. B. Rechnungsdatum, Bu-Tag der Bank[1].
SOLL/HABEN: Hier werden die Kontennummern eingegeben.
BLNR: Hier werden die Belegnummern eingegeben.
Brutto/Netto: Das betrifft die Vor- und Umsatzsteuer. Das FIBU-Programm rechnet die Steuer auf die Summe, wenn „Netto" eingegeben wird, es rechnet die Steuer aus der Summe, wenn „Brutto" eingegeben wird.

*BLNR = Belegnummer*

---

[1] Empfehlung: Eingabe des Buchungstages und nicht des Wertstellungstages, da bei Eingabe des Wertstellungstages der Saldo des Kontoauszuges und der Saldo des FIBU-Programmes nicht übereinstimmen.

Text: Hier soll ein kurzer, signifikanter Text den Vorgang beschreiben: z. B. „ZA ER Nr. Seelmann xxx" (Zahlung der Kreditorenrechnung Nr., Seelmann xxx).

Betrag: Hier wird der zu verbuchende Betrag eingegeben. Achtung: Für die Vor- oder Umsatzsteuer relevanten Buchungen ist darauf zu achten, ob „Netto" oder „Brutto" eingegeben wurde (vgl. Spalte 6).

% : Hier wird der Steuersatz eingegeben, z. B. 7 %.

USt/VSt: Hier wird angegeben, ob es sich um Vorsteuer oder Umsatzsteuer handelt.

*oder FIBU*

**(133)** Erstelle anhand der Eingangsrechnungen eine Kreditorenliste aller bisherigen Lieferanten.

Mindestens folgende Daten sind zu erfassen:
- Kreditorennummer
- Firma
- Kenndaten (z. B. Abkürzung MB für Firma Monika Buttner e. K.)
- Zahlungskonditionen
- Straße, PLZ, Ort

So weit möglich kann erfasst werden:
- Telefon-/Faxnummer
- E-Mail-Adresse
- Bankverbindung

Erstelle anhand der Ausgangsrechnungen eine Debitorenliste aller bisherigen Kunden.
- Debitorennummer
- Kundenname
- Kenndaten (z. B. Abkürzung RP für Firma Rigi Peißenberg GmbH)
- Zahlungskonditionen
- Straße, PLZ, Ort

So weit möglich kann erfasst werden:
- Telefon-/Faxnummer
- E-Mail-Adresse
- Bankverbindung

**(134)** Übertrage die Buchungen für die Anfangsbestände in einen FIBU-Stempel.

Du sollst jetzt alle Belege vom 1. September bis 30. November in den FIBU-Stempel eintragen.

**Optionale Aufgaben**

*Gib die Daten in das Menü „Stapelbuchungen" ein.*

**(135)** Gib anhand deines FIBU-Stempels erst alle Anfangsbestände ein. Du musst einige Konten neu anlegen. Eine interaktive Menüsteuerung hilft dir beim Anlegen. Die Anfangsbestände kommen nur in Bilanzkonten, die nur als Sachkonten angelegt werden dürfen.

**(136)** Gib alle Geschäftsvorfälle vom 1. September bis zum 30. November in ein FIBU-Programm ein. Du musst einige Konten neu anlegen, wobei dir die interaktive Menüsteuerung hilft. Entscheide aber vorher, ob du ein Sachkonto, ein Debitorenkonto oder ein Kreditorenkonto eingibst. Bei einem Sachkonto musst du unterscheiden, ob es sich um ein Bilanzkonto oder ein G + V-Konto handelt. Ferner musst du festlegen mit welchem Umsatzsteuersatz gerechnet werden soll (19 %, 7 %).

**(137)** Drucke nach Eingabe aller Buchungen das G + V-Konto, die Bilanz, die Kreditoren- und Debitorenliste aus.

**(138)** Drucke die Umsatzsteuererklärung aus.

**(139)** Erkunde weitere Möglichkeiten, die dein FIBU-Programm bietet.

# 11 Privatentnahmen und -einlagen

Otto Seelmann nahm für sich bis heute noch kein Geld aus der Kasse, und er hat auch noch kein Geld von der Bank für seine privaten Zwecke entnommen. Seine Frau ist zzt. noch bei einer anderen Unternehmung angestellt. Da demnächst noch einiges zu INVESTIEREN [ ⟶ ] ist, legt Otto Seelmann am 5. Dezember aus privaten Quellen Geld in die Unternehmung ein.

**Glossar**

Da das eingelegte Kapital von außen kommt, hat diese Einlage keinen Einfluss auf Gewinn und Verlust. Das Eigenkapital erhöht sich um die private Einlage. Das Konto Eigenkapital soll während des laufenden Geschäftsjahres „ruhig" bleiben; das bedeutet, es wird darauf nicht gebucht. Es wird deshalb das Unterkonto „Privateinlage" geführt.

**(140)** Entnimm der Liste (S. 197) die Höhe des eingelegten Betrags.

**(141)** Wo wird der Betrag eingezahlt?

**(142)** Welches Konto erhöht sich im Aktiva?

**(143)** Welches Konto erhöht sich im Passiva?

In der Regel wird der Unternehmer Vermögen aus seinem Geschäft entnehmen, z. B. Waren. Um seinen privaten Lebensunterhalt zu bestreiten, entnimmt er Geld aus der Kasse oder er hebt Geld vom Bankkonto ab. Manchmal wird er auch Vermögensgegenstände privat nutzen.

**(144)** Auch bei Privatentnahmen soll nicht auf das Konto „Eigenkapital" gebucht werden. Suche im Kontenrahmen ein Konto, das statt des Kontos Eigenkapital verwendet werden kann.

**(145)** Welche Waren könnte Otto Seelmann seinem Geschäft entnehmen?

**(146)** Welche Vermögensgegenstände könnte Otto Seelmann auch privat nutzen?

## Buchführung in einer Unternehmung

**Dialog**

**Praktikantin:** „Sie als Geschäftsinhaber haben es gut! Sie kaufen ein Kraftfahrzeug über das Geschäft und können auf Geschäftskosten tanken. Und die Umsatzsteuer, die holen Sie sich wohl auch vom Finanzamt als Vorsteuer zurück."

**Seelmann:** „Nein, so einfach ist das nicht. Du weißt doch, dass wenn der Kaufmann oder jeder, der vorsteuerabzugsberechtigt ist, als Privatmann Geschäfte tätigt, die regelmäßige Umsatzsteuer fällig ist."

**Praktikantin:** „Wie geht das denn? Das kann doch gar nicht berechnet werden."

**Seelmann:** „Wenn ich bzw. der Vorsteuerabzugsberechtigte, meinem Laden Blumen entnehme, um diese bei einer Geburtstagsfeier zu verschenken, ist das rechtlich so, als ob ich als Geschäftsinhaber an mich als Privatmann Handelswaren verkaufe."

**Praktikantin:** „Aha, dann wird also Kasse an Umsatzerlöse und Umsatzsteuer gebucht."

**Seelmann:** „Vom Prinzip her richtig. Aber ich werde kein Bargeld in die Kasse legen. Ich werde die Blumen ohne Zahlung mitnehmen."

**Praktikantin:** „Und was steht dann den Erlösen im Soll gegenüber?"

**Seelmann:** „Überlege einfach: Ich entnehme Vermögen. Was steht dem im Passiva gegenüber?"

**Praktikantin:** „Eigenkapital und Fremdkapital."

**Seelmann:** „Richtig. Aber das Fremdkapital wird wohl kaum weniger werden. Wenn das so wäre, würde jeder Geschäftstreibende unendlich viel Vermögen entnehmen. Demnach wird das Eigenkapital gemindert."

**Praktikantin:** „Moment, das Eigenkapital soll ja während des Jahres nicht bebucht werden — also muss der Buchungssatz heißen: Unterkonto des Eigenkapitals an Warenverkauf und Umsatzsteuer."

**Seelmann:** „Wieder nur vom Prinzip her richtig. Natürlich verkauft der Geschäftstreibende an sich selbst zum Einstandspreis. Aus diesem Grund wird ein spezielles Ertragskonto eingeführt. Dieses Ertragskonto heißt **Gegenstandsentnahme**."

**Praktikantin:** „Dann ist die Buchung einfach: Privatentnahme an Eigenverbrauch und Umsatzsteuer."

**(147)** Welche Kontonummern haben die Konten „Privatentnahme" und „Gegenstandsentnahme"?

**(148)** Kontiere die Geschäftsvorfälle vom 20. Dezember (gemäß Liste S. 197).

**(149)** Auf folgenden Konten findest du Buchungen:

*Einsatz eines Finanzbuchhaltungsprogramms*

*Prinzip der Bilanzkontinuität: Werte der Schlussbilanz = Werte der Eröffnungsbilanz*

| Soll | | 3005 | Haben |
|---|---|---|---|
| 2880 | 1.000,00 € | Saldo | 1.238,00 € |
| 5420 | 200,00 € | | |
| 4800 | 38,00 € | | |
| | 1.238,00 € | | 1.238,00 € |

| Soll | | 3001 | Haben |
|---|---|---|---|
| Saldo | 15.000,00 € | 2800 | 15.000,00 € |
| | 15.000,00 € | | 15.000,00 € |

| Soll | | 3000 | Haben |
|---|---|---|---|
| 3005 | 1.238,00 € | 8000 | 94.474,64 € |
| 8010 | 93.242,64 € | 8020 | |
| | | 3001 | 15.000,00 € |

Das Konto 3000 kann erst abgeschlossen werden, wenn die GuV abgeschlossen ist.

a) Erkläre die Buchungen im Soll des Kontos 3005.
b) Erkläre die Buchung im Haben des Kontos 3001.
c) Wohin werden die Salden von 3005 und 3001 abgeschlossen?
d) Im Konto Eigenkapital ist das Feld bei Konto 8020 noch leer. Was soll hier eingetragen werden?
e) Wann erfolgt diese Buchung?
f) Wie hoch ist der Saldo ohne den Betrag, der aus 8020 kommt?
g) Welche Auswirkung hat der Übertrag aus dem Konto 8020?
h) Wann steht das Feld des Kontos 8020 beim Eigenkapital im Soll?
i) Wohin wird der Saldo des Kontos Eigenkapital abgeschlossen?

## ● FALL

Zu Weihnachten möchte Herr Seelmann Geld aus seiner Unternehmung herausnehmen. Er hebt vom Geschäftskonto 1.000,00 € ab, um private Einkäufe zu tätigen.

**(150)** Wie heißen die Buchungssätze zu den Belegen, die die Privatkonten beeinflussen?

**(151)** Erstelle zu allen Geschäftsvorfällen aus dem Monat Dezember die Buchungssätze.

**(152)** Trage die Geschäftsvorfälle aus dem Monat Dezember in den FIBU-Stempel ein.

### Zusammenfassung

**Entnimmt** ein Geschäftsinhaber aus seinem Unternehmen **Geld, Waren** oder **Gegenstände, mindert** das sein **Eigenkapital. Legt er Geld** oder **Gegenstände** aus seinem Privatvermögen in sein Unternehmen **ein, erhöht** dies das **Eigenkapital**.

Entnimmt der Geschäftsinhaber aus seinem Unternehmen Waren oder Vermögensgegenstände, für die Vorsteuer abgerechnet wurde, hat er Umsatzsteuer zu zahlen.

**Änderungen** beim Eigenkapital durch Privatentnahme oder Privateinlage werden in **Unterkonten erfasst**. Diese Unterkonten werden am Ende des Geschäftsjahres auf das **Hauptkonto Eigenkapital übertragen**.

# C Übungen zu den einzelnen Themenbereichen

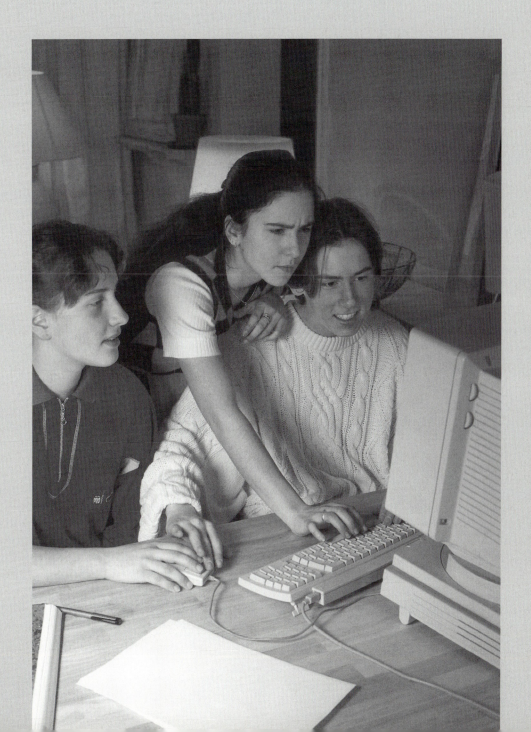

# 1 Allgemeine Geschäftsvorfälle

## 1.1 Buchungen aus dem Bereich Beschaffung und Absatz von Waren

**(1)** Du bist Mitarbeiter/-in der Grasso-Handels GmbH und musst die folgenden Geschäftsvorfälle verbuchen:

a) Wir heben 400,00 € von unserem Bankkonto ab und legen diese in unsere Kasse.
b) Wir kaufen eine Palette mit Waschmittel für 510,00 € zzgl. 19 % USt auf Ziel.
c) Wir verkaufen 100 Packungen Müsliriegel für 102,50 € incl. 7 % USt bar.
d) Wir zahlen die Tageslosung von 1.327,00 € auf unser Bankkonto ein.
e) Wir bezahlen eine bereits verbuchte Rechnung über 4.210,00 € für verschiedene Lebensmittel per Bank.
f) Wir verkaufen Shampoo für 1.920,00 € zzgl. 19 % USt auf Ziel.
g) Wir bezahlen die Rechnung aus Aufgabe b) per Banküberweisung.
h) Wir kaufen Butter für 89,50 € incl. 7 % USt bar.
i) Berechne die Zahllast.
j) Die Zahllast wird per Bank überwiesen.

**(2)** Du bist Mitarbeiter/-in der Franzen OHG, die einen Bahnhofskiosk in München betreibt.

a) Für die Lieferungen der letzten Woche werden 247,00 € von unserer Bäckerei von unserem Bankkonto als Lastschrift abgebucht (7 % USt).
b) Wir erhalten eine Rechnung über 129,00 € incl. 19 % USt für T-Shirts.
c) Ein Kunde zahlt uns 25,50 € in bar für zwei Bücher. (7 % USt)
d) Wir zahlen die Tageslosung von 926,00 € auf unser Bankkonto ein.
e) Wir bezahlen eine Rechnung über 110,00 € zzgl. 19 % USt für verschiedene Bekleidungsartikel mit Motiven aus München per Banküberweisung.
f) Wir verkaufen verschiedene Mützen und T-Shirts und erhalten einen Bankscheck über 430,00 €. (19 % USt)
g) Wir heben 130,00 € als Wechselgeld von unserem Bankkonto ab.
h) Wir bezahlen die Rechnung aus Aufgabe b) per Banküberweisung.
i) Berechne die Zahllast.
j) Die Zahllast wird per Bank überwiesen.

## 1.2 Buchungen aus dem Bereich der betriebsbedingten Aufwendungen und Erträge

**(3)** Du bist Mitarbeiter/-in der Grasso-Handels GmbH und musst die folgenden Geschäftsvorfälle verbuchen:

a) Wir zahlen Löhne in Höhe von 4.210,00 € per Banküberweisung.
b) Die Bank bucht uns 27,68 € Zinsen ab.
c) Wir erhalten 150,00 € in bar für die Vermietung eines Kellerraumes in unserem Geschäftshaus an eine Jugendgruppe als Übungsraum.
d) Die Telefonrechnung in Höhe von 384,24 € (19 % USt) wird von unserem Bankkonto abgebucht.
e) Wir kaufen Kopierpapier für unser Büro für 190,00 € zzgl. 19 % USt auf Rechnung.
f) Wir verkaufen Waren im Wert von 920,00 € incl. USt auf Ziel.
g) Von unserem Bankkonto wird die Leasingrate für unsere Computer in Höhe von 341,00 € incl. 19 % USt abgebucht.
h) Wir kaufen Waren im Wert von 130,00 € zzgl. 7 % USt bar.
i) Wir bezahlen die Rechnung über 476,00 € für die Reparatur unseres Geschäftswagens in bar.
j) Der Beitrag für die Kraftfahrzeugversicherung für unseren Geschäftswagen wird abgebucht.
k) Liste alle Aufwendungen und Erträge auf und berechne den Gewinn bzw. Verlust.

**(4)** Du bist Mitarbeiter der Petter Elektrogroßhandel GmbH und musst die folgenden Geschäftsvorfälle verbuchen.

a) Wir überweisen die Gewerbesteuer in Höhe von 2.100,00 €.
b) Wir verkaufen Handelswaren im Wert von 13.400,00 € zzgl. 19 % USt auf Ziel.
c) Wir erhalten eine Lastschrift über 450,00 € für eine Werbeanzeige in der Zeitung.
d) Wir überweisen 890,00 € für Geschäftsmiete.
e) Die Telefonrechnung über 410,00 € incl. 19 % USt wird abgebucht.
f) Wir kaufen eine Fachzeitschrift für 12,00 € in bar.
g) Wir überweisen 520,00 € incl. 19 % USt für die Hotelrechnung unserer Mitarbeiter, die auf Geschäftsreise waren.
h) Wir kaufen Handelswaren und erhalten eine Rechnung über 4.120,00 € (19 % USt).
i) Wir erhalten von unserer Bank 56,00 € Zinsen gutgeschrieben.
j) Wir bezahlen die Anwaltsrechnung über 1.780,00 € in bar.
k) Liste alle Aufwendungen und Erträge auf und berechne den Gewinn bzw. Verlust.

## 2 Buchungen auf T-Konten und Abschluss

**(5)** Es liegen folgende Anfangsbestände vor:
Fuhrpark 45.000,00 €, Kasse 7.300,00 €, Handelswaren 85.000,00 €, Verbindlichkeiten aus Lieferung und Leistung 51.000,00 €, Forderungen aus Lieferung und Leistung 38.000,00 €, Geschäftsausstattung 59.000,00 €, Langfristige Bankverbindlichkeiten 62.000,00 €, Bank 27.000,00 €.

1. Erstelle die Eröffnungsbilanz und berechne das Eigenkapital.
2. Eröffne die einzelnen Konten.
3. Erstelle die Buchungssätze für die Geschäftsvorfälle a) bis n) und verbuche diese auf den Konten.
4. Schließe die Erfolgskonten ab und erstelle das Gewinn- und Verlustkonto.
5. Schließe die Bestandskonten ab und erstelle die Schlussbilanz.

a) Wir heben von unserem Bankkonto 500,00 € bar ab.
b) Wir kaufen einen Schreibtisch für unser Büro für 350,00 € zzgl. Umsatzsteuer in bar.
c) Wir bezahlen eine bereits gebuchte Lieferantenrechnung über 2.670,00 € per Banküberweisung.
d) Die Kraftfahrzeugversicherung in Höhe von 410,00 € wird von unserem Bankkonto abgebucht.
e) Wir kaufen Waren im Wert von 3.100,00 € netto auf Ziel (7 % USt).
f) Wir zahlen die Miete für unsere Büroräume in Höhe von 1.440,00 € per Banküberweisung.
g) Ein Kunde bezahlt eine fällige Rechnung über 2.510,00 € per Banküberweisung.
h) Wir erhalten von unserer Bank 15,00 € Zinsen gutgeschrieben.
i) Wir verkaufen Handelswaren im Wert von 12.000,00 € netto auf Ziel (19 % USt).
j) Unsere Bank bucht uns 2.716,00 € von unserem Geschäftskonto für Zinsen und Tilgung ab. Der Zinsanteil beträgt 1.716,00 €.
k) Wir kaufen Kopierpapier für 85,00 € zzgl. 19 % USt in bar.
l) Wir nehmen ein Darlehen über 15.000,00 € auf. Der Betrag wird auf unserem Bankkonto gutgeschrieben.
m) Für die Reparatur unseres Kopierers zahlen wir 150,00 € zzgl. 19 % USt in bar.
n) Die Zahllast wird per Bank überwiesen.

**(6)** Es liegen folgende Anfangsbestände vor:
Langfristige Bankverbindlichkeiten 450.000,00 €, Kasse 4.150,00 €, Fuhrpark 185.000,00 €, Handelswaren 71.000,00 €, Verbindlichkeiten aus Lieferung und Leistung 49.000,00 €, Forderungen aus Lieferung und Leistung 68.000,00 €, Geschäftsausstattung 123.000,00 €, Bank 14.000,00 €, Bebaute Grundstücke 25.000,00 €, Betriebsgebäude 240.000,00 €.

1. Erstelle die Eröffnungsbilanz und berechne das Eigenkapital.
2. Eröffne die einzelnen Konten.
3. Erstelle die Buchungssätze für die Geschäftsvorfälle a) bis n) und verbuche diese auf den Konten.
4. Schließe die Erfolgskonten ab und erstelle das Gewinn- und Verlustkonto.
5. Schließe die Bestandskonten ab und erstelle die Schlussbilanz

a) Wir wandeln eine Verbindlichkeit aus Lieferung und Leistung in Höhe von 15.000,00 € in ein Darlehen bei unserer Bank um.
b) Wir verkaufen Handelswaren im Wert von 20.000,00 € netto (7 % USt) auf Ziel.
c) Ein Kunde überweist uns 14.200,00 € zur Bezahlung einer Rechnung.
d) Wir zahlen 3.000,00 € aus unserer Kasse auf unser Bankkonto ein.
e) Die Grundsteuer in Höhe von 240,00 € wird von unserem Bankkonto abgebucht.
f) Wir verkaufen einen gebrauchten Schreibtisch für 300,00 € zzgl. 19 % USt auf Ziel.
g) Wir überweisen 5.340,00 € für Löhne an unsere Mitarbeiter.
h) Die Bank schreibt uns 310,00 € Zinsen gut.
i) Wir bezahlen eine bereits gebuchte Rechnung für Handelswaren durch eine Überweisung in Höhe von 4.200,00 €.
j) Wir kaufen Briefmarken für 150,00 € in bar.
k) Wir kaufen Handelswaren im Wert von 890,00 € zzgl. 19 % USt auf Ziel.
l) Wir überweisen 1.500,00 € als Vertriebsprovision.
m) Wir erhalten eine Rechnung über 133,28 € für verschiedene Büromaterialien.
n) Die Zahllast wird per Bank überwiesen.

**(7)** Es liegen folgende Anfangsbestände vor:
Kasse 3.540,00 €, Fuhrpark 90.000,00 €, Handelswaren 71.000,00 €, Verbindlichkeiten aus Lieferung und Leistung 118.000,00 €, Langfristige Bankverbindlichkeiten 390.000,00 €, Forderungen aus Lieferung und Leistung 160.000,00 €, Geschäftsausstattung 72.000,00 €, Bank 41.000,00 €, Bebaute Grundstücke 45.000,00 €, Betriebsgebäude 210.000,00 €.

1. Erstelle die Eröffnungsbilanz und berechne das Eigenkapital.
2. Eröffne die einzelnen Konten.
3. Erstelle die Buchungssätze für die Geschäftsvorfälle a) bis n) und verbuche diese auf den Konten.
4. Schließe die Erfolgskonten ab und erstelle das Gewinn- und Verlustkonto.
5. Schließe die Bestandskonten ab und erstelle die Schlussbilanz

a) Wir zahlen 101,15 € bar für Verpackungsmaterial (19 % USt).
b) Ein Kunde bezahlt die bereits gebuchte Rechnung mit 250,00 € in bar, den Rest von 750,00 € überweist er auf unser Bankkonto.
c) Wir verkaufen einen gebrauchten Geschäftswagen für 5.000,00 € zzgl. 19 % USt auf Ziel.
d) Die Bank belastet unser Konto mit 91,00 € Zinsen.
e) Wir kaufen Waren für 2.100,00 € zzgl. 19 % USt auf Ziel.
f) Die Leasingrate von 412,00 € incl. 19 % USt wird von unserem Bankkonto abgebucht.
g) Wir kaufen zwei Fachzeitschriften für jeweils 12,00 € in bar (7 % USt).
h) Wir verkaufen Waren im Wert von 5.000,00 € zzgl. 7 % USt auf Ziel.
i) Wir erhalten eine Bankgutschrift für die Miete in Höhe von 460,00 €.
j) Wir überweisen 500,00 € an unseren Lieferanten zum Rechnungsausgleich.
k) Unsere Mitarbeiter erhalten 400,00 € Lohn in bar ausgezahlt.
l) Für die Betriebshaftpflichtversicherung werden 390,00 € von unserem Bankkonto abgebucht.
m) Für die Wartung unserer Drucker zahlen wir 125,00 € in bar incl. 19 % USt.
n) Die Zahllast wird per Bank überwiesen.

# 3 Besondere Geschäftsvorfälle im Warenverkehr

## 3.1 Buchungen aus dem Bereich Beschaffung von Waren

Du bist in der Kreditorenabteilung der Firma Hilke Ubben & Hans Greiter, Baustoffgroßhandel, Weilheim, tätig. Du hast folgende Fälle zu bearbeiten:

**(8)** Am 5. Mai wurde die ER Nr. 501 an Firma Kneipp AG, Oststraße 38, 86825 Bad Wörishofen, Tel.: 08247 31475, gebucht: Handelswaren 3.300,00 € netto Listenpreis, 5 % Rabatt, 3 % Skonto bei Zahlung innerhalb 7 Tage, 14 Tage rein netto.

1. Am 6. Mai geht die Frachtrechnung Firma Nerpel Internationale Spedition KG, Lange Straße 45, 89250 Senden, Tel.: 07307 986345, zur ER Nr. 501 über 630,00 € brutto ein. Die Zahlung erfolgt bar Zug um Zug. Du sollst die Frachtrechnung kontieren.
2. Am 8 Mai liegt dir ein Retourebeleg wegen Falschlieferung an die Kneipp AG vor. Es wurden 20 Collis à 120,00 € Listenpreis zurückgegeben.
   a) Du sollst die zu erwartende Gutschrift berechnen.
   b) Du sollst die eingehende Gutschrift buchen.
3. Die restliche Verbindlichkeit ist zu berechnen.
4. Am 10. Mai soll die ER Nr. 501 per Bank gezahlt werden.
   a) Du sollst den Überweisungsbetrag unter Berücksichtigung der Gutschrift und des Skontos berechnen.
   b) Du sollst die Banküberweisung kontieren.

**(9)** Am 6. Mai geht die ER Nr. 502 an Bad Windsheimer GmbH, Galgenbuckweg 3, 91438 Bad Windsheim, Tel.: 09841 7085, ein: 10 Collis Handelswaren, 6.200,00 € netto Listenpreis, 5 % Rabatt, 3 % Skonto bei Zahlung innerhalb 7 Tage, 14 Tage rein netto. Für die Leihverpackung werden je Colli 59,50 € inklusive USt berechnet. Bei Rückgabe der Leihverpackung werden 75 % vergütet. Die ER Nr. 502 weist einen Zahlungsbetrag in Höhe von 7.068,60 € aus.

1. Du sollst die Rechnung überprüfen und gegebenenfalls berichtigen.
2. Die ER Nr. 502 ist zu kontieren.
3. Am 9. Mai wird die Leihverpackung unversehrt zurückgesandt.
   a) Du sollst die Gutschrift berechnen.
   b) Die Rückgabe der Leihverpackung ist zu kontieren.
   c) Die verbleibende Verbindlichkeit ist zu berechnen.
4. Am 11. Mai soll die ER Nr. 502 per Bank gezahlt werden.
   a) Der Zahlbetrag ist zu berechnen.
   b) Die Kreditorenzahlung ist zu kontieren.

**(10)** Am 7. Mai geht die ER Nr. 503 an Schultheiß e.K., Egger Straße 30, 94469 Deggendorf, Tel.: 0991 284916, ein: 30 Collis Handelswaren, 12.000,00 € netto Listenpreis, 7 % Rabatt, 3 % Skonto bei Zahlung innerhalb 7 Tage, 14 Tage rein netto. Für die Leihverpackung werden je Colli 59,50 € inklusive USt berechnet. Bei Rückgabe der Leihverpackung werden 75 % vergütet. Die ER Nr. 503 weist einen Zahlungsbetrag in Höhe von 13.294,81 € aus.

1. Du sollst die Rechnung überprüfen und gegebenenfalls berichtigen.
2. Die ER Nr. 503 ist zu kontieren.
3. Am 10. Mai wird die Leihverpackung unversehrt zurückgesandt.
    a) Die Gutschrift ist zu berechnen.
    b) Die Rückgabe der Leihverpackung ist zu kontieren.
    c) Die verbleibende Verbindlichkeit ist zu berechnen.
4. Von der Firma Nerpel Internationale Spedition KG geht am 10. Mai eine Frachtrechnung F Nr. 03 zur ER Nr. 503 in Höhe von 1.011,50 € inklusive USt ein.
    a) Die Rechnung ist zu kontieren.
    b) Der Bankauszug weist Folgendes aus: F Nr. 03 Fracht Nerpel Internationale Spedition KG; 1.011,50 € Haben. Der Vorgang ist zu kontieren.
5. Am 11. Mai soll die ER Nr. 503 per Bank gezahlt werden.
    a) Der Zahlbetrag ist zu berechnen.
    b) Die Kreditorenzahlung ist zu kontieren.

**(11)** Am 8. Mai geht die ER Nr. 504 von Karl-Heinz Guggemooser KG, Beckenweiherallee 21, 91522 Ansbach, Tel.: 0981 14809, ein: 15 Collis Handelswaren, 5.300,00 € netto Listenpreis, 5 % Rabatt, 3 % Skonto bei Zahlung innerhalb 7 Tage, 14 Tage rein netto. Für die Leihverpackung werden je Colli 50,00 € exklusive USt berechnet. Bei Rückgabe der Leihverpackung werden 75 % vergütet. Die ER Nr. 504 weist einen Zahlungsbetrag in Höhe von 6.884,15 € aus.

1. Du sollst die Rechnung überprüfen und gegebenenfalls berichtigen.
2. Die ER Nr. 504 ist zu kontieren.
3. Am 10. Mai wird die Leihverpackung unversehrt zurückgesandt.
    a) Die Gutschrift ist zu berechnen.
    b) Die Rückgabe der Leihverpackung ist zu kontieren.
    c) Die verbleibende Verbindlichkeit ist zu berechnen.
4. Firma Nerpel Internationale Spedition KG sendet am 9. Mai eine Frachtrechnung F Nr. 04 zur ER Nr. 504 in Höhe von 557,55 € inklusive USt.
    a) Die Rechnung ist zu kontieren.
    b) Das Konto Nerpel Internationale Spedition KG wird am 10. Mai per Lastschriftverfahren ausgeglichen.

5. Am 11. Mai soll die ER Nr. 504 per Bank gezahlt werden.
   a) Der Zahlbetrag ist zu berechnen.
   b) Die Kreditorenzahlung ist zu kontieren.

**(12)** Am 9. Mai geht die ER Nr. 505 von Firma Helmut Moser & Co, Neuburger Straße 96, 94032 Passau, Tel.: 0851 51092, ein: 45 Collis Handelswaren, 8.900,00 € netto Listenpreis, 5 % Rabatt, 3 % Skonto bei Zahlung innerhalb 7 Tage, 14 Tage rein netto. Für die Leihverpackung wurde je Colli 50,00 € exklusive USt berechnet. Bei Rückgabe der Leihverpackung werden 75 % vergütet.
1. Die ER Nr. 505 ist zu kontieren
2. Am 10. Mai wird die Leihverpackung unversehrt zurückgesandt.
   a) Die Gutschrift ist zu berechnen.
   b) Die Rückgabe der Leihverpackung ist zu kontieren.
   c) Die restliche Verbindlichkeit ist zu berechnen.
3. Firma Helmut Moser & Co sendet am 11. Mai wegen geringer Mängel eine Gutschrift in Höhe von 8 % auf den Warenwert. Die Gutschrift ist zu berechnen und zu kontieren.
4. Am 14. Mai soll die ER Nr. 505 per Bank gezahlt werden.
   a) Der Zahlbetrag ist zu berechnen.
   b) Die Kreditorenzahlung ist zu kontieren.

**(13)** Am 10. Mai geht die ER Nr. 506 von Firma Sidonie Matthew KG, Domplatz 10, 94032 Passau, Tel.: 0851 38386-1, ein: 35 Collis Handelswaren, 15.300,00 € netto Listenpreis, 5 % Rabatt, 3 % Skonto bei Zahlung innerhalb 7 Tage, 14 Tage rein netto. Für die Leihverpackung wurden je Colli 50,00 € exklusive USt berechnet. Bei Rückgabe der Leihverpackung werden 75 % vergütet. Die ER Nr. 508 weist einen Zahlungsbetrag in Höhe von 6.884,15 € aus.
1. Du sollst die Rechnung überprüfen und gegebenenfalls berichtigen.
2. Die ER Nr. 506 ist zu kontieren.
3. Am 12. Mai wird die Leihverpackung unversehrt zurückgesandt.
   a) Die Gutschrift ist zu berechnen.
   b) Die Rückgabe der Leihverpackung ist zu kontieren.
   c) Die verbleibende Verbindlichkeit ist zu berechnen.
4. Firma Nerpel Internationale Spedition KG verlangt am 12. Mai Hausfracht. Dir liegt eine Bar-Quittung in Höhe von 297,50 € vor. Die Quittung ist zu kontieren.
5. Firma Sidonie Matthew KG sendet am 13. Mai eine Bonusgutschrift in Höhe von 7.000,00 € netto. Die Gutschrift ist zu kontieren.
6. Die verbleibende Verbindlichkeit an Firma Sidonie Matthew KG ist zu berechnen.
7. Die Verbindlichkeit an Sidonie Matthew KG wird vom Bankkonto unter Berücksichtigung der Gutschriften und des Skontoabzugs abgebucht. Die Kreditorenzahlung ist zu kontieren.

## 3.2 Buchungen aus dem Bereich Absatz von Waren

Du bist in der Debitorenabteilung der Firma Hans Greiter, Baustoffgroßhandel, Weilheim, tätig. Du hast folgende Fälle zu bearbeiten:

**(14)** Am 5. Mai wurde die AR Nr. 1001 an Firma Wirtschaftshof AG, Bismarckplatz 14, 84034 Landshut; Tel.: 0871 8211205, E-Mail-Adresse: seligenthal@t-online.de, gebucht: Handelswaren 4.125,00 € netto Listenpreis, 5 % Rabatt, 2 % Skonto bei Zahlung innerhalb 7 Tage, 14 Tage rein netto.

1. Am 6. Mai geht die folgende Frachtrechnung ein: Dachsl Internationale Spedition GmbH, Breite Straße 17, 87435 Kempten, Tel.: 0831 25385-0, zur AR Nr. 1001; 630,00 € brutto. Die Zahlung erfolgt bar Zug um Zug. Du hast die Frachtrechnung zu kontieren.
2. Am 8. Mai liegt dir ein Retourebeleg wegen Falschlieferung an Firma Wirtschaftshof AG vor. Es wurden 20 Collis à 150,00 € Listenpreis zurückgegeben.
    a) Du sollst die Gutschrift berechnen.
    b) Du sollst die Gutschrift buchen
3. Am 10. Mai soll die AR Nr. 1001 per Bank gezahlt werden.
    a) Du sollst den Überweisungsbetrag berechnen.
    b) Du sollst die Überweisung kontieren.

**(15)** Am 6. Mai wird die AR Nr. 1002 an Architekturbüro Sidonie & Partner, Färbergasse 9, 82360 Weilheim, Tel.: 0881 334422, E-Mail-Anschrift: SID&Partner@arc.de, gesandt: 10 Collis Handelswaren, 7.750,00 € netto Listenpreis, 5 % Rabatt, 2 % Skonto bei Zahlung innerhalb 7 Tage, 14 Tage rein netto. Für die Leihverpackung wurden je Colli 59,50 € inklusive USt berechnet. Bei Rückgabe der Leihverpackung werden 75 % vergütet.

1. Du sollst die Rechnung erstellen.
2. Die AR Nr. 1002 ist zu kontieren.
3. Am 9. Mai wird die Leihverpackung unversehrt zurückgesandt.
    a) Die Gutschrift ist zu berechnen.
    b) Die Rückgabe der Leihverpackung ist zu kontieren.
    c) Die verbleibende Forderung ist zu berechnen.
4. Am 11. Mai sollst du die AR Nr. 1002 per Banklastschrift unter Berücksichtigung des Skontos einziehen.
    a) Der Zahlbetrag ist zu berechnen.
    b) Die Debitorenzahlung ist zu kontieren.

**(16)** Am 7. Mai wird die AR Nr. 1003 an Firma Lux GmbH, Alter Postweg 86a, 86159 Augsburg, Tel.: 0821 32418205, gesandt: 30 Collis Handelswaren, 12.000,00 € netto Listenpreis, 7 % Rabatt, 2 % Skonto bei Zahlung innerhalb 7 Tage, 14 Tage rein netto. Für die Leihverpackung wurden je Colli 59,50 € inklusive USt berechnet. Bei Rückgabe der Leihverpackung werden 75 % vergütet.

1. Du sollst die Rechnung erstellen.
2. Die AR Nr. 506 ist zu kontieren.
3. Am 10. Mai wird die Leihverpackung unversehrt zurückgesandt.
    a) Die Gutschrift ist zu berechnen.
    b) Die Rückgabe der Leihverpackung ist zu kontieren.
    c) Die Forderung ist zu berechnen.
4. Firma Dachsl Internationale Spedition GmbH sendet am 8. Mai eine Frachtrechnung zur AR Nr. 1003 in Höhe von 1.011,50 € inklusive USt. Die Rechnung ist zu kontieren.
5. Am 11. Mai geht der Betrag der AR Nr. 1003 per Bank unter Abzug des Skontos ein.
    a) Der Zahlbetrag ist zu berechnen.
    b) Die Debitorenzahlung ist zu kontieren.
    c) Die Speditionsrechnung wird per Bank gezahlt und ist zu kontieren.

**(17)** Am 8. Mai wird die AR Nr. 1004 an Merkur-Export GmbH, Liststraße 8, 87509 Immenstadt, Tel.: 08323 800139, erstellt: 15 Collis Handelswaren, 6.625,00 € Listenpreis, 5 % Rabatt, 2 % Skonto bei Zahlung innerhalb 7 Tage, 14 Tage rein netto. Für die Leihverpackung werden je Colli 50,00 € exklusive USt berechnet. Bei Rückgabe der Leihverpackung werden 75 % vergütet.

1. Du sollst die Rechnung erstellen.
2. Die AR Nr. 1004 ist zu kontieren.
3. Am 10. Mai wird die Leihverpackung unversehrt zurückgesandt.
    a) Die Gutschrift ist zu berechnen.
    b) Die Rückgabe der Leihverpackung ist zu kontieren.
    c) Die verleibende Forderung ist zu berechnen.
4. Firma Dachsl Internationale Spedition GmbH sendet am 9. Mai eine Frachtrechnung F Nr. 8 zur AR Nr. 1004 in Höhe von 758,63 € inklusive USt. Die Rechnung wird bar bezahlt und ist zu kontieren.
5. Am 11. Mai geht die Forderung zur AR 1004 per Bank ein. Skontoabzug wird genutzt.
    a) Der Zahlbetrag ist zu berechnen.
    b) Die Debitorenzahlung ist zu kontieren.

**(18)** Am 9. Mai senden wir die AR Nr. 1005 an Firma Paul OHG, Freigerichter Straße 12, 63796 Kahl, Tel.: 06188 81424: 45 Collis Handelswaren, 11.125,00 € netto Listenpreis, 5 % Rabatt, 2 % Skonto bei Zahlung innerhalb 7 Tage, 14 Tage rein netto. Für die Leihverpackung wurden je Colli 50,00 € exklusive USt berechnet. Bei Rückgabe der Leihverpackung werden 75 % vergütet.

1. Du sollst die Rechnung erstellen.

2. Die AR NR. 1005 ist zu kontieren.
3. Am 10. Mai wird die Leihverpackung unversehrt zurückgesandt.
   a) Die Gutschrift ist zu berechnen.
   b) Die Rückgabe der Leihverpackung ist zu kontieren.
   c) Die verbleibende Forderung ist zu berechnen.
4. Firma Paul OHG sendet am 10. Mai wegen geringer Mängel eine Gutschrift in Höhe von 8 % auf den Warenwert.
   a) Die Gutschrift ist zu berechnen.
   b) Die Gutschrift ist zu kontieren.
   c) Die Restforderung ist zu berechnen.
5. Am 14. Mai geht der Forderungsbetrag der AR Nr. 1005 per Bank ein. Skontoabzug wird genutzt.
   a) Der Zahlbetrag ist zu berechnen.
   b) Die Debitorenzahlung ist zu kontieren.

**(19)** Am 10. Mai wird die AR Nr. 1006 an Firma Asia-Früchte-Import GmbH, Blumenauer Str. 131, 81241 München, Tel.: 089 829295333, gesandt: 55 Collis Handelswaren, 19.125,00 € netto Listenpreis, 5 % Rabatt, 2 % Skonto bei Zahlung innerhalb 7 Tage, 14 Tage rein netto. Für die Leihverpackung werden je Colli 50,00 € exklusive USt berechnet. Bei Rückgabe der Leihverpackung werden 75 % vergütet.

1. Du sollst die Rechnung erstellen.
2. Die AR Nr. 1006 ist zu kontieren.
3. Am 12. Mai wird die Leihverpackung für 40 Collis unversehrt zurückgesandt. Die Verpackung für 15 Collis kann auf Grund starker Beschädigungen nicht vergütet werden.
   a) Die Gutschrift ist zu berechnen.
   b) Die Rückgabe der Leihverpackung ist zu kontieren.
   c) Die verbleibende Forderung ist zu berechnen.
4. Firma Dachsl Internationale Spedition GmbH verlangt am 12. Mai Hausfracht. Dir liegt eine Bar-Quittung in Höhe von 371,88 € vor. Die Quittung ist zu kontieren.
5. Wir gewähren Firma Asia-Früchte-Import GmbH eine Bonusgutschrift in Höhe von 8.750,00 € netto. Die Gutschrift ist zu berechnen und zu kontieren.
   a) Die verbleibende Forderung an Firma Asia-Früchte-Import GmbH ist zu berechnen.
   b) Du sollst die Forderung an Firma Asia-Früchte-Import GmbH per Lastschriftverfahren unter Berücksichtigung der Gutschriften und des Skontoabzugs einziehen. Die Debitorenzahlung ist zu kontieren.

## 3.3 Allgemeine Fragen

**(20)** Welche Auswirkungen hat die Gewährung von Kundenskonti auf die Gewinn-und-Verlust-Rechnung?

**(21)** Welche Auswirkungen hat die Inanspruchnahme von Lieferantenskonto auf die Gewinn-und-Verlust-Rechnung?

**(22)** Ein Kunde hatte in den letzten Jahren immer unter Abzug von Skonto gezahlt. In der letzten Zeit zahlte er zu dem am spätesten möglichen Zeitpunkt ohne Abzug von Skonto. Welche Rückschlüsse lassen sich hieraus ziehen?

**(23)** Ein Lieferant gewährt uns 3 % Skonto, wenn wir innerhalb von 10 Tagen zahlen. Das Zahlungsziel ohne Skontoabzug beträgt 21 Tage.
 a) Berechne den entsprechenden Jahreszinssatz.
 b) Berechne die Differenz zwischen einem Zinsaufwand für ein Darlehen über 10.000,00 € mit 11 % Zinsen p. a. und dem Skontoertrag.

**(24)** Warum werden Sofortrabatte nicht gebucht?

**(25)** Ein Kaufmann kalkuliert Rabatte in den Listenverkaufspreis mit ein. Häufig gewährt er Kunden unterschiedliche Rabattsätze.
 a) Weshalb kalkuliert der Kaufmann den Rabatt mit ein?
 b) Welche möglichen Kosten könnte der Kaufmann reduzieren, wenn er Mengenrabatt gewährt?

**(26)** Welche Nachlässe, die dem Kunden gewährt werden müssen, schmälern den Erlös?

**(27)** Warum gewähren Kaufleute häufig einen nach Abnahmemengen gestaffelten Bonus?

**(28)** Warum müssen Boni gebucht werden?

**(29)** Welche Auswirkungen hat ein Lieferantenbonus auf die Gewinn-und-Verlust-Rechnung?

**(30)** Welche Formen der Bonus-Gewährung kennst du im Wirtschaftssektor Einzelhandel?

**(31)** Warum unterscheidet der Kaufmann zwischen Eingangs- und Ausgangsfrachten?

**(32)** Welchen Vorteil sieht der Kaufmann, wenn er Verpackungsmaterial zurücknimmt und vergütet?

**(33)** Wo werden die Konten
 a) Bezugskosten
 b) Nachlässe
 c) Erlösberichtigungen
abgeschlossen?

## 4 Private Einlagen und private Entnahmen

**(34)** Frau Marianne Schneller meldet die Firma „Möbel-Boutique e. K." an.
   a) Aus ihrem Privatvermögen zahlt sie 50.000,00 € auf das Bankkonto des neuen Geschäftes ein. Kontiere den Geschäftsvorfall.
   b) Sie kauft Möbel im Wert von 3.000,00 € netto ein und zahlt von ihrem privaten Bankkonto. Kontiere den Geschäftsvorfall.
   c) Sie entnimmt eine Truhe für private Zwecke im Wert von 300,00 € netto.

**(35)** Herr Störmer meldet das Dienstleistungsunternehmen „Akquise e. K." an.
   a) Aus seinem Privatvermögen übernimmt er Räume und Möbel für die Geschäftsausstattung. Der notariell geschätzte Wert für die Räume beträgt 75.000,00 € und für die Möbel 5.000,00 €. Die gesamten Notariatskosten belaufen sich auf 2 % und sind im entsprechenden Verhältnis aufzuteilen
   b) Er hebt von seinem Bankkonto 1.000,00 € für private Zwecke ab.
   c) Er akquiriert einen Auftrag für die eigene Familie im Wert von 250,00 €.
   d) Er zahlt folgende Steuern von seinem Geschäftsbankkonto:
      i. Grunderwerbsteuer Eigentumswohnung    3.000,00 €
      ii. Grundsteuer Eigentumswohnung    120,00 €
      iii. Kfz-Steuer für privat genutztes Fahrzeug    630,00 €

**(36)** Warum muss bei Gegenstands- und Leistungsentnahmen die Umsatzsteuer berücksichtigt werden?

**(37)** In welchen der unter Aufgabe 1 und 2 genannten Fälle wird die Gewinn- und Verlustrechnung beeinflusst?

**(38)** Wo wird das Konto „Privatentnahme" abgeschlossen?

**(39)** Wo wird das Konto „Privateinlage" abgeschlossen?

**(40)** Warum müssen Sachgegenstände, die in das Unternehmen eingebracht werden, im Wert notariell beglaubigt sein?

# D Zusammenhängende Übung

Übungsaufgaben Rechnungswesen
Beleggeschäftsgang über die Monate Januar – August

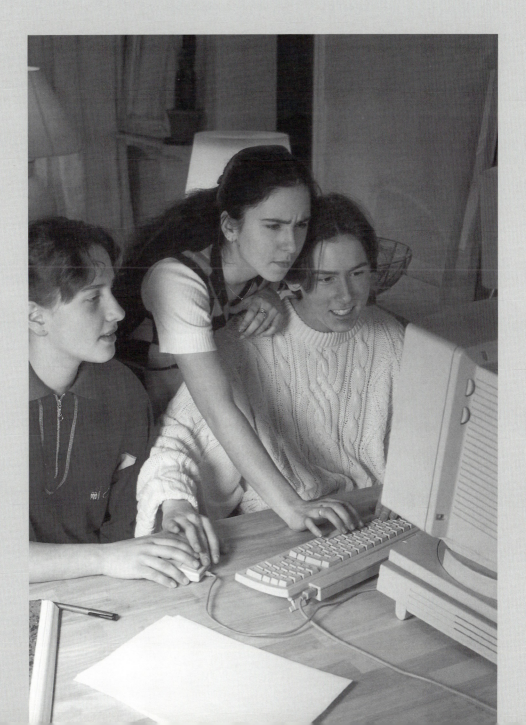

## Übungsaufgaben Rechnungswesen

Folgende Übungsaufgaben können
a) als Buchungssätze in einen konventionellen Stempel geschrieben werden,
b) als Buchungssätze in einen FIBU-Stempel geschrieben werden,
c) in T-Konten gebucht werden,
d) in ein FIBU-Programm gebucht werden.

Die Aufgaben hängen zusammen. Die Unternehmung hat noch keinen Firmennamen. Die Unternehmung kann nach jedem Monat eine Bilanz erstellen.

**(1)** Richte eine Unternehmung ein und erstelle ein Unternehmensprofil.

**(2)** Erstelle eine formgerechte Eröffnungsbilanz entsprechend der Daten deines Unternehmens und nach folgenden Daten.

Das Unternehmen hat die Debitoren D1 bis $D_X$ und die Kreditoren K1 bis $K_Y$.

### Monat Januar

| | | | |
|---|---|---|---|
| 2. Jan. | Abhebung vom Bankkonto; Beleg K 1, | 5.000,00 € | |
| 3. Jan. | Einkauf Handelswaren, ER 1 Kreditor 1, zahlbar 14 Tage, rein netto | 12.000,00 € | Warenwert |
| 4. Jan. | Einkauf Handelswaren, ER 12 Kreditor 2, zahlbar 20 Tage, rein netto | 5.000,00 € | Warenwert |
| 5. Jan. | Einkauf Handelswaren bar | 238,00 € | inkl. USt |
| 6. Jan. | Einkauf Handelswaren, ER 25, Kreditor 1 (Konditionen s. dort) | 420,00 € | Warenwert |
| 7. Jan. | Aufnahme eines weiteren Bankdarlehens, D 002 | 10.000,00 € | |
| 8. Jan. | Kauf eines PC, per Banklastschrift | 2.975,00 € | inkl. USt |
| 9. Jan. | Verkauf HW, USt, AR 1, Debitor 1, Rechnungsbetrag rein netto, innerhalb 10 Tage | 1.200,00 € | Warenwert |
| 10. Jan. | Verkauf Handelswaren, bar | 142,80 € | inkl. USt |
| 11. Jan. | Verkauf Handelswaren AR 3, Debitor 2, Zahlung rein netto, innerhalb 15 Tage | 2.500,00 € | Warenwert |
| 12. Jan. | Verkauf Handelswaren, AR 4, Debitor, 3, Zahlung rein netto innerhalb 10 Tage | 1.500,00 € | Warenwert |
| 13. Jan. | Bareinzahlung der Kasse auf die Bank | | |
| 14. Jan. | Zahlung Kreditor 1, ER 1, per Bank | | |
| 15. Jan. | Einkauf HW, Kreditor 1, (Konditionen s. dort) ER 125 | 4.000,00 € | Warenwert |
| 16. Jan. | Zahlung Debitor 1, AR 1, per Bank | | |
| 17. Jan. | Verkauf Handelswaren, Debitor 6, AR 6, Lastschrift Postgiro | 1.200,00 € | Warenwert |
| 18. Jan. | Zahlung Debitor 3, per Bank | | |
| 19. Jan. | Zahlung Kreditor 1, ER 125 und 25, per Bank | | |
| 20. Jan. | Telekom | 479,68 € | Brutto |

| | | | |
|---|---|---|---|
| 21. Jan. | Zahlung Kreditor 2, ER 12, per Bank | | |
| 22. Jan. | Verkauf Handelswaren, Debitor 5 AR. 5, bar | 1.800,00 € | Warenwert |
| 23. Jan. | Zahlung Debitor 2, AR 3, per Bank | | |
| 24. Jan. | Einkauf Handelswaren, Kreditor 3, Lastschrift Bank, ER 701 | 5.200,00 € | Warenwert |
| 25. Jan. | Verkauf Handelswaren, Debitor 1, AR 7, 14 Tage netto | 1.500,00 € | Warenwert |
| 26. Jan. | Einkauf Handelswaren Kreditor 2, 30 Tage, netto ER 33 | 4.800,00 € | Warenwert |
| 27. Jan. | Einkauf Maschine, Kreditor 3, ER 89, Zahlungskonditionen: 50 % innerhalb 14 Tage, Rest Valuta 3 Monate | 45.000,00 € | netto |
| 28. Jan. | Einkauf Schreibtisch, bar, ER S 6 | 593,81 € | Brutto |
| 29. Jan. | Verkauf Handelswaren, AR 8, Debitor 3, bar | 4.500,00 € | Warenwert |
| 30. Jan. | Einkauf Handelswaren, ER 90, Lastschrift Bank | 8.200,00 € | Warenwert |
| 31. Jan. | Verkauf Handelswaren, AR 9, Debitor 2, bar | 1.200,00 € | Warenwert |

## Monat Februar

| | | | |
|---|---|---|---|
| 1. Feb. | Abrechnung Kraftstoff Januar; Lastschrift | 90,48 € | brutto |
| 2. Feb. | Verkauf Handelswaren AR 10, Debitor 2, Zahlung rein netto, innerhalb 10 Tage | 1.200,00 € | Warenwert |
| 3. Feb. | AR D 1, Dienstleistung, bar | 182,60 € | brutto |
| 4. Feb. | Verkauf Handelswaren AR 11, Debitor 1, 10 Tage netto | 25.670,00 € | netto |
| 5. Feb. | AR D 2, Dienstleistung, bar | 25,65 € | brutto |
| 6. Feb. | Verkauf Handelswaren AR 12, Debitor 4, 10 Tage netto | 31.500,00 € | netto |
| 7. Feb. | Zahlung Debitor 1, AR 7, per Bank | | |
| 8. Feb. | AR D 3, Dienstleistung, bar | 95,20 € | brutto |
| 9. Feb. | AR D 4, Dienstleistung, EC Last Postgiro | 66,68 € | brutto |
| 10. Feb. | Zahlung Debitor 2, AR 10, per Bank | | |
| 11. Feb. | AR D 5, Dienstleistung, EC Last Bank | 71,40 € | brutto |
| 12. Feb. | Zahlung ER 89, v. 27. Januar | | |
| 13. Feb. | AR 13 Debitor 4, bar | 120,00 € | netto |
| 14. Feb. | Zahlungseingang AR 11, Debitor 1 | | |
| 15. Feb. | Telekom | 243,13 € | brutto |
| 16. Feb. | Zahlungseingang AR 12, Debitor 4 | | |
| 17. Feb. | AR 14, Debitor 3, 10 Tage netto | 450,00 € | netto |
| 18. Feb. | AR 15, Debitor 6, 10 Tage netto | 3.200,00 € | netto |
| 19. Feb. | Zahlung Kreditor 2, ER 33 per Bank | | |
| 20. Feb. | AR D 6, Debitor 2, bar | 124,95 € | brutto |
| 21. Feb. | AR D 7, Debitor 1, Zahlung 10 Tage netto | 620,82€ | brutto |
| 22. Feb. | ER 765, Kreditor 1, 7 Tage netto | 900,00 € | netto |
| 23. Feb. | Bareinzahlung Bank | 1.500,00 € | |

## Zusammenhängende Übung

| | | | |
|---|---|---:|---|
| 24. Feb. | ER B 809, Drehstuhl, Zahlungstermin rein netto Kasse | 660,00 € | netto |
| 25. Feb. | Zahlung ER B 809, Postgiro | | |
| 26. Feb. | Zahlung Debitor 6, AR 15, Postgiro | | |
| 27. Feb. | Zahlung Debitor 3, AR 14, bar | | |
| 28. Feb. | Zahlung ER 765 v. 22. Feb. | | |

### Monat März

| | | | |
|---|---|---:|---|
| 1. Mrz. | AR D 10, Dienstleistung, Last Bank | 78,00 € | netto |
| 2. Mrz. | Zahlung D 7, per Bank | | |
| 3. Mrz. | Abrechnung Kraftstoff Februar; Lastschrift | 126,18 € | brutto |
| 4. Mrz. | Darlehen zum Kauf eines Kfz, Kontokorrentkonto | 20.000,00 € | |
| 5. Mrz. | AR 16, Debitor 2, 10 Tage netto | 7.600,00 € | netto |
| 6. Mrz. | ER K 455, Kraftfahrzeug, rein netto | 23.000,00 € | netto |
| 7. Mrz. | Zahlung ER K 455 Bank | | |
| 8. Mrz. | ER GWG 30 C, Scanner, 5 Tage netto, Kreditor 20 | 195,00 € | netto |
| 9. Mrz. | ER BM 123, Büromöbel, EC Last, Bank | 1.428,00 € | brutto |
| 10. Mrz. | Bankeinzahlung aus Kasse | 1.000,00 € | |
| 11. Mrz. | Zahlung AR 16, Debitor 2, per Bank | | |
| 12. Mrz. | Zahlung ER GWG 30 C | | |
| 13. Mrz. | Lastschrift Grundsteuer | 112,00 € | |
| 14. Mrz. | Lastschrift Gewerbesteuer | 1.200,00 € | |
| 15. Mrz. | Abrechnung der USt und VSt; Banküberweisung | | |
| 16. Mrz. | Telekom | 240,05 € | brutto |
| 17. Mrz. | AR D 11, Debitor 7, bar | 87,47 € | brutto |
| 18. Mrz. | AR D 12, Debitor 3, EC Last Bank | 339,15 € | brutto |
| 19. Mrz. | AR D 13, Debitor 6, EC Last Postgiro | 42,84 € | brutto |
| 20. Mrz. | AR 17, Debitor 6, netto 10 Tage | 840,00 € | netto |
| 21. Mrz. | Überweisung der neu gemieteten Geschäftsräume. Monatsmiete 1500,00 € netto, anteilig für 10 Tage | | |
| 22. Mrz. | AR 18, Debitor 5, netto 10 Tage | 1.630,00 € | netto |
| 23. Mrz. | AR 19, Debitor 4, netto 10 Tage | 380,00 € | netto |
| 24. Mrz. | AR 20, Debitor 1, netto 10 Tage | 790,00 € | netto |
| 25. Mrz. | ER 777 Kreditor 2, 10 Tage netto | 2.150,00 € | netto |
| 26. Mrz. | ER FI 907, Reparatur PC-Anlage, rein netto | 230,00 € | netto |
| 27. Mrz. | Zahlung ER FI 907 | | |
| 28. Mrz. | Zinsabrechnung für Darlehen | 125,00 € | |
| 29. Mrz. | Darlehensrate | 333,33 € | |
| 30. Mrz. | Lastschrift Abrechnung Strom | 362,07 € | netto |
| 31. Mrz. | Banklastschrift für Kontoführungsgebühr | 65,00 € | |

## Monat April

| 1. Apr. | Einzug Kfz-Steuer, Bank | 760,00 € | |
|---|---|---|---|
| 2. Apr. | Abrechnung Kraftstoff März; Lastschrift | 376,49 € | brutto |
| 3. Apr. | Zahlung AR 19, Debitor 4 | | |
| 4. Apr. | Zahlung AR 17, Debitor 6, Postgiro | | |
| 5. Apr. | Zahlung ER 777 | | |
| 6. Apr. | Zahlung AR 20, Debitor 1 | | |
| 7. Apr. | Überweisung gemietete Geschäftsräume | 1.500,00 € | |
| 8. Apr. | AR D 9, Dienstleistung, Last Postgiro | 103,00 € | netto |
| 9. Apr. | AR D 14, Debitor 2, EC Last Bank | 149,94 € | brutto |
| 10. Apr. | AR D 15, Debitor 3 EC Last Postgiro | 66,64 € | brutto |
| 11. Apr. | AR D 16, Debitor 6, bar | 86,21 € | netto |
| 12. Apr. | Zahlung AR 18, Debitor 5, bar | | |
| 13. Apr. | ER V 008, Kreditor 5 | 749,70 € | brutto |
| 14. Apr. | AR 20 Debitor 5 | 3.600,00 € | netto |
| 15. Apr. | Lastschrift Leasingrate | 825,00 € | netto |
| 16. Apr. | ER FRA 909; Ausgangsfracht | 69,74 € | brutto |
| 17. Apr. | Überweisung AR 20 mit 2 % Skonto | | |
| 18. Apr. | Eingang Miete Garage bar | 80,00 € | netto |
| 19. Apr. | Überweisung ER 909 | | |
| 20. Apr. | Telekom | 271,85 € | brutto |
| 21. Apr. | Gutschrift zur Rücksendung wg. Mängel G-ER V 008 | | |
| 22. Apr. | Bürobedarf, bar | 126,18 € | brutto |
| 23. Apr. | Banküberweisung für ER 101 für Zeitungsinserat | 259,42 € | brutto |
| 24. Apr. | Wareneinkauf, Kreditor 1, ER 104, 10 Tage 2 % Skonto, 20 Tage netto Kasse | 3.391,50 € | brutto |
| 25. Apr. | Gutschrift für Umsatzbonus 3 % von Kreditor 1 für das I. Quartal | 641,88 € | brutto |
| 26. Apr. | Barzahlung der Kfz-Reparatur | 194,30 € | brutto |
| 27. Apr. | Zahlung Maschine, ER 89 v. 27. Januar, Rest (Valuta), per Bank | | |
| 28. Apr. | Banküberweisung für die private Krankenversicherung des Unternehmers | 325,00 € | |
| 29. Apr. | Darlehensrate | 333,33 € | |
| 30. Apr. | Überweisung ER 104 mit 2 % Skonto und unter Abzug des Umsatzbonusses v. 25. April | | |

## Monat Mai

| 1. Mai | Geschäftsessen | 129,02 € | brutto |
|---|---|---|---|
| 2. Mai | Dauerauftrag der Miete Geschäftsräume | 1.500,00 € | netto |
| 3. Mai | Abrechnung Kraftstoff April | 100,19 € | brutto |
| 4. Mai | ER K 451; Handelswaren, Kreditor 6 | 4.630,00 € | Warenwert |

## Zusammenhängende Übung

| | | | |
|---|---|---|---|
| 5. Mai | Privatentnahme von Bank | 2.000,00 € | |
| 6. Mai | ER FRA 451 | 383,59 € | brutto |
| 7. Mai | ER VERP 451 | 166,19 € | brutto |
| 8. Mai | AR 20 Debitor 7 | 867,00 € | Warenwert; darauf 20 % Rabatt; Ausgangsfracht 90 € netto; Verpackungskosten 45,00 € netto |
| 9. Mai | AR 21 Debitor 4; Barzahlung | 23,59 € | brutto |
| 10. Mai | ER, 907; Kreditor 7 | 567,00 € | Warenwert; darauf 15 % Rabatt; Frachtanteil 60 € netto; Verpackungskosten 120,00 € netto |
| 11. Mai | Gutschrift Rückgabe der Verpackung G VERP 451 | | |
| 12. Mai | Gutschrift Rückgabe der Verpackung G ER 907 50 % | | |
| 13. Mai | Barverkauf Handelswaren | 750,93 € | brutto |
| 14. Mai | Überweisung ER K 451; Postgiro, 2 % Skonto | | |
| 15. Mai | Lastschrift Leasingrate | 825,00 € | netto |
| 16. Mai | Rückgabe der Leihverpackung aus AR 20 durch Debitor 7 | | |
| 17. Mai | Bankeinzug ER FRA 451 | | |
| 18. Mai | Eingang Miete Garage; Bankeinzug | 80,00 € | netto |
| 19. Mai | Bankeinzug AR 20 | | |
| 20. Mai | Telekom | 353,92 € | brutto |
| 21. Mai | Verkauf Handelswaren Debitor 20, AR 22 | 2.400,00 € | netto |
| 22. Mai | Gutschrift für Warenrücksendung, Kreditor 7, ER 907 | 200,00 € | netto |
| 23. Mai | Einzahlung des Kassenbestands auf das Postgirokonto | 3.000,00 € | |
| 24. Mai | Barzahlung Speditionsrechnung für Lieferung an Debitor 2, AR 22 | 200,04 € | brutto |
| 25. Mai | Gutschrift an Debitor 8 wegen Mängelrüge bei AR 22 | 660,00 € | netto |
| 26. Mai | Barkauf von Druckerpapier | 285,19 € | brutto |
| 27. Mai | Banküberweisung der Müllgebühren | 405,00 € | |
| 28. Mai | Überweisung AR 22 mit 2 % Skonto | | |
| 29. Mai | Zahlung Kreditor 7, ER 907 (Leihverpackung, Gutschrift) | | |
| 30. Mai | Darlehensrate Mai | 333,33 € | |
| 31. Mai | Umsatzsteuervorauszahlung | 600,00 € | |

## Monat Juni

| | | | |
|---|---|---|---|
| 1. Jun. | Dauerauftrag der Miete Geschäftsräume | 1.500,00 € | netto |
| 2. Jun. | Messeeinkauf Büroschrank Verrechnungsscheck | 1.762,00 € | Listenpreis; 20 % Messerabatt; 2 % Skonto 61,00 € Lieferkosten (netto); 45,00 € Mehrwegpalette |
| 3. Jun. | Abrechnung Kraftstoff Mai | 129,14 € | brutto |
| 4. Jun. | Warenverkauf bar | 500,00 € | netto |
| 5. Jun. | Verrechnungsscheck wegen Rückgabe der Mehrwegpalette | 45,00 € | |
| 6. Jun. | Privatentnahmen des Geschäftsinhabers aus der Kasse | 500,00 € | |
| 7. Jun. | Barkauf Briefmarken | 56,42 € | brutto |
| 8. Jun. | Verkauf Waren, Debitor 3; AR 23 | 786,84 € | brutto |
| 9. Jun. | Lastschrift Gebäudeversicherung | 850,00 € | |
| 10. Jun. | Warenrücksendung, Debitor 3; AR 23 | 300,00 € | netto |
| 11. Jun. | Kosten für Reparaturarbeiten am Privathaus des Unternehmers, die von den Mitarbeitern des Unternehmens durchgeführt wurden | 1.450,00 € | netto |
| 12. Jun. | Einkauf Waren, Kreditor 3, ER 160, | 1.850,00 € | netto |
| 13. Jun. | Abrechnung der USt und VSt; Banküberweisung | | |
| 14. Jun. | Zahlung Debitor 3; AR 23 mit 2 % Skonto | | |
| 15. Jun. | Lastschrift Leasingrate | 825,00 € | netto |
| 16. Jun. | Lastschrift Gewerbesteuer | 1.200,00 € | |
| 17. Jun. | Lastschrift Grundsteuer | 112,00 € | |
| 18. Jun. | Eingang Miete Garage; Bankeinzug | 80,00 € | netto |
| 19. Jun. | Kauf von 30 Aktien AGFA Kurs 18,10 + 2 % Spesen u. a. Kosten, Bankabrechnung | | |
| 20. Jun. | Jahresbeitrag Industrie- und Handelskammer | 530,00 € | |
| 21. Jun. | Barzahlung für die Transportkosten zur ER 160 | 148,75 € | brutto |
| 22. Jun. | Gutschrift von Kreditor 3 für Mängelrüge aus ER 160 | 220,00 € | netto |
| 23. Jun. | Barverkauf eines gebrauchten Schreibtisches | 80,00 € | netto |
| 24. Jun. | Überweisung an Kreditor 3, ER 160, 3 % Skonto | | |
| 25. Jun. | Privatentnahmen des Geschäftsinhabers (Bank) | 5.000,00 € | |
| 26. Jun. | Lastschrift Lizenz Januar bis Juni | 1.800,00 € | |
| 27. Jun. | Zinsabrechnung Darlehenskonto | 369,80 € | |
| 28. Jun. | Darlehensrate | 333,33 € | |
| 29. Jun. | Lastschrift Strom | 425,00 € | netto |
| 30. Jun. | Lastschrift Kontoführungsgebühren | 78,30 € | |

## Monat Juli

| | | | |
|---|---|---|---|
| 1. Jul. | Abrechnung Kraftstoff Juni | 199,00 € | netto |
| 2. Jul. | Dauerauftrag der Miete Geschäftsräume | 1.500,00 € | netto |
| 3. Jul. | Privatentnahme des Geschäftsinhabers | 4.000,00 € | |
| 4. Jul. | Bonusgutschrift; Kreditor 2 für das erste Halbjahr 20 % | 2.844,10 € | brutto |
| 5. Jul. | Verkauf Handelswaren, Debitor 4, AR 25 | 9.230,00 € | Warenwert, 10 % Treuerabatt, Leihverpackung 170,00 € netto, Verpackungskosten 30,00 € netto |
| 6. Jul. | ER 458, Verpackungsmaterial | 265,00 € | netto |
| 7. Jul. | Barzahlung der Speditionsrechnung zur AR 25 | 238,00 € | brutto |
| 8. Jul. | Einkauf Handelswaren, Kreditor 1, ER 711 | 2.195,34 € | brutto |
| 9. Jul. | Barzahlung ER 458 | | |
| 10. Jul. | Gutschrift für Rücksendung der Leihverpackung aus der AR 25 | | |
| 11. Jul. | Barzahlung der Speditionsrechnung zur ER 711 | 149,94 € | brutto |
| 12. Jul. | Banküberweisung für Vertriebsprovision | 1.249,50 € | brutto |
| 13. Jul. | Bankgutschrift von Debitor 4 für AR 25 | | |
| 14. Jul. | Bonusgutschrift; Debitor 6 für das Halbjahr 10 % | 480,76 € | brutto |
| 15. Jul. | Lastschrift Leasingrate | 825,00 € | netto |
| 16. Jul. | Barverkauf Handelswaren | 1.240,00 € | netto |
| 17. Jul. | Banküberweisung an Kreditor 1, ER 711, 2 % Skonto | | |
| 18. Jul. | Eingang Miete Garage; Bankeinzug | 80,00 € | netto |
| 19. Jul. | Telekom | 235,00 € | netto |
| 20. Jul. | Bareinkauf Bürostuhl | 156,00 € | netto |
| 21. Jul. | Warenentnahme durch Geschäftsinhaber | 150,00 € | netto |
| 22. Jul. | Bankgutschrift Einkommensteuererstattung des Unternehmers | 2.300,00 € | |
| 23. Jul. | Einkauf Handelswaren, Kreditor 3, ER 589 | 1.904,00 € | brutto |
| 24. Jul. | Banklastschrift Betriebshaftpflichtversicherung | 330,00 € | |
| 25. Jul. | Bareinzahlung Bank | 200,00 € | |
| 26. Jul. | Warenrücksendung an Kreditor 3; ER 589 | 321,30 € | brutto |
| 27. Jul. | Gutschrift wegen Mängelrüge, Kreditor 3, ER 589 | 255,85 € | brutto |
| 28. Jul. | ER W 276, Kosten für Plakate | 120,00 € | netto |
| 29. Jul. | Darlehensrate Juli | 333,33 € | |
| 30. Jul. | Banküberweisung ER W 276 | | |
| 31. Jul. | Umsatzsteuervorauszahlung | 660,00 € | |

## Monat August

|  |  |  | |
|---|---|---|---|
| 1. Aug. | Abrechnung Kraftstoff Juli | 175,00 € | netto |
| 2. Aug. | Dauerauftrag der Miete Geschäftsräume | 1.500,00 € | netto |
| 3. Aug. | Verkauf Handelswaren; Debitor 2; AR 29 | 4.350,00 € | Warenwert; Rabatt 15%; Verpackungskosten 42,00 € |
| 4. Aug. | Einkauf Handelswaren, Kreditor 5; ER 612 | 990,00 € | netto |
| 5. Aug. | Überweisung ER 589, Kreditor 3; | | |
| 6. Aug. | Barzahlung Speditionsrechnung für AR 29 | 95,20 € | brutto |
| 7. Aug. | Gutschrift für Mängelrüge ER 612 | 135,66 € | brutto |
| 8. Aug. | Barverkauf gebrauchter Pkw | 2.500,00 € | netto |
| 9. Aug. | Banküberweisung von Debitor 2; AR 29, 2% Skonto | | |
| 10. Aug. | Bankeinzug Fachzeitschrift | 69,60 € | brutto |
| 11. Aug. | Banküberweisung an privates Bankkonto des Unternehmers | 500,00 € | |
| 12. Aug. | Überweisung an Kreditor 5; ER 612 | | |
| 13. Aug. | Barverkauf Handelswaren | 435,54 € | brutto |
| 14. Aug. | Abrechnung der UST/VST; Banküberweisung | | |
| 15. Aug. | Lastschrift Leasingrate | 825,00 € | netto |
| 16. Aug. | Barzahlung Aushilfslöhne | 400,00 € | |
| 17. Aug. | Verkauf Handelswaren, Debitor 7; AR 30 | 6.700,00 € | netto |
| 18. Aug. | Eingang Miete Garage; Bankeinzug | 80,00 € | netto |
| 19. Aug. | Telekom | 235,00 € | netto |
| 20. Aug. | Barzahlung Kaminkehrer | 130,00 € | netto |
| 21. Aug. | ER 924, Reinigungskosten | 2.460,00 € | netto |
| 22. Aug. | Warenentnahme durch Unternehmer | 319,00 € | netto |
| 23. Aug. | Wir gewähren Debitor 7 nachträglich einen Treuerabatt von 15% auf die AR 30. | | |
| 24. Aug. | Warenrücksendung v. Debitor 8, AR 30 | 175,00 € | netto |
| 25. Aug. | Banküberweisung ER 924 | | |
| 26. Aug. | Banküberweisung v. Debitor 8; AR 30; 2% Skonto | | |
| 27. Aug. | Barkauf Kopierpapier | 65,00 € | netto |
| 28. Aug. | Einkauf Handelswaren, Kreditor 8; ER 523 | 2.900,00 € | netto |
| 29. Aug. | Barzahlung Fracht für ER 523 | 123,10 € | brutto |
| 30. Aug. | Darlehensrate August | 333,33 € | |
| 31. Aug. | Banküberweisung an Kreditor 8; ER 523, 3% Skonto | | |

# Anhang

## Handwerkskarte

Name/Firma     Betriebs-Nr. 37 180

Otto Seelmann
Bergwerkstr. 14
82380 Peißenberg

ist am 1. September 2003
mit einem Betrieb des

Gärtner-

Handwerks
in die Handwerksrolle eingetragen worden.

**Handwerkskammer Reutlingen**

Präsident  Hauptgeschäftsführer

Hecht                Haaß

Beglaubigt:

---

Kennziffern:
1 = Inhaber
7 = Geschäftsführer u. Betriebsleiter
5 = Inhaber u. Betriebsleiter
2 = Betriebsleiter
6 = Gesellschafter u. Betriebsleiter

Geburtsdatum/Geburtsort

5   Otto Seelmann
    Gärtnermeister
    08.11.1960 Immenstadt (Allgäu)

Unterschrift der/des Inhaber(s) oder Geschäftsführer(s)

Bei Löschung in der Handwerksrolle ist die Handwerkskarte nach § 13 Abs. 4 des Gesetzes zur Ordnung des Handwerks (HwO) an die Handwerkskammer zurückzugeben.

Bitte Rückseite beachten

| Name der entgegennehmenden Gemeinde | Gemeindekennzahl | GewA 1 |
|---|---|---|
| 82380 Peißenberg | 437053 | |

**Gewerbe-Anmeldung** nach § 14 GewO oder § 55c GewO

Bitte mit Schreibmaschine oder in Blockschrift vollständig und gut lesbar ausfüllen sowie die zutreffenden Kästchen ankreuzen.

**Angaben zum Betriebsinhaber**: Bei Personengesellschaften (z.B. OHG) ist für jeden geschäftsführenden Gesellschafter ein eigener Vordruck auszufüllen. Bei juristischen Personen ist bei Feld Nr. 3 bis 9 und Feld Nr. 30 und 31 der gesetzliche Vertreter anzugeben (bei inländischer AG wird auf diese Angaben verzichtet). Die Angaben für weitere gesetzliche Vertreter zu diesen Nummern sind auf der Rückseite des Vordrucks oder einem Beiblatt oder weiteren Vordrucken gemacht.

1. Im Handels-, Genossenschafts- oder Vereinsregister eingetragener Name:
   **Pflanzen- und Gartenservice Otto Seelmann e. K.**

2. Ort und Nummer der Eintragung:

3. Familienname: **Seelmann**
4. Vornamen: **Otto**
5. Geburtsname (nur bei Abweichung vom Familiennamen):
6. Geburtsdatum: **08.11.65**
7. Geburtsort (Ort, Kreis Land): **Peißenberg**
8. Staatsangehörigkeit: deutsch [X] andere:
9. Anschrift der Wohnung (Strasse, Haus-Nr., PLZ, Ort):

**Angaben zum Betrieb**

10. Zahl der geschäftsführenden Gesellschafter (nur bei Personengesellschaften) / Zahl der gesetzlichen Vertreter (nur bei juristischen Personen)
11. Vertretungsberechtigte Person (nur bei inländischen Aktiengesellschaften, Zweigniederlassungen und unselbständigen Zweigstellen)
12. Anschrift der Betriebsstätte (Strasse, Haus-Nr.): **Bergwerkstr. 14, 82380 Peißenberg**
    Telefon-Nr. **08803 498090**
    Telefax-Nr. **08803 60980**
13. Anschrift der Hauptniederlassung (Strasse, Haus-Nr. PLZ, Ort):
14. Anschrift der früheren Betriebsstätte (Strasse, Haus-Nr., PLZ, Ort):
15. Angemeldete Tätigkeit (genau angeben z. B. Herstellung von Möbeln, Elektroinstallationen und Elektroeinzelhandel, Grosshandel mit Lebensmitteln usw.): Bei mehreren Tätigkeiten bitte Schwerpunkt unterstreichen
    **Einzelhandelsgesellschaft für Pflanzen- und Gartenzubehör, Dienstleistungen**
17. Datum des Beginns der angemeldeten Tätigkeit: **01.09.2003**
18. Art des angemeldeten Betriebes: Industrie / Handwerk / Handel / Sonstiges
19. Anzahl der voraussichtlich im angemeldeten Betrieb beschäftigten Arbeitnehmer:
20. eine Hauptniederlassung / eine Zweigniederlassung / eine unselbständige Zweigstelle
21. ein Automatenaufstellungsgewerbe
22. ein Reisegewerbe
23. Neuerrichtung des Betriebes
24. Übernahme eines bereits bestehenden Betriebes (z.B. durch Kauf, Pacht, Erbfolge, Änderung der Rechtsform, Gesellschaftereintritt)
26. Name des früheren Betriebsinhabers (falls bekannt)

Falls der Betriebsinhaber für die angemeldete Tätigkeit eine Erlaubnis benötigt, in die Handwerksrolle einzutragen oder Ausländer ist:

28. Liegt eine Erlaubnis vor? Ja, erteilt am / von (Behörde): / Nein
29. Liegt eine Handwerkskarte vor? Ja, ausgestellt am / von (Handwerkskammer): / Nein
30. Liegt eine Aufenthaltsgenehmigung vor? Ja, erteilt am/von (Behörde): / Nein
31. Die Aufenthaltsgenehmigung enthält keine Auflage oder Beschränkung / enthält folgende Auflage oder Beschränkung: / Nein

Hinweis: Diese Anzeige berechtigt nicht zum Beginn des Gewerbebetriebes, wenn noch eine Erlaubnis oder eine Eintragung in die Handwerksrolle notwendig ist. Zuwiderhandlungen können mit Geldbusse oder Geldstrafe oder Freiheitsstrafe geahndet werden. Die Fortsetzung eines derartigen Betriebes kann verhindert werden.

32. (Datum) **01.09.2003**
33. (Unterschrift) *Otto Seelmann*

An die entgegennehmende Gemeinde
Gebühr: **20,00 €**

Peißenberg, 01.09.2003
Ort, Datum

Stempel
Unterschrift (Behörde)

# Agrarbedarf und Baumschule
# WENNEKAMP · GMBH

Wennekamp GmbH · Ludwig-Dill-Straße 28 · 85221 Dachau

Pflanzen- und Gartenservice
Otto Seelmann e. K.
Bergwerkstr. 14
82380 Peißenberg

EINGEGANGEN
02. September 200x

Ludwig-Dill-Straße 28
85221 Dachau
Tel. 08131-735673
Fax 08131-80383
Agra.Baum@wennekamp.com

Raiffeisenbank Dachau
BLZ 700 915 00
Konto-Nr. 123 123 123

USt-IdNr.: DE 12345678

## Rechnung

| Ihre Bestellung | vom | Kunden-Nr. | Rechnungs-Nr. | Rechnungs- u. Lieferdatum |
|---|---|---|---|---|
| 5879 | 25. Aug. 200x | 22 | 428 | 1. Sept. 200x |

| | | | |
|---|---|---|---|
| 2 Rotbuche | 167,80 € | 335,60 € | |
| 2 Baumwachs | 12,80 € | 25,60 € | |
| Nettosumme | | 361,20 € | |
| USt | 7,00 % | 23,49 € | |
| USt | 19,00 % | 4,86 € | |
| Rechnungsbetrag | | 389,55 € | **389,55 €** |

Sonderkonditionen zur Einführung
30 Tage netto
14 Tage 3 % Skonto ab Rechnungsdatum

| Warenwert 7 % | Warenwert 19 % | USt |
|---|---|---|
| 335,60 € | 25,60 € | 28,35 |

| | | |
|---|---|---|
| Raiffeisenbank Dachau | Geschäftsführerin | USt-IdNr.: |
| BLZ 700 915 00 | Hilke Wennekamp | DE 12345678 |
| Konto-Nr. 123 123 123 | Amtsgericht München | Steuer-Nr.: |
| IBAN DE08 7009 1500 0123 1231 23 | HRB 8847 | 010/1234/5432 |

## Pflanzen- und Gartenservice Otto Seelmann
www.PflanzenGarten-Seelmann.de

Pflanzen u. Gartenservice · Otto Seelmann e. K. · Bergwerkstr. 14 · 82380 Peißenberg

Bergwerkstraße 14
82380 Peißenberg
Tel. 08803-498090
Fax 08803-60980
pflanzengarten@seelmann.de

**Rigi Peißenberg GmbH**
**Forsterstraße 19**
**82380 Peißenberg**

| Kunden-Nr. | Rechnungs-Nr. | Bestell-Nr. | Rechnungs- u. Lieferdatum |
|---|---|---|---|
| 240001 | AR 1 | BN 1 | 1. Sept. 200x |

Sehr geehrter Herr Schnitzer,
vielen Dank für Ihren Auftrag, den wir wie folgt berechnen:

| Anzahl | Text | | Einzelpreis | Gesamtpreis |
|---|---|---|---|---|
| 2 | Rotbuche | | 230,67 € | 461,34 € |
| 2 | Baumwachs | | 16,92 € | 33,84 € |
| | USt | 7 % | | 32,29 € |
| | USt | 19 % | | 6,43 € |
| **Gesamtbetrag** | | | | **533,91 €** |

Wir danken für Ihren Auftrag.

Zahlungsbedingungen: 15 Tage rein netto
10 Tage 2 % Skonto ab Rechnungsdatum

Raiffeisenbank Weilheim
BLZ 701 696 92
Konto-Nr. 114 357 200
IBAN DE60 7016 9692 0114 3572 00

Postbank München
BLZ 700 100 80
Konto-Nr. 28 143 587

Gesellschafter
Otto Seelmann
HRA 86551
München

USt-IdNr.:
DE 1269955311
Steuer-Nr.:
168/119/14222

# Anhang

## Agrarbedarf und Baumschule
## WENNEKAMP · GMBH

Wennekamp GmbH · Ludwig-Dill-Straße 28 · 85221 Dachau

Pflanzen- und Gartenservice
Otto Seelmann e. K.
Bergwerkstr. 14
82380 Peißenberg

**EINGEGANGEN**
03. September 200x

Ludwig-Dill-Straße 28
85221 Dachau
Tel. 08131-735673
Fax 08131-80383
Agra.Baum@wennekamp.com

Raiffeisenbank Dachau
BLZ 700 915 00
Konto-Nr. 123 123 123

USt-IdNr.: DE 12345678

### Rechnung

| Ihre Bestellung | vom | Kunden-Nr. | Rechnungs-Nr. | Rechnungs- u. Lieferdatum |
|---|---|---|---|---|
| 5880 | 26. Aug. 200x | 22 | 429 | 2. Sept. 200x |

| | | | | |
|---|---|---|---|---|
| 10 | Mandelbäumchen | Stamm | 12,30 € | 123,00 € |
| 10 | Rhododendron | 50 cm | 10,40 € | 104,00 € |
| | | | | 227,00 € |
| | | | 7 % | 15,89 € |
| | | | 388,79 € | 242,89 € |

Zur Eröffnung versandkostenfrei

---

## Pflanzen- und Gartenservice Otto Seelmann
### www.PflanzenGarten-Seelmann.de

Pflanzen u. Gartenservice · Otto Seelmann e. K. · Bergwerkstr. 14 · 82380 Peißenberg

Grainau-Plast GmbH
Zugspitzstraße 12
D 82491 Grainau

Bergwerkstraße 14
82380 Peißenberg
Tel. 08803-498090
Fax 08803-60980
pflanzengarten@seelmann.de

Raiffeisenb
BLZ 700 915
Konto-Nr. 1
IBAN DE08

| Kunden-Nr. | Rechnungs-Nr. | Bestell-Nr. | Rechnungs- u. Lieferdatum |
|---|---|---|---|
| 240002 | AR 2 | BN 2 | 2. Sept. 200x |

Sehr geehrte Frau Dr. Holter,
vielen Dank für Ihren Auftrag, den wir wie folgt berechnen:

| Anzahl | Text | | Einzelpreis | Gesamtpreis |
|---|---|---|---|---|
| 20 | Prunus laur. Caucasica (Winterharter Kirschlorbeer) | 40 cm | 4,99 € | 99,80 € |
| 10 | Prunus laur. Caucasica (Winterharter Kirschlorbeer) | 150 cm | 19,99 € | 199,90 € |
| 8 | Modaflor NaturTorf | 150 l | 10,64 € | 85,12 € |
| | Warenwert | | | 384,82 € |
| | | USt | 7 % | 20,98 € |
| | | USt | 19 % | 16,17 € |
| **Gesamtbetrag** | | | | **421,97 €** |

Zahlungsbedingungen netto fünfzehn Tage ab Rechnungsdatum
Sonderpreise ohne Skontogewährung

# LUX GmbH  Beleuchtung

LUX GmbH · Artilleriestr. 25 · 91052 Erlangen

Pflanzen- und Gartenservice
Otto Seelmann e. K.
Bergwerkstr. 14
82380 Peißenberg

Artilleriestr. 25
91052 Erlangen
Tel. 09131-53430
Fax 09131-534344
Lux@web.de

| Ihre Bestellung vom | Kunden-Nr. | Rechnungs-Nr. | Rechnungs- u. Lieferdatum |
|---|---|---|---|
| 7891   26. Aug. 200x | 310 | 510 | 3. Sept. 200x |

## Rechnung

Sehr geehrter Herr Seelmann,
wir bedanken uns für Ihren Auftrag und stellen ihn wie folgt in Rechnung.

| | | |
|---|---|---|
| 20 Gartenleuchten | 35,00 € | 700,00 € |
| USt | 19 % | 133,00 € |
| **Gesamtbetrag** | | **833,00 €** |

Zahlungsbedingungen:
 8 Tage         2 %
30 Tage        netto ab Rechnungsdatum

Sparkasse Erlangen
BLZ 763 500 00
Konto-Nr. 74 658 928
IBAN DE65 7635 0000 0746 5890 28

Geschäftsführerin
Dr. Margot Miller
HRB 6672 Erlangen

USt-IdNr.:
DE 77356875
Steuer-Nr.: 168/374/15507

# Zimmerpflanzen · Karla Grünwald GmbH

Zimmerpflanzen · Karla Grünwald GmbH · Schulestr. 7 · 96450 Coburg

Pflanzen- und Gartenservice
Otto Seelmann e. K.
Bergwerkstr. 14
82380 Peißenberg

Schulestr. 7
96450 Coburg
Tel. 09561-69520
Fax 09561-79020
Karla@zimmerpflanzen.com

Bankverbindung
Volksbank Coburg
BLZ 770 918 00
Kto.-Nr. 8 764 472

USt-IdNr.: DE 12345678

## Rechnung

| Ihre Bestellung | vom | Kunden-Nr. | Rechnungs-Nr. | Rechnungs- u. Lieferdatum |
|---|---|---|---|---|
| 5880 | 3. Sept. 200x | 48 | 6411 | 5. Sept. 200x |

| Position | Anzahl | Artikel | | Einzelpreis | Gesamtpreis |
|---|---|---|---|---|---|
| 1 | 4 | Phönix canariensis Dattelpalme | 20 cm | 9,99 € | 39,96 € |
| 2 | 2 | Cycas revoluta Palmfarn | | 39,99 € | 79,98 € |
| 3 | 3 | Solanum rantonetti EnzianBaum | 70 cm | 16,99 € | 50,97 € |
| 4 | 10 | Orangenbaum | 30 cm | 17,47 € | 174,70 € |
| 5 | 5 | Quamquattbaum | 30 cm | 19,60 € | 98,00 € |
| 6 | 5 | Mandarinenbaum | 30 cm | 17,47 € | 87,35 € |
| 7 | 2 | Strahlenaralie | | 1,32 € | 2,64 € |
| 8 | 5 | Birkenfeige | 30 cm | 2,07 € | 10,35 € |
| 9 | 5 | Zypern-Gras | | 3,49 € | 17,45 € |
| 10 | 2 | Zimmerbuchs | 30 cm | 2,79 € | 5,58 € |
| 11 | 5 | Elatiorbegonie | | 2,09 € | 10,45 € |
| 12 | 2 | Euphorbia triangularis | 25 cm | 10,49 € | 20,98 € |
| 13 | 4 | Melocactus | 30 cm | 13,99 € | 55,96 € |
| 14 | 1 | Purchira aquatan (Wollbaumgewächs) | 135 cm | 59,50 € | 59,50 € |
| 15 | 1 | Beaucarnia | 180 cm | 175,00 € | 175,00 € |
| 16 | 3 | Efeutute Scindapsus Aurea | 90 cm | 9,10 € | 27,30 € |
| 17 | 3 | Schefflera | 120 cm | 9,09 € | 27,27 € |
| 18 | 4 | Philodendron | 50 cm | 11,19 € | 44,76 € |
| 19 | 4 | Dracaena marginata | 130 cm | 14,69 € | 58,76 € |
| 20 | 4 | Howea forsteriana (Kenia-Palme) | 100 cm | 17,66 € | 70,64 € |
| | 74 | Colli | | | 1.117,60 € |
| | | Einführungsrabatt | | 15 % | 167,64 € |
| | | Nettopreis | | | 949,96 € |
| | | USt | | 7 % | 66,50 € |
| | | Rechnungsbetrag | | | 1.016,46 € |

| Zahlbetrag | Skonto brutto | | Skonto netto | |
|---|---|---|---|---|
| 985,96 € | 30,49 € | 1,99 € | 28,50 € | |

Zahlbar innerhalb 30 Tagen netto ab Rechnungsdatum. Sonderkondition: Valuta bis 30. Okt. 200x

# Kreis-Kurier GmbH

Kreis-Kurier · Hauptstr. 25 · 82380 Peißenberg

Pflanzen- und Gartenservice
Otto Seelmann e. K.
Bergwerkstr. 14
82380 Peißenberg

Hauptstr. 25
82380 Peißenberg
Tel. 08803-6072
Fax 08803-607210
KK-Peißenberg@web.de

| Ihr Bestellung | vom | Kunden-Nr. | Rechnungs- u. Lieferdatum |
|---|---|---|---|
| 2340 | 6. Sept. 200x | 387 | 8. Sept. 200x |

## Rechnungs-Nr. 233

**Werbung**
**Anzeige zur Eröffnung**

| Woche | Größe mm | Stichwort | Preis mm | Netto Rechnungsbetrag |
|---|---|---|---|---|
| 35 | 3/39 | Eröffnung | 0,8125 | 95,04 |
| + USt 19 % | | | | 18,06 |

| Rechnungspreis | 113,10 € |
|---|---|

15 Tage rein netto ab Rechnungsdatum.

Sparkasse Peißenberg
BLZ 703 510 30
Konto-Nr. 8 259 301 234
IBAN DE06 7035 1030 8259 3012 34

Geschäftsführer
Rita Schmidt
HRB 8694 München

USt-IdNr.:
DE 3875419

Steuer-Nr.:
168/152/52203

# Holz und Boden GmbH

Holz und Boden GmbH · Erlenmeyerstr. 3–5 · 63741 Aschaffenburg

Pflanzen- und Gartenservice
Otto Seelmann e. K.
Bergwerkstr. 14
82380 Peißenberg

Erlenmeyerstr. 3–5
63741 Aschaffenburg
Tel. 06021-424880
Fax 06021-424366
holzundboden@aol.com

Bankverbindung
Dresdner Bank
BLZ 795 800 99
Konto-Nr. 44 567 112

USt-IdNr: DE 24378822

## Rechnung

| Ihre Bestellung | vom | Kunden-Nr. | Rechnungs-Nr. | Rechnungs- u. Lieferdatum |
|---|---|---|---|---|
| 7819 | 1. Sept. 200x | 87 | 189 | 8. Sept. 200x |

Sehr geehrter Herr Seelmann,
für die Fußbodenverlegearbeiten berechnen wir:

Material Landhausdiele
Fläche  85,00 m$^2$

| | | | |
|---|---|---|---|
| | je m$^2$ | 62,61 € | 5.321,85 € |
| | Verlegen | 13,81 € | 1.173,85 € |
| | incl. Kleber | | |
| | Zwischensumme | | 6.495,70 € |
| | Vorarbeiten | | 504,30 € |
| | Nettowert | | 7.000,00 € |
| | USt | 19 % | 1.330,00 € |
| | **Rechnungsbetrag** | | **8.330,00 €** |

Zahlbar innerhalb 30 Tagen netto ab Rechnungsdatum.

Dresdner Bank
BLZ 795 800 99
Konto-Nr. 44 567 112
IBAN DE10 7958 0099 0445 6711 20

Geschäftsführer
Gabriele Pfeffer
HRB 8126 Würzburg

USt-IdNr.: DE 24378822
Steuer-Nr.: 168/130/77385

# A. & H. Gehrmann · Malerbetrieb GbR

A. & H. Germann · Malerbetrieb GbR · Zugspitzstraße 2 · 82380 Peißenberg

Pflanzen- und Gartenservice
Otto Seelmann e. K.
Bergwerkstr. 14
82380 Peißenberg

Zugspitzstraße 2
82380 Peißenberg
Tel. 08803-2660
Fax 08803-2660
a.h.g.@web.de

Raiffeisenbank Peißenberg
BLZ 701 696 02
Konto-Nr. 112 275 203

USt-IdNr.: DE 25415379

## Rechnung

| Ihre Bestellung/Auftrag | vom | Kunden-Nr. | Rechnungs-Nr. | Rechnungs-/Lieferdatum |
|---|---|---|---|---|
| 931 | 15. Aug. 200x | 47 | 561 | 9. Sept. 200x |

| Bezeichnung | Menge | Einzelpreis | Gesamt |
|---|---|---|---|
| Holz geschliffen | 8 h | 37,50 € | 300,00 € |
| Stickfix Schleifscheiben | 50 Stück | 28,75 € | 1.437,50 € |
| Holzunterschicht Öffnungen zwischen den Brettern dauerelastisch ausgefugt | 113,33 Lfm | 3,00 € | 339,99 € |
| zweimal Anstrich der Schirmdeckbretter | 6,05 m² | 9,00 € | 54,45 € |
| zweimal Anstrich der Holzunterschicht | 6,05 m² | 9,00 € | 54,45 € |
| einmal Anstrich der Schirmbretter | 16,88 m² | 4,50 € | 75,96 € |
| einmal Anstrich der Randdeckbretter | 8,00 m² | 4,50 € | 36,00 € |
| Fassade | 32,50 m² | 8,40 € | 273,00 € |
| Silicon-Harz-Farben-Anstrich | | | |
| Fenster und Türanschlüsse zum Mauerwerk dauerelastisch ausfugen | 70,00 Lfm | 3,00 € | 210,00 € |
| Materialverkauf | | | |
| Trebbit Oled erster Anstrich | 10 l | | 155,45 € |
| Demideck-Mix zweiter Anstrich | 10 l | | 182,25 € |
| Silicon-Harz-Farben getönt | 15 l | | 95,94 € |
| **Zwischensumme** | | | **3.214,99 €** |
| 2 x Außenwandanstrich lt. Angebot | | | 2.105,01 € |
| USt 19 % | | | 1.010,80 € |
| **Rechnungsbetrag** | | | **6.330,80 €** |

Zahlbar innerhalb 30 Tagen netto ab Rechnungsdatum.

Raiffeisenbank Peißenberg
BLZ 701 696 02
Konto-Nr. 112 275 203
IBAN DE05 7016 9602 0112 2752 03

Geschäftsführer
Anne Gehrmann

USt-IdNr.:
DE 25415379
Steuer-Nr.:
168/352/22478

# Leichtmetall Oberland AG

Leichtmetall Oberland AG · Bergwerkstraße 26 · 82380 Peißenberg

Pflanzen- und Gartenservice
Otto Seelmann e. K.
Bergwerkstr. 14
82380 Peißenberg

Bergwerkstraße 26
82380 Peißenberg
Tel. 08803-833
Fax 08803-60985
leichtmetall@oberlandmetall.de

| Bestellnummer | vom | Kunden-Nr. | Rechnungs-Nr. | Rechnungs-/Lieferdatum |
|---|---|---|---|---|
| 8322 | 8. Sept. 200x | 203 | 6634 | 9. Sept. 200x |

## Rechnung

| Artikelnummer | | Menge | Einzelpreis | |
|---|---|---|---|---|
| 1886 | Regalsystem Superorga | 10 | 45,00 € | 450,00 € |
| | | | 19 % | 85,50 € |
| | | | | 535,50 € |

Zahlung 7 Tage rein netto ab Rechnungsdatum.

*Bezahlt am 9. Sept. 200x durch EC-Karte.*
*Kontoauszug Nr. 1*

Raiffeisenbank Peißenberg
BLZ 701 969 02
Konto-Nr. 315 767 841
IBAN DE08 7016 9602 0315 7678 41

Geschäftsführerin
Martina Zarges
HRB 8905 München

USt-IdNr.:
DE 7154321

Steuer-Nr.:
DE 168/156/72384

# S·I·N·G·E·R
## Gartenbedarf

Singer Gartenbedarf e. K. · Frauenstraße 19 · 80469 München

Pflanzen- und Gartenservice
Otto Seelmann e. K.
Bergwerkstr. 14
82380 Peißenberg

Frauenstraße 19
80469 München
Tel. 089-23322796
Fax 089-2335540
Singer@gartenbedarf.com

| Bestellnummer | vom | Kunden-Nr. | Rechnungs-Nr. | Rechnungs-/Lieferdatum |
|---|---|---|---|---|
| 3877 | 9. Sept. 200x | 402 | 3224 | 10. Sept. 200x |

## Rechnung

Sehr geehrter Herr Seelmann,
wir bedanken uns für Ihren Auftrag und stellen Ihnen folgende Artikel in Rechnung:

| Artikelnummer | | Listenpreis | Anzahl | |
|---|---|---|---|---|
| 5678 | Gartenschere | 25,23 € | 3 | 75,69 € |
| 4555 | Spaten | 23,49 € | 2 | 46,98 € |
| 4556 | Schaufel | 14,79 € | 2 | 29,58 € |
| 6702 | Langstielaxt | | | |
| | USA Hickory | 31,32 € | 1 | 31,32 € |
| 4557 | Gabel | 14,79 € | 2 | 29,58 € |
| 4559 | Rechen | 8,70 € | 3 | 26,10 € |
| 8709 | Motorsense | 77,43 € | 1 | 77,43 € |
| Nettowarenwert | | | | 316,68 € |
| USt | | | 19 % | 60,17 € |
| **Rechnungsbetrag** | | | | **376,85 €** |

14 Tage rein netto ab Rechnungsdatum.

HypoVereinsbank München
BLZ 700 202 70
Konto-Nr. 116 280 344
IBAN DE07 7002 0270 0116 2803 44

HRA 87225 München

USt-IdNr.:
DE 832954

Steuer-Nr.:
147/212/63921

Spedition Holzer e. K. · Alpenstraße 45 · 87435 Kempten

Alpenstraße 45
87435 Kempten
Tel. 0831-25385241
Fax 0831-25385293
holzer.spedition@s.com

Pflanzen- und Gartenservice
Otto Seelmann e. K.
Bergwerkstr. 14
82380 Peißenberg

| Kundennummer | Rechnungsnummer | Rechnungs-/Lieferdatum | Auftragsnummer | Auftragsdatum | Bestellnummer |
|---|---|---|---|---|---|
| 439 | 1831 | 12. Sept. 200x | 245 | 3. Sept. 200x | 1253 |

## Rechnung

Für folgenden Speditionsauftrag:

Versender:   Pflanzen- und Gartenservice Otto Seelmann e. K., Bergwerkstr. 14, 82380 Peißenberg
Empfänger:   Bauservice GmbH, Wilhelm-Köhler-Straße 40, 86956 Schongau

Frachtpapiere:   Nr. 8675
                 Gewicht: 0,5 t     Transport: diverse Pflanzen

                 Strecke: 20 km

berechnen wir Ihnen laut Anlage:
Kundensatz/Frachtübernahme:                                          89,00 €

                          Nettopreis                                  89,00 €
                          + Umsatzsteuer    19 %                      16,91 €
                          Rechnungsbetrag                            105,91 €

Betrag bar am 12. Sept. 200x dankend erhalten.

*Holzer*

Hypovereinsbank Kempten        HRA 85067 Kempten      USt-IdNr.:         Steuer-Nr.:
BLZ 733 200 73                                        DE 519321         127/787/42901
Konto-Nr. 120 444 115
IBAN DE06 7332 0073 0120 4441 15

# Anhang

## Pflanzen- und Gartenservice Otto Seelmann
www.PflanzenGarten-Seelmann.de

Pflanzen u. Gartenservice · Otto Seelmann e. K. · Bergwerkstr. 14 · 82380 Peißenberg

Bergwerkstraße 14
82380 Peißenberg
Tel. 08803-498090
Fax 08803-60980
pflanzengarten@seelmann.de

Bauservice GmbH
Wilhelm-Köhler-Straße 40
86956 Schongau

| Kunden-Nr. | Rechnungs-Nr. | Bestell-Nr. | Rechnungs- u. Lieferdatum |
|---|---|---|---|
| 240004 | AR 3 | 1253 | 12. Sept. 200x |

### Rechnung

Sehr geehrter Herr Schiller,
vielen Dank für Ihren Auftrag, den wir wie folgt berechnen:

| Menge | Text | Größe | Einzelpreis | Gesamt |
|---|---|---|---|---|
| 4 | Platanus acerifolia | 380 cm | 161,68 € | 646,73 € |
| 4 | gelbe Säulenzypresse | 60 cm | 2,43 € | 9,72 € |
| 2 | St. Julienne, wilde Pflaume | 60 cm | 5,61 € | 11,21 € |
| 10 | Colli | | | 667,66 € |
| USt | | | 7 % | 46,74 € |
| Rechnungsbetrag | | | | 714,40 € |

Zahlungsbedingungen: rein netto

---

## Direkt Printer GmbH

Direkt Printer GmbH · Sonnenstr. 25 · 82380 Peißenberg

Sonnenstr. 25
82380 Peißenberg
Tel. 08803-77945
Fax 08803-77950
info@direktprinter.de

Pflanzen- und Gartenservice
Otto Seelmann e. K.
Bergwerkstr. 14
82360 Peißenberg

| Ihre Bestellung | Bestell-Nr. | Rechnungs-/Lieferdatum |
|---|---|---|
| 12. Sept. 200x | 315 | 14. Sept. 200x |

### Rechnung 125

| | | |
|---|---|---|
| 1 | Lexmark Optra T110 | 535,86 € |
| | + 19 % USt | 101,81 € |
| | Rechnungsbetrag | 637,67 € |

# TORF & ERDEN OHG

Torf & Erden OHG · Bodenseestraße 41 · 87700 Memmingen

Pflanzen- und Gartenservice
Otto Seelmann e. K.
Bergwerkstr. 14
82380 Peißenberg

Bodenseestraße 41
87700 Memmingen
Tel. 08331-96490
Fax 08331-71030
Torf_Erden@memmingen.com

| Ihre Bestellung vom | Bestell-Nr. | Kunden-Nr. | Rechnungs-Nr. | Rechnungs-/Lieferdatum |
|---|---|---|---|---|
| 12. Sept. 200x | 4925 | 256 | 963 | 15. Sept. 200x |

## Rechnung

Sehr geehrter Herr Seelmann,
für unsere Lieferung vom 12. Sept. 200x stellen wir folgende Posten in Rechnung:

| Einheiten | Bezeichnung | Mengen | Einzelpreis | Gesamt |
|---|---|---|---|---|
| 3 | Modatur-Mist-Kompost Wirtschafts-Dünger | 80 l | 13,00 € | 39,00 € |
| 3 | Modabork Rindenmulch Bodenhilfsstoff | 80 l | 5,50 € | 16,50 € |
| 3 | Balkonkastenerde Kultursubstrat | 80 l | 11,00 € | 33,00 € |
| 5 | Rindenhumus Kultursubstrat | 80 l | 9,00 € | 45,00 € |
| 5 | Rosenlehmerde Kultursubstrat | 40 l | 10,00 € | 50,00 € |
| 2 | Moorbeeterde Kultursubstrat | 80 l | 10,00 € | 20,00 € |
| 2 | Kohlensaurer Kalk 80 % $CaCO_3$ 5% $MgCO_3$ | 40 kg | 10,00 € | 20,00 € |
| 4 | Vertikutiersubstrat Kultursubstrat | 25 kg | 12,00 € | 48,00 € |
| 2 | Modalava Urgesteins Granulat Bodenhilfsstoff | 40 kg | 11,00 € | 22,00 € |
| 2 | Hornspäne 14 Prozent organisch gebundener Stickstoff | 10 kg | 17,00 € | 34,00 € |
| 5 | Moderflor Naturtorf | 150 l | 12,00 € | 60,00 € |
| 50 | Grassamen | 1 kg | 5,00 € | 250,00 € |
| | Nettobetrag: | | | 637,50 € |
| | USt | | 19 % | 121,13 € |
| | **Rechnungssumme:** | | | **758,63 €** |

7 Tage 3 % Skonto, 14 Tage netto ab Rechnungsdatum

| Volksbank Memmingen | Geschäftsführer | USt-IdNr.: | Steuer-Nr.: |
|---|---|---|---|
| BLZ 731 900 00 | Dr. Heinz Wolff | DE 5613217 | 138/146/32790 |
| Konto-Nr. 834 776 120 | HRA 81229 Memmingen | | |
| IBAN DE07 7319 0000 0834 7761 20 | | | |

# Rabuk Rabhamsi – Schreibwarenhandel e. K.

Rabuk Rabhamsi – Schreibwarenhandel · Bergstr. 38 · 82380 Peißenberg

Pflanzen- und Gartenservice
Otto Seelmann e. K.
Bergwerkstr. 14
82380 Peißenberg

Inhaberin:
Sylvia Schmidt
Tel. 08803-2563
Fax 08803-2563
rabrab@t-online.de

| Ihre Bestellung vom | Bestell-Nr. | Kunden-Nr. | Rechnungs-Nr. | Rechnungs-/Lieferdatum |
|---|---|---|---|---|
| 14. Sept. 200x | 3250 | 35 | 25 | 15. Sept. 200x |

## Rechnung

Diverse Schreibwaren

| | |
|---|---|
| Rechnungsbetrag incl. USt | 38,44 € |

Volksbank Weilheim
BLZ 701 696 92
Konto-Nr. 115 787 100
IBAN DE06 7016 9692 1157 8710 00

USt-IdNr.:
DE 5389216
HRA 86442 Weilheim

Steuer-Nr.:
168/134/46125

# AUGSBURGER TÖPFEREI

Augsburger Töpferei GbR · Alter Postweg 86a · 86159 Augsburg

Pflanzen- und Gartenservice
Otto Seelmann e. K.
Bergwerkstr. 14
82380 Peißenberg

Alter Postweg 86a
86159 Augsburg
Tel. 0821-32418203
Fax 0821-32418205
Ausburger.Toepferei@compuserve.de

| Ihre Bestellung vom | Bestell-Nr. | Kunden-Nr. | Rechnungs-Nr. | Rechnungs-/Lieferdatum |
|---|---|---|---|---|
| 11. Sept. 200x | 1480 | 175 | 1011 | 15. Sept. 200x |

## Rechnung

Sehr geehrter Herr Seelmann,
vielen Dank für Ihren Auftrag, den wir wie folgt berechnen:

| Menge | Text | Preis je Stück | Gesamtpreis |
|---|---|---|---|
| 15 | Übertopf emailliert Metall verschiedene Farben D. 16 Zentimeter 14 Zentimeter hoch | 1,62 € | 24,25 € |
| 15 | Übertopf Kunststoff für Blumentöpfe des D. 9 cm 20 Zentimeter hoch; 21 mal 13 Zentimeter 20 Zentimeter hoch | 5,17 € | 77,59 € |
| 10 | Übertopf gar siehe der Steinzeit mit verschiedenen Mustern D. 14 Zentimeter 13 Zentimeter hoch | 1,91 € | 19,07 € |
| 10 | Übertopf Terrakotta D. 30 Zentimeter 67 Zentimeter hoch | 25,22 € | 252,16 € |
| 10 | Übertopf weiß glasiertes Steinzeug D. 30 cm 67 Zentimeter hoch | 25,22 € | 252,16 € |
| 10 | Übertopf galvanisiert Metall D. 44 Zentimeter 41 Zentimeter hoch | 18,10 € | 181,03 € |
| 20 | Übertopf Terrakotta D. 16 cm 18 Zentimeter hoch | 2,55 € | 51,08 € |
| 20 | Übertopf Terrakotta D. 21 cm 28 Zentimeter hoch | 4,26 € | 85,22 € |
| 20 | Übertopf Terrakotta D. 30 Zentimeter 28 Zentimeter hoch | 5,79 € | 115,73 € |
| 20 | Übertopf mit Griffen Kunststoff für Blumen Töpfe bis D. 31 Zentimeter 27 cm hoch | 3,85 € | 76,94 € |
| | Zwischensumme | | 1.135,22 € |
| | USt | 19 % | 215,69 € |
| | **Gesamtsumme** | | **1.350,91 €** |

Zahlungsbedingungen: 7 Tage  3 % Skonto     21 Tage netto ab Rechnungsdatum

| Deutsche Bank Augsburg | Geschäftsführerin | USt-IdNr.: | Steuer-Nr.: |
|---|---|---|---|
| BLZ 720 700 01 | Jutta Matthes | DE 7932846 | 103/017/32635 |
| Konto-Nr. 190 225 378 | | | |
| IBAN DE06 7207 0001 0190 2253 78 | | | |

# Anhang

**Pflanzen- und Gartenservice Otto Seelmann**
www.PflanzenGarten-Seelmann.de

Pflanzen u. Gartenservice · Otto Seelmann e. K. · Bergwerkstr. 14 · 82380 Peißenberg

Bergwerkstraße 14
82380 Peißenberg
Tel. 08803-498090
Fax 08803-60980
pflanzengarten@seelmann.de

Frau
Simone Rauch
Sankt-Johann-Straße 34
82386 Huglfing

| Kunden-Nr. | Rechnungs-Nr. | Bestell-Nr. | Rechnungs- u. Lieferdatum |
|---|---|---|---|
| 240006 | AR 4 | 1278 | 19. Sept. 200x |

## Rechnung

Sehr geehrte Frau Rauch,
vielen Dank für Ihren Auftrag, den wir wie folgt berechnen:

| Menge | Text | Einzelpreis | Gesamt |
|---|---|---|---|
| 2 | Übertopf emailliert Metall verschiedener Farben D. 16 Zentimeter 14 Zentimeter hoch | 1,72 € | 3,44 € |
| 4 | Übertopf Kunststoff für Blumentöpfe des D. 9 cm 20 Zentimeter hoch; 21 mal 13 Zentimeter 20 Zentimeter hoch | 6,90 € | 27,60 € |
| 2 | Übertopf glasierter Stein mit verschiedenen Mustern D. 14 Zentimeter 13 Zentimeter hoch | 2,54 € | 5,08 € |
| 5 | Übertopf Terrakotta D. 30 Zentimeter 67 Zentimeter hoch | 33,62 € | 168,10 € |
| 4 | Übertopf galvanisiert Metall D. 44 Zentimeter 41 Zentimeter hoch | 24,14 € | 96,56 € |
| | 17 Colli | | 300,78 € |
| | USt 19 % | | 57,15 € |
| | Rechnungsbetrag | | 357,93 € |

---

## Quittung

| | |
|---|---|
| Netto EUR | 10 | 47 |
| + 19 % MwSt./EUR | 1 | 99 |
| Nr. 325 | | |
| Gesamt EUR | 12 | 46 |

EUR in Worten: zwölf –    Cent wie oben

von: Pflanzen- und Gartenservice Otto Seelmann e. K.
für: Schreibwaren

dankend erhalten.

Ort/Datum: Peißenberg, 21. Sept. 200x    RABUK RABHAMSI    Schmidt

Buchungsvermerke    Stempel/Unterschrift des Empfängers

# Garten Großhandel KG

Garten Großhandel KG · Eilgutstraße 10 · 90443 Nürnberg

Pflanzen- und Gartenservice
Otto Seelmann e. K.
Bergwerkstr. 14
82380 Peißenberg

Eilgutstraße 10
90443 Nürnberg
Tel. 0911-221313
Fax 0911-2148058
Garten.GH@nürnberg.com

| Ihre Bestellung vom | Bestell-Nr. | Kunden-Nr. | Rechnungs-Nr. | Rechnungs-/Lieferdatum |
|---|---|---|---|---|
| 14. Sept. 200x | 3980 | 191 | 582 | 24. Sept. 200x |

## Rechnung

Sehr geehrter Herr Seelmann,
vielen Dank für Ihren Auftrag, den wir wie folgt berechnen:

| Menge | Text | Einzelpreis | | Gesamt |
|---|---|---|---|---|
| 50 | Viola Patiola | 1,10 € | | 55,00 € |
| 4 | Ziersträucher | 3,00 € | | 12,00 € |
| 3 | Rhododendron | 4,20 € | | 12,60 € |
| Warenwert | | | | 79,60 € |
| USt | | | 7 % | 5,57 € |
| | | | | 85,17 € |

14 Tage rein netto Kasse ab Rechnungsdatum

| Dresdner Bank Nürnberg | USt-IdNr.: | Steuer-Nr.: | Komplementär: |
|---|---|---|---|
| BLZ 760 800 40 | DE 7194321 | 238/886/52610 | Friedrich Kurz |
| Konto-Nr. 380 725 664 | | | HRA 81513 Nürnberg |
| IBAN DE06 7608 0040 0380 7256 64 | | | |

### Anhang

# Kreis-Kurier GmbH

Kreis-Kurier · Hauptstr. 25 · 82380 Peißenberg

Pflanzen- und Gartenservice
Otto Seelmann e. K.
Bergwerkstr. 14
82380 Peißenberg

Hauptstr. 25
82380 Peißenberg
Tel. 08803-6072
Fax 08803-607210
KK-Peißenberg@web.de

| Ihr Bestellung | vom | Kunden-Nr. | Rechnungs- u. Lieferdatum |
|---|---|---|---|
| 2785 | 25. Sept. 200x | 387 | 26. Sept. 200x |

Rechnung-Nr. 285

Werbung
Anzeige

| Woche | Größe | | Preis |
|---|---|---|---|
| 37 | 3/50 | netto Rechnungsbetrag Sonderpreis | 126, 00 € |
| | | + USt 19 % | 23,94 € |
| Rechnungsbetrag | | | 149,94 € |

Zahlungsbedingungen: 15 Tage rein netto ab Rechnungsdatum

# Agrarbedarf und Baumschule
# WENNEKAMP · GMBH

Wennekamp GmbH · Ludwig-Dill-Straße 28 · 85221 Dachau

Pflanzen- und Gartenservice
Otto Seelmann e. K.
Bergwerkstr. 14
82380 Peißenberg

Ludwig-Dill-Straße 28
85221 Dachau
Tel. 08131-735673
Fax 08131-80383
Agra.Baum@wennekamp.com

Raiffeisenbank Dachau
BLZ 700 915 00
Konto-Nr. 123 123 123

USt-IdNr.: DE 12345678

## Rechnung

| Ihre Bestellung | vom | Kunden-Nr. | Rechnungs-Nr. | Rechnungs- u. Lieferdatum |
|---|---|---|---|---|
| 5881 | 20. Sept. 200x | 22 | 430 | 29. Sept. 200x |

Sehr geehrter Herr Seelmann,
wir bedanken uns für den Auftrag und stellen ihn wie folgt in Rechnung:

| Menge | Text | | Stückpreis EP netto | Gesamt |
|---|---|---|---|---|
| 10 | Blaue Säulenzypresse | 180 cm | 16,36 € | 163,60 € |
| 10 | Kirschlorbeer | 150 | 20,56 € | 205,60 € |
|  | Warenwert |  |  | 369,20 € |
|  | Versandkosten |  | 5 % | 18,46 € |
|  | Nettosumme |  |  | 387,66 € |
|  |  | USt | 7 % | 25,84 € |
|  |  | USt | 19 % | 3,50 € |
|  | Rechnungsbetrag |  |  | 417,00 € |

| Warenwert 7 % | Versandkosten 19 % | USt |
|---|---|---|
| 369,20 € | 18,46 € | 29,34 € |

Raiffeisenbank Dachau
BLZ 700 915 00
Konto-Nr. 123 123 123
IBAN DE06 7009 1500 1231 2312 30

Geschäftsführerin
Hilke Wennekamp
Amtsgericht München
HRB 8274 Dachau

USt-IdNr.:
DE 12345678
Steuer-Nr.:
107/1234/5432

Blumen Import KG · Prinzregentenstraße 46 · 83022 Rosenheim

Pflanzen- und Gartenservice
Otto Seelmann e. K.
Bergwerkstr. 14
82380 Peißenberg

Prinzregentenstraße 46
83022 Rosenheim
Tel. 08031-395223
Fax 08031-17908
Blu_Imp@t-online.de

| Ihre Bestellung vom | Bestell-Nr. | Kunden-Nr. | Rechnungs-Nr. | Rechnungs-/Lieferdatum |
|---|---|---|---|---|
| 29. Sept. 200x | 3125 | 298 | 2388 | 30. Sept. 200x |

## Rechnung

Sehr geehrter Herr Seelmann,
hiermit berechnen wir für unsere Lieferung im September:

| Text | Stückpreis | Anzahl | Gesamtpreis |
|---|---|---|---|
| Rosen | 0,90 € | 150 | 135,00 € |
| Nelken | 0,50 € | 200 | 100,00 € |
| Astern | 0,30 € | 250 | 75,00 € |
| diverse | 0,40 € | 300 | 120,00 € |
| Warenwert | | | 430,00 € |
| USt | | 7 % | 30,10 € |
| **Rechnungsbetrag** | | | **460,10 €** |

Zahlungsbedingungen: bis 7. Okt. 200x 1,5 % Skonto
bis 14. Okt. 200x netto

Raiffeisenbank Rosenheim
BLZ 711 601 61
Konto-Nr. 87 461 125
IBAN DE06 7116 0161 0874 6112 30

Geschäftsführer
Thomas Sommer
HRA 85223 Rosenheim

USt-IdNr.:
DE 975132

Steuer-Nr.:
156/141/13090

HANDWERKSKAMMER
MÜNCHEN

Handwerkskammer München, Postfach 340138, 80098 München

**Vertraulich – nur für die Geschäftsleitung**

Pflanzen- und Gartenservice
Otto Seelmann e. K.
Bergwerkstr. 14
82380 Peißenberg

Abteilung: Beiträge

Hausanschrift: Max-Joseph-Str. 4, 80333 München
Postanschrift: Postfach 340138, 80098 München
Tel.: 089/5119-0
Fax: 089/5119-295
E-Mail: info@hwk-muenchen.de
Internet: http://www.hwk-muenchen.de

Betriebsnummer
**0038946**
Bitte bei Zahlung/Schrftverkehr angeben!

Datum
01.10.03

**Beitragsbescheid** 2 0 0 3

Blatt 1 von 2

| Beitrags-jahr | | Gesamtbeitrag | bereits veranlagt | Gesamtbeitrag bzw. Abweichung EUR |
|---|---|---|---|---|
| 2003 | siehe Blatt 2 | 465,00 | 0,00 | 465,00 |

---

## Bielefeld Verlag GmbH

Bielefeld Verlag GmbH · Windhorststr. 1 · 33604 Bielefeld

Pflanzen- und Gartenservice
Otto Seelmann e. K.
Bergwerkstr. 14
82380 Peißenberg

Windhorststr. 1
33604 Bielefeld
Tel. 0521-1465390
Fax 0521-1465399
bvggmbh@t-online.de

Ihre Zeichen, Ihre Nachricht vom    Unsere Zeichen, Unsere Nachricht vom    Telefon, Name    Datum
1. Okt. 200x

### Rechnung

1 Abonnement Fachzeitschrift

| | | |
|---|---|---|
| 1/4-jährlich „Mein grüner Garten" (Okt.-Dez.) | | 95,89 € |
| | USt 7 % | 6,71 € |
| Rechnungsbetrag | | 102,60 € |

Der Rechnungsbetrag wird per Bankeinzug von Ihrem Konto eingezogen.

# Anhang

## Agrarbedarf und Baumschule WENNEKAMP · GMBH

Wennekamp GmbH · Ludwig-Dill-Straße 28 · 85221 Dachau

Pflanzen- und Gartenservice
Otto Seelmann e. K.
Bergwerkstr. 14
82380 Peißenberg

Ludwig-Dill-Straße 28
85221 Dachau
Tel. 08131-735673
Fax 08131-80383
Agra.Baum@wennekamp.com

Raiffeisenbank Dachau
BLZ 700 915 00
Konto-Nr. 123 123 123

USt-IdNr.: DE 12345678

### Rechnung

| Ihre Bestellung | vom | Kunden-Nr. | Rechnungs-Nr. | Rechnungs- u. Lieferdatum |
|---|---|---|---|---|
| 5882 | 28. Sept. 200x | 22 | 431 | 1. Okt. 200x |

Sehr geehrter Herr Seelmann,
wir bedanken uns für den Auftrag und stellen Ihnen wie folgt in Rechnung:

| Menge | Text | Einzelpreis | | Gesamt |
|---|---|---|---|---|
| 3 | Spaten | 15,50 € | | 46,50 € |
| 3 | Harken | 15,50 € | | 46,50 € |
| 3 | Schaufeln | 15,50 € | | 46,50 € |
| 3 | Gabeln | 15,50 € | | 46,50 € |
| 1 | Axt | 25,00 € | | 25,00 € |
| | Zwischensumme | | | 211,00 € |
| | Versandkosten | | 5 % | 10,55 € |
| | | | | 221,55 € |
| | Nettosumme | | USt 19 % | 42,09 € |
| | Rechnungsbetrag | | | **263,64 €** |

---

## Kreis-Kurier GmbH

Kreis-Kurier · Hauptstr. 25 · 82380 Peißenberg

Pflanzen- und Gartenservice
Otto Seelmann e. K.
Bergwerkstr. 14
82380 Peißenberg

Hauptstr. 25
82380 Peißenberg
Tel. 08803-6072
Fax 08803-607210
KK-Peißenberg@web.de

| Ihr Bestellung | vom | Kunden-Nr. | Rechnungs- u. Lieferdatum |
|---|---|---|---|
| 2930 | 4. Okt. 200x | 387 | 5. Okt. 200x |

### Rechnung-Nr. 312

Werbung

| Woche | Größe | Preis | | |
|---|---|---|---|---|
| 38 | 3/54 | Sonderpreis | | 140,00 € |
| | | | USt 19 % | 26,60 € |
| Rechnungsbetrag | | | | 166,60 € |

# DÄUMLING GmbH

Däumling GmbH · Karwendelstr. 15 · 82347 Bernried

Pflanzen- und Gartenservice
Otto Seelmann e. K.
Bergwerkstr. 14
82380 Peißenberg

Karwendelstr. 15
82347 Bernried
Tel. 08158-3755
Fax 08158-3750
daeumling@web.de

| Ihr Auftrag vom | Auftragsnummer | Rechnungs-Nr. | Rechnungs-/Lieferdatum |
|---|---|---|---|
| 3. Okt. 200x | 3445 | 2736 | 5. Okt. 200x |

## Rechnung

Reparatur Kompressor

| | |
|---|---|
| 3 Facharbeiterstunden à 40,00 € | 120,00 € |
| Materialkosten | 76,53 € |
| netto | 196,53 € |
| USt 19 % | 37,34 € |
| **Rechnungsbetrag** | **233,87 €** |

Raiffeisenbank Weilheim
BLZ 701 696 92
Konto-Nr. 117 378 150
IBAN DE09 7016 9692 0117 3781 50

Geschäftsführer
Herbert Geier
HRB 8263

USt-IdNr.:
DE 7571832

Steuer-Nr.:
168/225/12918

 GmbH

Rolandsecker Weg 33
53585 Bad Honnef

Druckhaus GmbH · Postfach 15 69 · 53585 Bad Honnef

Pflanzen- und Gartenservice
Otto Seelmann e. K.
Bergwerkstr. 14
82380 Peißenberg

| **Telefon:** | 02422 / 06770 |
| **Telefax:** | 02422 / 067711 |
| Zentrale: | 02224 / 7706-22 |
| E-Mail: | info@druckhaus.de |
| URL: | www.druckhaus.de |

Datenübertragung:
Leonardo:   02422 / 169371

## Rechnung

\* \* \* Bitte bei Zahlung angeben: \* \* \*

| Ihr Auftrag vom | Ihre Best.-Nr. | Unser Auftrag | Kunden-Nr. | Rechnungs-Nr. | Rechnungs-/Lieferdatum |
|---|---|---|---|---|---|
| 4. Okt. 200x | 246 | 04-2541 | 13100 | RE03-0080 | 5. Okt. 200x |

**Papierlieferung**

40 Pakete

|  | |
|---|---|
| Nettobetrag: | 103,14 € |
| 19 % MwSt. | 19,60 € |
| **Gesamtbetrag:** | **122,74 €** |

Artikel-Nr. 0057000769    Xero-Laser-Cop. Papier
                         weiß 80 g

Zahlbar bis zum 12. Okt. 200x abzüglich 2 % Skonto
oder bis 25. Okt. 200x netto ohne Abzug

\*\*\* Rechnungsdatum = Lieferdatum / berechnete Menge = gelieferte Menge \*\*\*

Bankverbindungen:
Volks- und Raiffeisenbank Neuwied-Linz eG     Deutsche Bank Bad Honnef     Dresdner Bank Bonn           Steuer-Nr. 222/660/16471
5 808 105 (BLZ 574 601 17)                   2 265 700 (BLZ 380 700 59)   0 222 232 20 (BLZ 370 800 40)  USt.ID-Nr. DE 149511393
Amtsgericht Neuwied HR B 4746                Geschäftsführer: Ludwig Walter   IBAN DE06 3708 0040 0022 2232 20

## Monika Buttner
Rosenspezialist

Monika Buttner e. K. · Tannenstraße 17 · 90762 Fürth

Pflanzen- und Gartenservice
Otto Seelmann e. K.
Bergwerkstr. 14
82380 Peißenberg

Tannenstraße 17
90762 Fürth
Tel. 0911-9742161
Fax 0911-9742170
Monika.Buttner@yahoo.de

| Ihre Bestellung vom | Bestell-Nr. | Kunden-Nr. | Rechnungs-Nr. | Rechnungs-/Lieferdatum |
|---|---|---|---|---|
| 26. Sept. 200x | 3622 | 48 | 531 | 5. Okt. 200x |

## Rechnung

Sehr geehrter Herr Seelmann,
für die Lieferung am 2. Okt. 200x an Bauservice GmbH in Schongau berechne ich Ihnen für das Streckengeschäft:

| Menge | Text | Einzelpreis | Gesamtpreis |
|---|---|---|---|
| 20 | Beetrose Bernstein | 3,00 € | 60,00 € |
| 20 | Beetrose Laminuette | 3,00 € | 60,00 € |
| 30 | Beetrose Samba | 3,00 € | 90,00 € |
| 5 | Strauchrose Caramella | 4,30 € | 21,50 € |
| 20 | Parkrose Königin von Dänemark | 4,80 € | 96,00 € |
| 95 | Colli | | 327,50 € |
| | USt | 7 % | 22,93 € |
| | Rechnungsbetrag | | 350,43 € |

Streckengeschäft
Lieferung frei Baustelle

Zahlungsbedingungen:
21 Tage rein netto ab Rechnungsdatum
 7 Tage 3 % Skonto
14 Tage 1,5 % Skonto

Commerzbank Fürth
BLZ 762 400 11
Konto-Nr. 530 114 256
IBAN DE04 7624 0011 0530 1142 56

USt-IdNr.:
DE 9589671

Steuer-Nr.:
218/204/93015

HRA 81289 Fürth

# Anhang

Buck e. K. · Marktoberdorfstr. 22 · 86956 Schongau

Pflanzen- und Gartenservice
Otto Seelmann e. K.
Bergwerkstr. 14
82380 Peißenberg

Marktoberdorfstr. 22
86956 Schongau
Tel. 08861-1061
Fax 08861-1060
buck@t-online.de

| Ihre Bestellung | Bestell-Nr. | Rechnungs-Nr. | Rechnungs-/Lieferdatum |
|---|---|---|---|
| 4. Okt. 200x | 2785 | 7284 | 6. Okt. 200x |

## Rechnung

1 Telefonanlage Oktopus
  Art-Nr. 2042

| | |
|---|---|
| Nettopreis | 190,52 € |
| + USt 19 % | 36,20 € |
| **Rechnungsbetrag** | **226,72 €** |

Dresdner Bank München
BLZ 700 800 00
Konto-Nr. 493 143 900
IBAN DE04 7008 0000 0493 1439 000

USt-IdNr.:
DE 87740973

Steuer-Nr.:
168/470/0185

HRA 8730 Weilheim

# Pflanzen- und Gartenservice Otto Seelmann
www.PflanzenGarten-Seelmann.de

Pflanzen u. Gartenservice · Otto Seelmann e. K. · Bergwerkstr. 14 · 82380 Peißenberg

Bauservice GmbH
Friedrich Schiller
Wilhelm-Köhler-Straße 40
86956 Schongau

Bergwerkstraße 14
82380 Peißenberg
Tel. 08803-498090
Fax 08803-60980
pflanzengarten@seelmann.de

| Kunden-Nr. | Rechnungs-Nr. | Bestell-Nr. | Rechnungs- u. Lieferdatum |
|---|---|---|---|
| 240004 | AR 5 | 2340 | 7. Okt. 200x |

## Rechnung

Sehr geehrter Herr Schiller,
für die Lieferung vom 2. Okt. 200x als Streckengeschäft durch Buttner, stellen wir Ihnen folgende Aufstellung in Rechnung:

| Menge | Text | Einzelpreis | Gesamt |
|---|---|---|---|
| 20 | Beetrose Bernstein | 4,70 € | 94,00 € |
| 20 | Beetrose Laminuette | 4,70 € | 94,00 € |
| 30 | Beetrose Samba | 4,70 € | 141,00 € |
| 5 | Strauchrose Caramella | 6,50 € | 32,50 € |
| 20 | Parkrose Königin von Dänemark | 7,50 € | 150,00 € |
| 95 | Colli | | 511,50 € |
| | Rabatt | 5 % | 25,58 € |
| | Warenwert | | 485,93 € |
| | USt | 7 % | 34,01 € |
| | **Rechnungsbetrag** | | **519,94 €** |

Zahlungsbedingungen: 10 Tage 3 % Skonto, 21 Tage rein netto ab Rechnungsdatum

---

```
      Deutsche Post AG

   1796   1400   10. Okt. 200x

      # 33,00 EUR


   Briefmarken ohne
   Zuschlag aus Automat

   Vielen Dank


   Deutsche Post
```

# Anhang

**Pflanzen- und Gartenservice Otto Seelmann**
www.PflanzenGarten-Seelmann.de

Pflanzen u. Gartenservice · Otto Seelmann e. K. · Bergwerkstr. 14 · 82380 Peißenberg

Gasthaus
M. Gebauer
82481 Mittenwald

Bergwerkstraße 14
82380 Peißenberg
Tel. 08803-498090
Fax 08803-60980
pflanzengarten@seelmann.de

| Kunden-Nr. | Rechnungs-Nr. | Bestell-Nr. | Rechnungs- u. Lieferdatum |
|---|---|---|---|
| 240005 | AR 6 | 2342 | 10. Okt. 200x |

## Rechnung

Sehr geehrter Herr Gebauer,
hiermit berechnen wir für unsere Lieferung zu Ihrem Gasthaus folgenden Betrag:

| Menge | Text | Größe | Gesamt |
|---|---|---|---|
| 1 | Orangenbaum | 30 cm | 23,30 € |
| 1 | Zitronenbaum | 30 cm | 23,30 € |
| 1 | Quamquattbaum | 30 cm | 26,20 € |
| 1 | Mandarinenbaum | 30 cm | 24,95 € |
| 1 | Birkenfeige | 30 cm | 2,95 € |
| 1 | Purchira aquatan (Wollbaumgewächs) | 135 cm | 85,00 € |
| 1 | Dracaena marginata | 130 cm | 19,60 € |
| 1 | Howea forsteriana (KeniaPalme) | 100 cm | 25,30 € |
| 8 | Colli | | 230,60 € |
| | USt | 7 % | 16,14 € |
| | **Rechnungsbetrag** | | **246,74 €** |

Zahlungsbedingungen: 7 Tage 2 % Skonto
14 Tage netto ab Rechnungsdatum

---

**Pflanzen- und Gartenservice Otto Seelmann**
www.PflanzenGarten-Seelmann.de

Pflanzen u. Gartenservice · Otto Seelmann e. K. · Bergwerkstr. 14 · 82380 Peißenberg

Klaus Hotter e. K.
Bleicherweg 2
87600 Kaufbeuren

Bergwerkstraße 14
82380 Peißenberg
Tel. 08803-498090
Fax 08803-60980
pflanzengarten@seelmann.de

| Kunden-Nr. | Rechnungs-Nr. | Bestell-Nr. | Rechnungs- u. Lieferdatum |
|---|---|---|---|
| 240003 | AR 7 | 2344 | 15. Okt. 200x |

## Rechnung

Sehr geehrter Herr Hotter,
hiermit stellen wir Ihnen für unsere Lieferung vom 10. Okt. 200x folgenden Betrag in Rechnung:

| Menge | Text | Einzelpreis | Gesamt |
|---|---|---|---|
| 1 | Phönix canariensis Dattelpalme | 11,20 € | 11,20 € |
| 2 | Cycas revoluta Palmfarn | 37,34 € | 74,68 € |
| 2 | Solanum rantonetti EnzianBaum | 20,06 € | 40,12 € |
| 5 | Colli | | 126,00 € |
| 1 | Übertopf Terrakotta D. 30 Zentimeter 67 Zentimeter hoch | 33,62 € | 33,62 € |
| 1 | Übertopf galvanisiert Metall D. 44 Zentimeter 41 Zentimeter hoch | 21,38 € | 21,38 € |
| 2 | Colli | | 55,00 € |
| | USt | 7 % | 8,82 € |
| | USt | 19 % | 10,45 € |
| | **Rechnungsbetrag** | | **200,27 €** |

Zahlungsbedingungen: 7 Tage netto Kasse ab Rechnungsdatum

# Anhang

# Spedition Holzer e. K.

vgl. Beleg
Torf & Erden OHG
Rechnungsdatum
30. Okt. 200x

Spedition Holzer e. K. · Alpenstraße 45 · 87435 Kempten

Alpenstraße 45
87435 Kempten
Tel. 0831-25385241
Fax 0831-25385293
holzer.spedition@s.com

Pflanzen- und Gartenservice
Otto Seelmann e. K.
Bergwerkstr. 14
82380 Peißenberg

| Kundennummer | Rechnungsnummer | Rechnungs-/Lieferdatum | Auftragsnummer | Auftragsdatum | Bestellnummer |
|---|---|---|---|---|---|
| 439 | 1845 | 20. Okt. 200x | 290 | 20. Okt. 200x | 5820 |

## Rechnung

Für folgenden Speditionsauftrag:

Versender:   Torf & Erden OHG, Bodenseestr. 41, 87700 Memmingen

Empfänger:   Pflanzen- und Gartenservice Otto Seelmann e. K., Bergwerkstr. 14, 82380 Peißenberg

Frachtpapiere: Nr. 8720
   Gewicht: 4,1 t    Transport: Torf und Humus
   Strecke: 100 km

berechnen wir Ihnen laut Anlage:
Kundensatz/Frachtübernahme:                    220,00 €

Nettopreis                    220,00 €
+ Umsatzsteuer    19 %    41,80 €
Rechnungsbetrag            261,80 €

Lieferung erfolgt am 20. Okt. 200x.
Betrag bar am 20. Okt. 200x dankend erhalten.

*Holzer*

Hypovereinsbank Kempten          HRA 85067 Kempten     USt-IdNr.:        Steuer-Nr.:
BLZ 733 200 73                                         DE 519321         127/787/42901
Konto-Nr. 120 444 115
IBAN DE06 7332 0073 0120 4441 15

# Zimmerpflanzen · Karla Grünwald GmbH

Zimmerpflanzen · Karla Grünwald GmbH · Schulestr. 7 · 96450 Coburg

Pflanzen- und Gartenservice
Otto Seelmann e. K.
Bergwerkstr. 14
82380 Peißenberg

Schulestr. 7
96450 Coburg
Tel. 09561-69520
Fax 09561-79020
Karla@zimmerpflanzen.com

Bankverbindung
Volksbank Coburg
BLZ 770 918 00
Kto.-Nr. 8 764 472

USt-IdNr.: DE 12345678

## Rechnung

| Ihre Bestellung | vom | Kunden-Nr. | Rechnungs-Nr. | Rechnungs- u. Lieferdatum |
|---|---|---|---|---|
| 6001 | 21. Okt. 200x | 48 | 6539 | 30. Okt. 200x |

Sehr geehrter Herr Seelmann,

wir lieferten gemäß beiligenden Lieferscheinen

| | | | | |
|---|---|---|---|---|
| 72 | Colli | Zimmerpflanzen | | 832,00 € |
| | | Rabatt | 5 % | 41,60 € |
| | | Summe | | 790,40 € |
| 2 | Rollcontainer | 45,00 € | | 90,00 € |
| | USt | | 7 % | 55,33 € |
| | USt | | 19 % | 17,10 € |
| | Rechnungsbetrag | | | 952,83 € |

| Skontofähiger Betrag | Skonto | Versandkosten | Zahlbetrag bei Skontoabzug |
|---|---|---|---|
| 845,73 € | 25,37 € | 107,10 € | 927,46 € |

Zahlbar innerhalb 30 Tagen netto, oder innerhalb 14 Tagen mit 3 % Skonto ab Rechnungsdatum.

Volksbank Coburg
BLZ 770 918 00
Kto.-Nr. 8 764 472
IBAN DE25 7709 1800 0876 4472 04

Geschäftsführer
Karla Zeitler
HRB 85334 Coburg

Steuer-Nr.:
212/116/79054

# TORF & ERDEN OHG

Torf & Erden OHG · Bodenseestraße 41 · 87700 Memmingen

Pflanzen- und Gartenservice  
Otto Seelmann e. K.  
Bergwerkstr. 14  
82380 Peißenberg

Bodenseestraße 41  
87700 Memmingen  
Tel. 08331-96490  
Fax 08331-71030  
Torf_Erden@memmingen.com

| Ihre Bestellung vom | Bestell-Nr. | Kunden-Nr. | Rechnungs-Nr. | Rechnungs-/Lieferdatum |
|---|---|---|---|---|
| 20. Okt. 200x | 5820 | 256 | 980 | 30.Okt. 200x |

## Rechnung

Sehr geehrter Herr Seelmann,  
für die Lieferung vom 20. Okt. 200x stellen wir Ihnen folgende Beträge in Rechnung:

| Menge | Text | | Einzelpreis | Gesamt |
|---|---|---|---|---|
| 3 | Modatur-Mist-Kompost Wirtschaftsdünger | 80 l | 13,00 € | 39,00 € |
| 5 | Pflanz Humus-Gartenerde Kultursubstrat | 80 l | 7,00 € | 35,00 € |
| 2 | Modabork Rindenmulch Bodenhilfsstoff | 80 l | 5,50 € | 11,00 € |
| 2 | Balkonkastenerde Kultursubstrat | 80 l | 8,20 € | 16,40 € |
| 5 | Rindenhumus Kultursubstrat | 80 l | 8,00 € | 40,00 € |
| 5 | Rosenlehmerde Kultursubstrat | 40 l | 9,00 € | 45,00 € |
| 5 | Moorbeeterde Kultursubstrat | 80 l | 10,00 € | 50,00 € |
| 5 | Kohlensaurer Kalk 80 % $CaCO_3$ 5 % $MgCO_3$ | 40 kg | 10,00 € | 50,00 € |
| 5 | Vertikutiersubstrat Kultursubstrat | 25 kg | 9,50 € | 47,50 € |
| 5 | modaGrün Rasendünger organisch-mineralischer NKP-Dünger mit Magnesium 12-4-5 (+ 2) | 10 kg | 11,00 € | 55,00 € |
| 4 | Kompoststarter Bodenhilfsstoff | 10 kg | 11,00 € | 44,00 € |
| 4 | modalava Urgesteinsgranulat Bodenhilfsstoff | 40 kg | 11,00 € | 44,00 € |
| 2 | Teicherde Kultursubstrat | 50 l | 8,00 € | 16,00 € |
| 4 | Hornspäne 14 Prozent organisch gebundener Stickstoff | 10 kg | 17,00 € | 68,00 € |
| 10 | Moderflor Naturtorf | 150 l | 12,00 € | 120,00 € |
| | Zwischensumme | | | 680,90 € |
| | | Rabatt | 20 % | 136,18 € |
| | Nettobetrag | | | 544,72 € |
| | USt | | 19 % | 103,50 € |
| | **Rechnungssumme** | | | **648,22 €** |

| Netto | Skonto netto 3 % | USt | Skonto brutto | Zahlbetrag bei Skontoabzug |
|---|---|---|---|---|
| 544,72 € | 16,34 € | 3,10 € | 19,44 € | 628,78 € |

| | | | |
|---|---|---|---|
| Volksbank Memmingen | Geschäftsführer | USt-IdNr.: | Steuer-Nr.: |
| BLZ 731 900 00 | Dr. Heinz Wolff | DE 5613217 | 138/146/32790 |
| Konto-Nr. 834 776 120 | HRA 81229 Memmingen | | |
| IBAN DE07 7319 0000 0834 7761 20 | | | |

# Blumen Import KG

Blumen Import KG · Prinzregentenstraße 46 · 83022 Rosenheim

Pflanzen- und Gartenservice
Otto Seelmann e. K.
Bergwerkstr. 14
82380 Peißenberg

Prinzregentenstraße 46
83022 Rosenheim
Tel. 08031-395223
Fax 08031-17908
Blu_Imp@t-online.de

| Ihre Bestellung vom | Bestell-Nr. | Kunden-Nr. | Rechnungs-Nr. | Rechnungs-/Lieferdatum |
|---|---|---|---|---|
| 30. Okt. 200x | 3815 | 298 | 2615 | 31. Okt. 200x |

## Rechnung

Sehr geehrter Herr Seelmann,
hiermit berechnen wir für unsere Lieferung im Oktober:

| Text | Stückpreis | Anzahl | Gesamtpreis |
|---|---|---|---|
| Rosen | 0,90 € | 120 | 108,00 € |
| Nelken | 0,50 € | 150 | 75,00 € |
| Astern | 0,30 € | 200 | 60,00 € |
| diverse | 0,40 € | 300 | 120,00 € |
| Warenwert | | | 363,00 € |
| USt | | 7 % | 25,41 € |
| **Rechnungsbetrag** | | | **388,41 €** |

Zahlungsbedingungen: bis 7. Nov. 200x 1,5 % Skonto
bis 14. Nov. 200x netto

Raiffeisenbank Rosenheim
BLZ 711 601 61
Konto-Nr. 87 461 125
IBAN DE06 7116 0161 0874 6112 50

Geschäftsführer
Thomas Sommer
HRA 85223 Rosenheim

USt-IdNr.:
DE 975132

Steuer-Nr.:
156/141/13090

# Pflanzen- und Gartenservice Otto Seelmann
www.PflanzenGarten-Seelmann.de

Pflanzen u. Gartenservice · Otto Seelmann e. K. · Bergwerkstr. 14 · 82380 Peißenberg

Bauservice GmbH
Friedrich Schiller
Wilhelm-Köhler-Straße 40
86956 Schongau

Bergwerkstraße 14
82380 Peißenberg
Tel. 08803-498090
Fax 08803-60980
pflanzengarten@seelmann.de

| Kunden-Nr. | Rechnungs-Nr. | Bestell-Nr. | Rechnungs- u. Lieferdatum |
|---|---|---|---|
| 240004 | AR 8 | 2360 | 1. Nov. 200x |

## Rechnung

Sehr geehrter Herr Schiller,
vielen Dank für Ihren Auftrag, den wir wie folgt berechnen:

| Menge | Text | | Einzelpreis | Gesamtpreis |
|---|---|---|---|---|
| 50 | Chamaecyparis law gelbe Säulenzypresse | | 49,00 € | 2.450,00 € |
| 10 | pflanzHumus-Gartenerde Kultursubstrat | 80 l | 12,00 € | 960,00 € |
| 10 | ModaborkRindenMulch Bodenhilfsstoff | 80 l | 6,50 € | 520,00 € |
| 5 | Rindenhumus Kultursubstrat | 80 l | 11,00 € | 880,00 € |
| 5 | Grassamen | 10 kg | 52,00 € | 260,00 € |
| 80 | Colli | | | 5.070,00 € |
| | Rabatt | | 12 % | 608,40 € |
| | Warenwert | | | 4.461,60 € |
| | USt | | 7 % | 150,92 € |
| | USt | | 19 % | 438,06 € |
| | Rechnungsbetrag | | | 5.050,58 € |
| | frachtfrei | | | |

Zahlungsbedingungen: 21 Tage netto, 10 Tage 3 % Skonto ab Rechnungsdatum

Raiffeisenbank Weilheim
BLZ 701 696 92
Konto-Nr. 114 357 200
IBAN DE60 7016 9692 0114 3572 00

Postbank München
BLZ 700 100 80
Konto-Nr. 28 143 587

Gesellschafter
Otto Seelmann
HRA 86551
München

USt-IdNr.:
DE 1269955311
Steuer-Nr.:
168/119/14222

# Anhang

## Garten Großhandel KG

Garten Großhandel KG · Eilgutstraße 10 · 90443 Nürnberg

Pflanzen- und Gartenservice
Otto Seelmann e. K.
Bergwerkstr. 14
82380 Peißenberg

Eilgutstraße 10
90443 Nürnberg
Tel. 0911-221313
Fax 0911-2148058
Garten.GH@nürnberg.com

| Ihre Bestellung vom | Bestell-Nr. | Kunden-Nr. | Rechnungs-Nr. | Rechnungs-/Lieferdatum |
|---|---|---|---|---|
| 1. Okt. 200x | 4092 | 191 | 601 | 2. Nov. 200x |

## Rechnung

Sehr geehrter Herr Seelmann,
für die Lieferungen im Oktober berechnen wir Ihnen:

### Lieferung vom 1. Oktober 200x

| Menge | Text | | Einzelpreis | HW 7 % | HW 16 % |
|---|---|---|---|---|---|
| 200 | Blumenzwiebeln | | 0,11 € | 22,00 € | |
| 2 | Ziersträucher | | 3,00 € | 6,00 € | |
| 2 | Rhododendron | | 4,20 € | 8,40 € | |

### Lieferung vom 17. Oktober 200x

| Menge | Text | | | | |
|---|---|---|---|---|---|
| 5 | Ziersträucher | | 3,00 € | 15,00 € | |
| 5 | Rhododendron | | 4,20 € | 21,00 € | |

### Lieferung vom 30. Oktober 200x

| Menge | Text | | | | |
|---|---|---|---|---|---|
| | diverser Grab-Schmuck gemäß Lieferschein | | | | 80,00 € |
| 20 | Friedhofserde Kultursubstrat | 50 l | 8,00 € | | 160,00 € |
| | Listenpreis | | | 72,40 € | 240,00 € |
| | Rabatt HW 7 % | 5 % | | 3,62 € | |
| | Rabatt HW 19 % | 10 % | | | 24,00 € |
| | Warenwert netto | | | 68,78 € | 216,00 € |
| | USt | 7 % | | 4,81 € | |
| | USt | 19 % | | | 41,04 € |
| | Warenwert brutto | | | 73,59 € | 257,04 € |
| | Rechnungsbetrag | | | | **330,63 €** |

Zahlungsbedingungen: 30 Tage netto; 14 Tage 3 % Skonto ab Rechnungsdatum

Dresdner Bank Nürnberg
BLZ 760 800 40
Konto-Nr. 380 725 664
IBAN DE06 7608 0040 0380 7256 64

USt-IdNr.:
DE 7194321

Steuer-Nr.:
238/886/52610

Komplementär:
Friedrich Kurz
HRA 81513 Nürnberg

# Anhang

## Pflanzen- und Gartenservice Otto Seelmann
www.PflanzenGarten-Seelmann.de

Pflanzen u. Gartenservice · Otto Seelmann e. K. · Bergwerkstr. 14 · 82380 Peißenberg

Bauservice GmbH
Friedrich Schiller
Wilhelm-Köhler-Straße 40
86956 Schongau

Bergwerkstraße 14
82380 Peißenberg
Tel. 08803-498090
Fax 08803-60980
pflanzengarten@seelmann.de

| Kunden-Nr. | Rechnungs-Nr. | Bestell-Nr. | Rechnungs- u. Lieferdatum |
|---|---|---|---|
| 240004 | AR 9 | 2370 | 2. Nov. 200x |

### Rechnung

Sehr geehrter Herr Schiller,
vielen Dank für Ihren Auftrag, den wir wie folgt berechnen:

| Menge | Text | | Einzelpreis | Gesamt |
|---|---|---|---|---|
| 10 | Taxus baccata (heimische Eibe) | 180 cm | 58,40 € | 584,00 € |
| 10 | Ulmus Carpentier | 200 cm | 42,90 € | 429,00 € |
| 20 | Colli | | | 1.013,00 € |
| | Rabatt | | 12,00 % | 121,56 € |
| | Warenwert | | | 891,44 € |
| | USt | | 7,00 % | 62,40 € |
| | Rechnungsbetrag | | | 953,84 € |

frachtfrei

Zahlungsbedingungen: 10 Tage 3 % Skonto, 21 Tage netto ab Rechnungsdatum

---

## Zimmerpflanzen · Karla Grünwald GmbH

Zimmerpflanzen · Karla Grünwald GmbH · Schulestr. 7 · 96450 Coburg

Pflanzen- und Gartenservice
Otto Seelmann e. K.
Bergwerkstr. 14
82380 Peißenberg

Schulstr. 7
96450 Coburg
Tel. 09561-69520
Fax 09561-79020
Karla@zimmerpflanzen.com

Bankverbindung
Volksbank Coburg
BLZ 770 918 00
Kto.-Nr. 8 764 472

USt-IdNr.: DE 12345678

### Rechnung – Gutschrift 102

| Ihre Bestellung | vom | Kunden-Nr. | Rechnungs-Nr. | Rechnungs- u. Lieferdatum |
|---|---|---|---|---|
| 6001 | 21. Okt. 200x | 48 | 6539 | 5. Nov. 200x |

Sehr geehrter Herr Seelmann,
hiermit erstatten wir Ihnen die Leihgebühren für Rollcontainer aus der Rechnung vom 30. Okt. 200x.

| Menge | Text | Einzelpreis | Gesamt |
|---|---|---|---|
| 2 | Rollcontainer | 45,00 € | 90,00 € |
| | USt | 19 % | 17,10 € |
| | Gutschrift | | 107,10 € |

# Anhang

## Garten Großhandel KG

Garten Großhandel KG · Eilgutstraße 10 · 90443 Nürnberg

Pflanzen- und Gartenservice
Otto Seelmann e. K.
Bergwerkstr. 14
82380 Peißenberg

Eilgutstraße 10
90443 Nürnberg
Tel. 0911-221313
Fax 0911-2148058
Garten.GH@nürnberg.com

| Ihre Bestellung vom | Bestell-Nr. | Kunden-Nr. | Rechnungs-Nr. | Rechnungs-/Lieferdatum |
|---|---|---|---|---|
| 23. Okt. 200x | 4195 | 191 | 609 | 5. Nov. 200x |

### Rechnung

Sehr geehrter Herr Seelmann,
vielen Dank für Ihren Auftrag, den wir wie folgt in Rechnung stellen:

| Menge | Text | Einzelpreis | Gesamt |
|---|---|---|---|
| 2 | Gartenschere „Gartenfreund" | 25,20 € | 50,40 € |
| 2 | Spaten „Gartenfreund" | 23,49 € | 46,98 € |
| 3 | Schaufel „Gartenfreund" | 14,70 € | 44,10 € |
| 1 | Langstielaxt USA Hickory | 31,30 € | 31,30 € |
| 2 | Gabel „Gartenfreund" | 14,70 € | 29,40 € |
| 2 | Rechen „Gartenfreund" | 8,70 € | 17,40 € |
| 1 | Motorsense „Meico" | 77,50 € | 77,50 € |
| 20 | Paar Garten-Handschuhe | 2,00 € | 40,00 € |
| | Warenwert | | 337,08 € |
| | USt | 19 % | 64,05 € |
| | Rechnungsbetrag | | 401,13 € |

Zahlungsbedingungen: 30 Tage netto; 14 Tage drei Prozent ab Rechnungsdatum

---

```
       Deutsche Post AG

 1796   1400   08. Nov. 200x

    # 44,00 EUR


 Briefmarken ohne
 Zuschlag aus Automat

 Vielen Dank


 Deutsche Post
```

# Spedition Holzer e. K.

Spedition Holzer e. K. · Alpenstraße 45 · 87435 Kempten

Pflanzen- und Gartenservice
Otto Seelmann e. K.
Bergwerkstr. 14
82380 Peißenberg

Alpenstraße 45
87435 Kempten
Tel. 0831-25385241
Fax 0831-25385293
holzer.spedition@s.com

| Kundennummer | Rechnungs-nummer | Rechnungsdatum | Auftrags-nummer | Auftragsdatum | Bestell-nummer |
|---|---|---|---|---|---|
| 439 | 1879 | 12. Nov. 200x | 312 | 10. Nov. 200x | 6500 |

## Rechnung

Für folgenden Speditionsauftrag:

Lieferung erfolgt am 12. Nov. 200x

Versender:     Torf & Erden OHG, Bodenseestr. 41, 87700 Memmingen

Empfänger:   Pflanzen- und Gartenservice Otto Seelmann e. K., Bergwerkstr. 14, 82380 Peißenberg

Frachtpapiere: Nr. 8793
Gewicht: 2,1 t     Transport: Torf und Humus
Strecke:  100 km

berechnen wir Ihnen laut Anlage:
Kundensatz/Frachtübernahme:                                              112,70 €

|  | |
|---|---|
| Nettopreis | 112,70 € |
| + Umsatzsteuer 19 % | 21,41 € |
| Rechnungsbetrag | 134,11 € |

Betrag bar am 15. Nov. 200x dankend erhalten.

*Holzer*

Hypovereinsbank Kempten
BLZ 733 200 73
Konto-Nr. 120 444 115
IBAN DE06 7332 0073 0120 4441 15

HRA 85067 Kempten

USt-IdNr.:
DE 519321

Steuer-Nr.:
127/787/42901

# TORF & ERDEN OHG

Torf & Erden OHG · Bodenseestraße 41 · 87700 Memmingen

Pflanzen- und Gartenservice
Otto Seelmann e. K.
Bergwerkstr. 14
82380 Peißenberg

Bodenseestraße 41
87700 Memmingen
Tel. 08331-96490
Fax 08331-71030
Torf_Erden@memmingen.com

| Ihre Bestellung vom | Bestell-Nr. | Kunden-Nr. | Rechnungs-Nr. | Rechnungs-/Lieferdatum |
|---|---|---|---|---|
| 10. Nov. 200x | 6500 | 256 | 1010 | 15. Nov. 200x |

## Rechnung

Sehr geehrter Herr Seelmann,
für die Lieferung vom 10. Nov. 200x stellen wir Ihnen folgenden Betrag in Rechnung:

| Menge | Text | | Einzelpreis | Gesamt |
|---|---|---|---|---|
| 10 | Pflanzhumus-Gartenerde Kultursubstrat | 80 l | 7,00 € | 70,00 € |
| 10 | ModaborkRindenMulch Bodenhilfsstoff | 80 l | 5,50 € | 55,00 € |
| 5 | Rindenhumus Kultursubstrat | 80 l | 8,00 € | 40,00 € |
| 5 | Grassamen | 10 kg | 34,00 € | 170,00 € |
| | Zwischensumme | | | 335,00 € |
| | Rabatt | | 20 % | 67,00 € |
| | Nettobetrag | | | 402,00 € |
| | USt | | 19 % | 76,38 € |
| | Rechnungsbetrag | | | 478,38 € |

Zahlungsbedingungen: 14 Tage netto, 7 Tage 3 % Skonto ab Rechnungsdatum.

Volksbank Memmingen
BLZ 731 900 00
Konto-Nr. 834 776 120
IBAN DE07 7319 0000 0834 7761 20

Geschäftsführer
Dr. Heinz Wolff
HRA 81229 Memmingen

USt-IdNr.:
DE 5613217

Steuer-Nr.:
138/146/32790

# Augsburger Töpferei

Augsburger Töpferei GbR · Alter Postweg 86a · 86159 Augsburg

Pflanzen- und Gartenservice
Otto Seelmann e. K.
Bergwerkstr. 14
82380 Peißenberg

Alter Postweg 86a
86159 Augsburg
Tel. 0821-32418203
Fax 0821-32418205
Ausburger.Toepferei@compuserve.de

| Ihre Bestellung vom | Bestell-Nr. | Kunden-Nr. | Rechnungs-Nr. | Rechnungs-/Lieferdatum |
|---|---|---|---|---|
| 10. Nov. 200x | 1530 | 175 | 1210 | 20. Nov. 200x |

## Rechnung

Sehr geehrter Herr Seelmann,
vielen Dank für Ihren Auftrag, den wir wie folgt in Rechnung stellen:

| Menge | Text | | Preis je Stück | Gesamtpreis |
|---|---|---|---|---|
| 5 | Übertopf Ton für Blumentöpfe des D. 9 cm 20 Zentimeter hoch; 21 mal 13 Zentimeter 20 Zentimeter hoch | | 5,20 € | 26,00 € |
| 3 | Übertopf Steingut mit verschiedenen Mustern D. 14 Zentimeter 13 Zentimeter hoch | | 2,60 € | 7,80 € |
| 2 | Übertopf Terrakotta D. 30 Zentimeter 67 Zentimeter hoch | | 16,48 € | 32,96 € |
| 2 | Übertopf weiß glasiertes Steinzeug D. 30 cm 67 Zentimeter hoch | | 25,35 € | 50,70 € |
| 2 | Übertopf Terrakotta D. 16 cm 18 Zentimeter hoch | | 2,57 € | 5,14 € |
| 4 | Übertopf Terrakotta D. 21 cm 28 Zentimeter hoch | | 4,28 € | 17,12 € |
| 4 | Übertopf Terrakotta D. 30 Zentimeter 28 Zentimeter hoch | | 5,82 € | 23,28 € |
| | Listenpreis | | | 163,00 € |
| | Rabatt | 10 % | | 16,30 € |
| | Zwischensumme | | | 146,70 € |
| | USt | 19 % | | 27,87 € |
| | **Gesamtsumme** | | | **174,57 €** |

Zahlungsbedingungen: 21 Tage netto, 7 Tage 3 % Skonto ab Rechnungsdatum.

Deutsche Bank Augsburg
BLZ 720 700 01
Konto-Nr. 190 225 378
IBAN DE06 7207 0001 0190 2253 78

Geschäftsführerin
Jutta Matthes

USt-IdNr.:
DE 7932846

Steuer-Nr.:
103/017/32635

# Agrarbedarf und Baumschule
# WENNEKAMP · GMBH

Wennekamp GmbH · Ludwig-Dill-Straße 28 · 85221 Dachau

Pflanzen- und Gartenservice
Otto Seelmann e. K.
Bergwerkstr. 14
82380 Peißenberg

Ludwig-Dill-Straße 28
85221 Dachau
Tel. 08131-735673
Fax 08131-80383
Agra.Baum@wennekamp.com

Raiffeisenbank Dachau
BLZ 700 915 00
Konto-Nr. 123 123 123

USt-IdNr.: DE 12345678

## Rechnung

| Ihre Bestellung | vom | Kunden-Nr. | Rechnungs-Nr. | Rechnungs- u. Lieferdatum |
|---|---|---|---|---|
| 5891 | 15. Nov. 200x | 22 | 452 | 20. Nov. 200x |

Sehr geehrter Herr Seelmann,
vielen Dank für Ihren Auftrag, den wir wie folgt berechnen:

| Menge | Text | | Einzelpreis | Gesamt |
|---|---|---|---|---|
| 1 | Häcksler | | 320,00 € | 320,00 € |
| 30 | Buxus sempervirens | 25 cm | 0,68 € | 20,25 € |
| 2 | Querus paltustris | 45-50 m A-Qualität | 232,97 € | 465,93 € |
| 2 | Abies Koreana | 200-250 m. B. A-Qualität | 53,17 € | 106,34 € |
| | Nachlass auf Häcksler | 10 % | | 32,00 € |
| | Netto Warenwert | | | 880,52 € |
| | Versandkostenanteil | 8 % | | 70,44 € |
| | USt | 19 % | | 68,10 € |
| | USt | 7 % | | 41,48 € |
| | Rechnungsbetrag | | | 1.060,54 € |

| Warenwert 7 % | Warenwert 19 % | Versandkosten 19 % | USt |
|---|---|---|---|
| 592,52 € | 288,00 € | 70,44 € | 109,58 € |

Raiffeisenbank Dachau
BLZ 700 915 00
Konto-Nr. 123 123 123
IBAN DE06 7009 1500 1231 2312 30

Geschäftsführerin
Hilke Wennekamp
Amtsgericht München
HRB 8274 Dachau

USt-IdNr.:
DE 12345678
Steuer-Nr.:
107/1234/5432

## Pflanzen- und Gartenservice Otto Seelmann
www.PflanzenGarten-Seelmann.de

Pflanzen u. Gartenservice · Otto Seelmann e. K. · Bergwerkstr. 14 · 82380 Peißenberg

Rigi Peißenberg GmbH
Forsterstraße 19
D 82380 Peißenberg

Bergwerkstraße 14
82380 Peißenberg
Tel. 08803-498090
Fax 08803-60980
pflanzengarten@seelmann.de

| Kunden-Nr. | Rechnungs-Nr. | Bestell-Nr. | Rechnungs- u. Lieferdatum |
|---|---|---|---|
| 240001 | AR 10 | 2423 | 20. Nov. 200x |

# Rechnung

Sehr geehrter Herr Schnitzer,
für Ihre Lieferung aus dem Streckengeschäft der Firma Wennekamp stellen wir Ihnen folgenden Betrag in Rechnung:

| Menge | Text | | Einzelpreis | Gesamt | |
|---|---|---|---|---|---|
| 2 | Querus paltustris | 45-50 m A-Qualität | 358,41 € | 716,82 € | Strecken-geschäft |
| 2 | Abies Koreana | 200-250 m.B. A-Qualität | 81,80 € | 163,60 € | Strecken-geschäft |
| 4 | Colli | | | 880,42 € | |
| | Rabatt | | 5 % | 44,02 € | |
| | Listenpreis | | | 836,40 € | |
| | | USt | 7 % | 58,55 € | |
| | Zwischensumme | | | 894,95 € | |
| | Palette | | | 50,00 € | |
| | Transportkosten | | | 45,80 € | |
| | | USt | 19 % | 18,20 € | |
| | Zwischensumme | | | 114,00 € | |
| | Rechnungsbetrag | | | 1.008,95 € | |

Zahlungsbedingungen: 15 Tage rein netto
10 Tage 2 % Skonto ab Rechnungsdatum.

| Skonto auf Warenwert | Skonto netto 2 % | USt 7 % | Skonto brutto |
|---|---|---|---|
| 836,40 € | 16,73 € | 1,17 € | 17,90 € |

Raiffeisenbank Weilheim
BLZ 701 696 92
Konto-Nr. 114 357 200
IBAN DE60 7016 9692 0114 3572 00

Postbank München
BLZ 700 100 80
Konto-Nr. 28 143 587

Gesellschafter
Otto Seelmann
HRA 86551
München

USt-IdNr.:
DE 1269955311
Steuer-Nr.:
168/119/14222

## Anhang

**Pflanzen- und Gartenservice Otto Seelmann**
www.PflanzenGarten-Seelmann.de

Pflanzen u. Gartenservice · Otto Seelmann e. K. · Bergwerkstr. 14 · 82380 Peißenberg

Bergwerkstraße 14
82380 Peißenberg
Tel. 08803-498090
Fax 08803-60980
pflanzengarten@seelmann.de

Rigi Peißenberg GmbH
Forsterstraße 19
D 82380 Peißenberg

| Kunden-Nr. | Rechnungs-Nr. | Bestell-Nr. | Datum |
|---|---|---|---|
| 240001 | AR 10 | 2423 | 22. Nov. 200x |

### GUTSCHRIFT Nr. 20

Sehr geehrter Herr Schnitzer,
hiermit erstatten wir Ihnen aus der Rechnung vom 20. Nov. 200x die Rücknahme der Palette:

| | |
|---|---|
| 50,00 € | Rücknahme Palette |
| 9,50 € | 19 % |
| 59,50 € | Erstattungsbetrag |

Wir werden den Betrag auf das bekannte Konto überweisen.

---

**Pflanzen- und Gartenservice Otto Seelmann**
www.PflanzenGarten-Seelmann.de

Pflanzen u. Gartenservice · Otto Seelmann e. K. · Bergwerkstr. 14 · 82380 Peißenberg

Bergwerkstraße 14
82380 Peißenberg
Tel. 08803-498090
Fax 08803-60980
pflanzengarten@seelmann.de

Grainau-Plast GmbH
Zugspitzstraße 12
82491 Grainau

| Kunden-Nr. | Rechnungs-Nr. | Bestell-Nr. | Rechnungs- u. Lieferdatum |
|---|---|---|---|
| 240002 | AR 11 | 2470 | 25. Nov. 200x |

### Rechnung

Sehr geehrte Frau Dr. Holter,
vielen Dank für Ihren Auftrag, den wir wie folgt berechnen:

| Menge | Text | | Einzelpreis | Gesamt |
|---|---|---|---|---|
| 30 | Buxus sempervirens 25 cm | | 0,90 € | 27,00 € |
| 1 | Moderflor Naturtorf | 150 l | 10,64 € | 10,64 € |
| 31 | Colli | | | 37,64 € |
| | USt | 7 % | | 1,89 € |
| | USt | 19 % | | 2,02 € |
| | Rechnungsbetrag | | | 41,55 € |

| Skonto auf Warenwert | Skonto netto 2% | USt 7% | USt 19% | Skonto brutto |
|---|---|---|---|---|
| 27,00 € | 0,54 € | 0,04 € | | 0,58 € |
| 10,64 € | 0,21 € | | 0,04 € | 0,25 € |

# Spedition Holzer e. K.

Spedition Holzer e. K. · Alpenstraße 45 · 87435 Kempten

Alpenstraße 45
87435 Kempten
Tel. 0831-25385241
Fax 0831-25385293
holzer.spedition@s.com

Pflanzen- und Gartenservice
Otto Seelmann e. K.
Bergwerkstr. 14
82380 Peißenberg

| Kundennummer | Rechnungsnummer | Rechnungs-/Lieferdatum | Auftragsnummer | Auftragsdatum | Bestellnummer |
|---|---|---|---|---|---|
| 439 | 1917 | 26. Nov. 200x | 375 | 26. Nov. 200x | 6830 |

## Rechnung

Für folgenden Speditionsauftrag:

Versender: Torf & Erden OHG, Bodenseestr. 41, 87700 Memmingen
Empfänger: Pflanzen- und Gartenservice Otto Seelmann e. K., Bergwerkstr. 14, 82380 Peißenberg
Frachtpapiere: Nr. 8814
Gewicht: 2,5 t      Transport: Torf und Humus      Strecke: 100 km

berechnen wir Ihnen laut Anlage:
Kundensatz/Frachtübernahme:                                  135,00 €

| | |
|---|---:|
| Nettopreis | 135,00 € |
| + Umsatzsteuer 19 % | 25,65 € |
| Rechnungsbetrag | 160,65 € |

Betrag bar am 26. Nov. 200x dankend erhalten.

*Holzer*

---

# Zimmerpflanzen · Karla Grünwald GmbH

Zimmerpflanzen · Karla Grünwald GmbH · Schulestr. 7 · 96450 Coburg

Schulestr. 7
96450 Coburg
Tel. 09561-69520
Fax 09561-79020
Karla@zimmerpflanzen.com

Pflanzen- und Gartenservice
Otto Seelmann e. K.
Bergwerkstr. 14
82380 Peißenberg

Bankverbindung
Volksbank Coburg
BLZ 770 918 00
Kto.-Nr. 8 764 472

USt-IdNr.: DE 12345678

## Rechnung

| Ihre Bestellung | vom | Kunden-Nr. | Rechnungs-Nr. | Rechnungs- u. Lieferdatum |
|---|---|---|---|---|
| 6120 | 28. Nov. 200x | 48 | 6601 | 30. Nov. 200x |

Sehr geehrter Herr Seelmann,
wir lieferten gemäß beiliegenden Lieferscheinen

| | | | | |
|---|---|---|---|---:|
| 58 | Colli | Zimmerpflanzen | | 912,00 € |
| | Rabatt | | 5 % | 45,60 € |
| | Summe | | | 866,40 € |
| 2 | Leihcontainer | 47 € | | 94,00 € |
| | Winterverpackung | | | 75,00 € |
| | USt | | 7 % | 60,65 € |
| | USt | | 19 % | 32,11 € |
| | Rechnungsbetrag | | | 1.128,16 € |

| Skontofähiger Betrag | Skonto | Versandkosten | Zahlbetrag bei Skontoabzug |
|---|---|---|---|
| 927,05 € | 27,81 € | 201,11 € | 1.100,35 € |

Zahlungsbedingungen: 30 Tage rein netto, 14 Tage 3 % Skonto ab Rechnungsdatum.

# Blumen Import KG

Blumen Import KG · Prinzregentenstraße 46 · 83022 Rosenheim

Pflanzen- und Gartenservice
Otto Seelmann e. K.
Bergwerkstr. 14
82380 Peißenberg

Prinzregentenstraße 46
83022 Rosenheim
Tel. 08031-395223
Fax 08031-17908
Blu_Imp@t-online.de

| Ihre Bestellung vom | Bestell-Nr. | Kunden-Nr. | Rechnungs-Nr. | Rechnungs-/Lieferdatum |
|---|---|---|---|---|
| 29. Nov. 200x | 4103 | 298 | 2830 | 30. Nov. 200x |

## Rechnung

Sehr geehrter Herr Seelmann,
hiermit berechnen wir für unsere Lieferung im September:

| Text | Stückpreis | Anzahl | Gesamtpreis |
|---|---|---|---|
| Rosen | 0,90 € | 180 | 162,00 € |
| Nelken | 0,50 € | 150 | 75,00 € |
| Astern | 0,30 € | 250 | 75,00 € |
| diverse | 0,40 € | 320 | 128,00 € |
| Warenwert | | | 440,00 € |
| USt | | 7 % | 30,80 € |
| Rechnungsbetrag | | | 470,80 € |

Zahlungsbedingungen: bis 7. Dez. 200x 1,5 % Skonto
bis 14. Dez. 200x netto

Raiffeisenbank Rosenheim
BLZ 711 601 61
Konto-Nr. 87 461 125
IBAN DE06 7116 0161 0874 6112 50

Geschäftsführer
Thomas Sommer
HRA 85223 Rosenheim

USt-IdNr.:
DE 975132

Steuer-Nr.:
156/141/13090

**BSC Hohenpeißenberg**

Eschenweg 52
82383 Hohenpeißenberg

**Telefon:** 08805 / 6770
**Telefax:** 08805 / 67711

BSC Hohenpeißenberg · Eschenweg 52 · 82383 Hohenpeißenberg

Pflanzen- und Gartenservice
Otto Seelmann e. K.
Bergwerkstr. 14
82380 Peißenberg

## Rechnung

\* \* \* Bitte bei Zahlung angeben: \* \* \*

| Ihr Auftrag vom | Ihre Best.-Nr. | Unser Auftrag | Kunden-Nr. | Rechnungs-Nr. | Rechnungsdatum |
|---|---|---|---|---|---|
| 4. Okt. 200x | 246 | 04-2541 | 13100 | RE03-0080 | 1. Dez. 200x |

**Sportplatzwerbung**

**Gesamtbetrag:**                     **150,00 EUR**

Umsatzsteuerbefreit

Zahlbar bis 14. Dez. 200x
netto ohne Abzug

\*\*\* Rechnungsdatum = Lieferdatum / berechnete Menge = gelieferte Menge \*\*\*

Bankverbindungen:
Volks- und Raiffeisenbank Peißenberg
IBAN DE20 7016 9692 0932 5014 42

BLZ 701 696 92
Kto.-Nr. 932 501 442

Vorstandsvorsitzender
Eugen Schwarz

Steuer-Nr.:
168/116/77356

# Saphon GmbH

Saphon GmbH · Schwanthalerstraße 53 · 80333 München

Pflanzen- und Gartenservice
Otto Seelmann e. K.
Bergwerkstr. 14
82380 Peißenberg

Schwanthalerstraße 53
80333 München
Tel. 089-5398050
Fax 089-53980529
saphon@gmx.de

Bankverbindung
Stadtsparkasse
BLZ 701 500 00
Konto-Nr. 201 158

USt-IdNr.: DE 4139839

## Rechnung

| Ihre Bestellung | Bestell-Nr. | Kunden-Nr. | Rechnungs-Nr. | Rechnungs-/Lieferdatum |
|---|---|---|---|---|
| 25.Nov. 200x | 4347 | 49 | 2514 | 1. Dez. 200x |

## Rechnung

Sehr geehrter Herr Seelmann,
vielen Dank für Ihren Auftrag, den wir wie folgt berechnen:

| | | | |
|---|---|---|---|
| 20 | Finanzbuchhaltungssoftware 3 Plätze | | 600,00 € |
| | OHP-Folien | | 30,00 € |
| | Nettobetrag | | 630,00 € |
| | USt | 19 % | 119,70 € |
| | Rechnungsbetrag | | 749,70 € |

Zahlungsbedingungen ab Rechnungsdatum 14 Tage  2 % Skonto
30 Tage netto

| Bankverbindung | BLZ 701 500 00 | Geschäftsführer | USt-IdNr. | Steuer-Nr. |
|---|---|---|---|---|
| Stadtsparkasse | Konto-Nr. 20 115 871 | Kurt Sommer | DE 4139839 | 238/774/09870 |
| IBAN DE05 7015 0000 0201 1580 71 | | HRB 83225 München | | |

## Zimmerpflanzen · Karla Grünwald GmbH

Zimmerpflanzen · Karla Grünwald GmbH · Schulestr. 7 · 96450 Coburg

Pflanzen- und Gartenservice
Otto Seelmann e. K.
Bergwerkstr. 14
82380 Peißenberg

Schulestr. 7
96450 Coburg
Tel. 09561-69520
Fax 09561-79020
Karla@zimmerpflanzen.com

Bankverbindung
Volksbank Coburg
BLZ 770 918 00
Kto.-Nr. 8 764 472

USt-IdNr.: DE 12345678

### Rechnung – Gutschrift 205

| Ihre Bestellung | vom | Kunden-Nr. | Rechnungs-Nr. | Rechnungs- u. Lieferdatum |
|---|---|---|---|---|
| 6120 | 28. Nov. 200x | 48 | 6601 | 5. Dez. 200x |

Sehr geehrter Herr Seelmann,
hiermit erstatten wir Ihnen die Leihgebühren aus der Lieferung vom 30. November wie folgt:

| | | | | |
|---|---|---|---|---|
| 2 | Rollcontainer Rückgabe | | 47,00 € | 94,00 € |
| | USt | 19 % | | 17,86 € |
| | **Erstattungsbetrag** | | | **111,86 €** |

---

## Agrarbedarf und Baumschule
## WENNEKAMP · GMBH

Wennekamp GmbH · Ludwig-Dill-Straße 28 · 85221 Dachau

Pflanzen- und Gartenservice
Otto Seelmann e. K.
Bergwerkstr. 14
82380 Peißenberg

Ludwig-Dill-Straße 28
85221 Dachau
Tel. 08131-735673
Fax 08131-80383
Agra.Baum@wennekamp.com

Raiffeisenbank Dachau
BLZ 700 915 00
Konto-Nr. 123 123 123

USt-IdNr.: DE 12345678

### Rechnung – Gutschrift

| Ihre Bestellung | vom | Kunden-Nr. | Rechnungs-Nr. | Rechnungs- u. Lieferdatum |
|---|---|---|---|---|
| | 15. Nov. 200x | 22 | 498 | 5. Dez. 200x |

Sehr geehrter Herr Seelmann,
hiermit erstatten wir Ihnen aufgrund einer Mängelrüge folgenden Posten aus ihrer Lieferung.
Wir verrechnen die Gutschrift mit dem Rechnungsbetrag wie folgt:

| | | | | | |
|---|---|---|---|---|---|
| 1 | Querus paltustris | 45–50 m A-Qualität | | 232,97 € | 232,97 € |
| | | USt | 7 % | | 16,31 € |
| | Gutschrift | | | | 249,28 € |

Auf Grund der späten Bearbeitung der Mängelrüge sind Sie berechtigt, bei einer Zahlung bis zum 10. Dez. 200x 21,56 € Skonto abzuziehen.

| | |
|---|---|
| Rechnungsbetrag vom 20. Nov. 200x | 1.060,54 € |
| Gutschrift | –249,28 € |
| **Zahlungsbetrag** | **811,26 €** |

# Anhang

**Pflanzen- und Gartenservice Otto Seelmann**
www.PflanzenGarten-Seelmann.de

Pflanzen u. Gartenservice · Otto Seelmann e. K. · Bergwerkstr. 14 · 82380 Peißenberg

Grainau-Plast GmbH
Zugspitzstraße 12
82491 Grainau

Bergwerkstraße 14
82380 Peißenberg
Tel. 08803-498090
Fax 08803-60980
pflanzengarten@seelmann.de

| Kunden-Nr. | Rechnungs-Nr. | Bestell-Nr. | Rechnungs- u. Lieferdatum |
|---|---|---|---|
| 240002 | AR 12 | 2517 | 5. Dez. 200x |

## Rechnung

Sehr geehrte Frau Dr. Holter,
vielen Dank für Ihren Auftrag, den wir wie folgt berechnen:

| Menge | Text | | Einzelpreis | Gesamt |
|---|---|---|---|---|
| 4 | Rindenhumus Kultursubstrat | 80 l | 14,00 € | 56,00 € |
| | Rabatt | | 10 % | 5,60 € |
| | Warenwert | | | 50,40 € |
| | USt | | 19 % | 9,58 € |
| | Rechnungsbetrag | | | 59,98 € |

Zahlungsbedingungen: 15 Tage rein netto, 10 Tage 2 % Skonto ab Rechnungsdatum.

| Skonto auf Warenwert | Skonto netto | USt 19 % | Skonto brutto |
|---|---|---|---|
| 50,40 € | 1,01 € | 0,19 € | 1,20 € |

---

**Torf & Erden OHG**

Torf & Erden OHG · Bodenseestraße 41 · 87700 Memmingen

Pflanzen- und Gartenservice
Otto Seelmann e. K.
Bergwerkstr. 14
82380 Peißenberg

Bodenseestraße 41
87700 Memmingen
Tel. 08331-96490
Fax 08331-71030
Torf_Erden@memmingen.com

| Ihre Bestellung vom | Bestell-Nr. | Kunden-Nr. | Rechnungs-Nr. | Rechnungs-/Lieferdatum |
|---|---|---|---|---|
| 26. Nov. 200x | 6830 | 256 | 1030 | 7. Dez. 200x |

## Rechnung

Sehr geehrter Herr Seelmann,
für Ihre Lieferung vom 26. Nov. 200x stellen wir Ihnen folgenden Betrag in Rechnung:

| Menge | Text | | Einzelpreis | Gesamt |
|---|---|---|---|---|
| 4 | ModaborkRindenMulch Bodenhilfsstoff | 80 l | 5,50 € | 22,00 € |
| 8 | Rindenhumus Kultursubstrat | 80 l | 8,00 € | 64,00 € |
| 10 | Moderflor Naturtorf | 150 l | 12,00 € | 120,00 € |
| | Zwischensumme | | | 206,00 € |
| | | Rabatt | 20 % | 41,20 € |
| | Nettobetrag | | | 164,80 € |
| | USt | | 19 % | 31,31 € |
| | **Rechnungsbetrag** | | | **196,11 €** |

Zahlungsbedingungen: 14 Tage netto, 7 Tage 3 % Skonto ab Rechnungsdatum.

# Rigi Peißenberg GmbH

Rigi Peißenberg GmbH · Forsterstraße 19 · 82380 Peißenberg

Pflanzen- und Gartenservice
Otto Seelmann e. K.
Bergwerkstr. 14
82380 Peißenberg

Forsterstraße 19
82380 Peißenberg
Tel. 08803-690200
Fax 08803-9745
rigi@peißenberg.com

| Ihre Zeichen, Ihre Nachricht vom | Unsere Zeichen, Unsere Nachricht vom | Telefon, Name | Datum |
|---|---|---|---|
| 20. Nov. 200x | | Schnitzer | 5. Dez. 200x |

Sehr geehrter Herr Seelmann,

hiermit zeige ich an, dass ein von den zwei Querus Palustries, geliefert und gepflanzt am 20. November 2003, trotz empfohlener Pflege während der Anwuchsphase verdorrt ist. Bei der Ortsbesichtigung am 5. Dezember konnten Sie sich selbst überzeugen, dass ein Mangel in der Lieferung vorliegt. Wir bitten deshalb um eine entsprechende Gutschrift.

Für weitere Fragen stehen wir Ihnen gerne zur Verfügung und zeichnen

Mit freundlichen Grüßen

Dipl.-Kfm. H. Schnitzer
Geschäftsführer

Auszug aus Rechnung:

| 2 | Querus paltustris | 45–50 m A-Qualität | 358,41 € | 716,82 € | Streckengeschäft |

Raiffeisenbank Peißenberg
BLZ 701 696 02
Konto-Nr. 225 786 958
IBAN DE06 7016 9602 0225 7869 58

Geschäftsführer
Heinrich Schnitzer
HRB 8941 Weilheim

Steuer-Nr.:
168/225/76511

# Pflanzen- und Gartenservice Otto Seelmann
www.PflanzenGarten-Seelmann.de

Pflanzen u. Gartenservice · Otto Seelmann e. K. · Bergwerkstr. 14 · 82380 Peißenberg

Bergwerkstraße 14
82380 Peißenberg
Tel. 08803-498090
Fax 08803-60980
pflanzengarten@seelmann.de

**Rigi Peißenberg GmbH**
**Forsterstraße 19**
**D 82380 Peißenberg**

| Kunden-Nr. | Rechnungs-Nr. | Datum |
|---|---|---|
| | AR 10 | 8. Dez. 200x |

Sehr geehrter Herr Schnitzer,

Ihre Mängelrüge erkenne ich in voller Höhe an. Sie erhalten eine Gutschrift in Höhe von 358,41 € (Bruttopreis) und ich freue mich, wenn Sie diese bei der nächsten Rechnung in Abzug bringen. Selbstverständlich überweisen wir Ihnen den Betrag, im Falle, dass Sie keine weiteren Aufträge erteilen.

In Erwartung einer weiterhin guten Geschäftsbeziehung verbleibe ich

Mit freundlichen Grüßen.

*Otto Seelmann*

Raiffeisenbank Weilheim
BLZ 701 696 92
Konto-Nr. 114 357 200
IBAN DE60 7016 9692 0114 3572 00

Postbank München
BLZ 700 100 80
Konto-Nr. 28 143 587

Gesellschafter
Otto Seelmann
HRA 86551
München

USt-IdNr.:
DE 1269955311
Steuer-Nr.:
168/119/14222

# Pflanzen- und Gartenservice Otto Seelmann
www.PflanzenGarten-Seelmann.de

Pflanzen u. Gartenservice · Otto Seelmann e. K. · Bergwerkstr. 14 · 82380 Peißenberg

Rigi Peißenberg GmbH
Forsterstraße 19
D 82380 Peißenberg

Bergwerkstraße 14
82380 Peißenberg
Tel. 08803-498090
Fax 08803-60980
pflanzengarten@seelmann.de

| Kunden-Nr. | Rechnungs-Nr. | Bestell-Nr. | Rechnungs- u. Lieferdatum |
|---|---|---|---|
| 240001 | AR 13 | 2730 | 8. Dez. 200x |

## Rechnung

Sehr geehrter Herr Schnitzer,
vielen Dank für Ihren Auftrag, den wir wie folgt in Rechnung stellen:

| Anzahl | Text | | Einzelpreis | Gesamt |
|---|---|---|---|---|
| 4 | ModaborkRindenMulch Bodenhilfsstoff | 80 l | 6,50 € | 26,00 € |
| 4 | Rindenhumus Kultursubstrat | 80 l | 11,00 € | 44,00 € |
| 10 | Moderflor Naturtorf | 150 l | 12,00 € | 120,00 € |
| 18 | Colli | | | 190,00 € |
| | Rabatt | | 15 % | 28,50 € |
| | Zwischensumme | | | 161,50 € |
| | Palette | | | 50,00 € |
| | Rechnungsbetrag netto | | | 211,50 € |
| | USt | | 19 % | 40,19 € |
| | Rechnungsbetrag | | | 251,69 € |

Skontofähiger Betrag    Skonto netto 2 %    USt 19 %
161,50 €                3,23 €              0,61 €

Zahlungsbedingungen: 15 Tage netto, 10 Tage 2 % Skonto ab Rechnungsdatum.

Bitte leisten Sie für diese Rechnung keine Zahlung; sie haben bei uns ein Guthaben aus Gutschrift.

Raiffeisenbank Weilheim
BLZ 701 696 92
Konto-Nr. 114 357 200
IBAN DE60 7016 9692 0114 3572 00

Postbank München
BLZ 700 100 80
Konto-Nr. 28 143 587

Gesellschafter
Otto Seelmann
HRA 86551
München

USt-IdNr.:
DE 1269955311
Steuer-Nr.:
168/119/14222

# LUX GmbH  Beleuchtung

LUX GmbH · Artilleriestr. 25 · 91052 Erlangen

Pflanzen- und Gartenservice
Otto Seelmann e. K.
Bergwerkstr. 14
82380 Peißenberg

Artilleriestr. 25
91052 Erlangen
Tel. 09131-53430
Fax 09131-534344
Lux@web.de

| Ihre Bestellung vom | Kunden-Nr. | Rechnungs-Nr. | Rechnungs- u. Lieferdatum |
|---|---|---|---|
| 6. Dez. 200x | 310 | 728 | 12. Dez. 200x |

## Rechnung

Sehr geehrter Herr Seelmann,
für Ihre Lieferung vom 11.12.2003 berechnen wir wie folgt:

| Menge | Text | Einzelpreis | Gesamt |
|---|---|---|---|
| 200,00 m | Lichterketten | 0,89 € | 178,00 € |
| | div. Material für weihnachtliche Außendekorationen lt. Lieferschein | | 76,00 € |
| | Zwischensumme | | 254,00 € |
| | Rabatt | 10 % | 25,40 € |
| | Nettowert | | 228,60 € |
| | USt | 19 % | 43,43 € |
| | **Summe** | | **272,03 €** |

Zahlungsbedingungen ab Rechnungsdatum: 30 Tage netto, 8 Tage 2 % Skonto

---

```
Deutsche Post AG

1796   1400   14. Dez. 200x

# 110,00 EUR

Briefmarken ohne
Zuschlag aus Automat

Vielen Dank

Deutsche Post
```

# Anhang

Vertrieb · Tel 089-29 01 42-59 · Fax 089-29 01 42-90

Vertrieb Bayerische Staatszeitung

1355

Verlag Bayerische Staatszeitung GmbH, Herzog-Rudolf-Str. 3, 80539 München

Pflanzen- und Gartenservice
Otto Seelmann e. K.
Bergwerkstr. 14
82380 Peißenberg

| | |
|---|---|
| **Kundennummer** | : **93011040** |
| **Rechnungsnummer:** | **501352** |
| Rechnungsdatum | : 15. Dez. 200x |
| Fälligkeit | : sofort |
| Sachbearbeiter | : Abonnement-Service |
| Telefon | : 089/290142-59 |

## Abonnement-Rechnung

| Rechnungstext | Anzahl | Betrag |
|---|---|---|
| 1. Jan. 200x – 31. Dez. 200x Vollabo Inland | 1 | |
| Nettobetrag: | | 58,88 € |
| zuzüglich Mehrwertsteuer: 7,00 % | | 4,12 € |
| **Rechnungsbetrag:** | | 63,00 € |

Bitte überweisen Sie den Betrag
unter Angabe Ihrer Kundennummer   **93011040**
auf das Konto: 6888808 bei der Postbank München, BLZ 70010080

Seite 1

| | | | |
|---|---|---|---|
| Verlag Bayerische Staatszeitung GmbH | e-mail vertrieb@bayerische-staatszeitung.de | Postbank München | Geschäftsführung |
| Herzog-Rudolf-Straße 3, 80539 München | internet www.bayerische-staatszeitung.de | BLZ 700 100 80, Konto-Nr. 68 88 808 | Franz Payer, Alfred Backs |
| Tel 089-29 01 42-59, Fax 089-29 01 42-90 | Steuer-Nr. 826/2690/5013 | USt-IDNR.DE 129486744 | Amtsgericht München HRB 39 |

# Pflanzen- und Gartenservice Otto Seelmann
www.PflanzenGarten-Seelmann.de

Pflanzen u. Gartenservice · Otto Seelmann e. K. · Bergwerkstr. 14 · 82380 Peißenberg

**Rigi Peißenberg GmbH**
**Forsterstraße 19**
**D 82380 Peißenberg**

Bergwerkstraße 14
82380 Peißenberg
Tel. 08803-498090
Fax 08803-60980
pflanzengarten@seelmann.de

| Kunden-Nr. | Rechnungs-Nr. | Bestell-Nr. | Rechnungs- u. Lieferdatum |
|---|---|---|---|
| 240003 | AR 14 | 2410 | 16. Dez. 200x |

## Rechnung

Sehr geehrter Herr Hotter,
vielen Dank für Ihren Auftrag, den wir wie folgt abrechnen:

| Menge | Text | Größe | Einzelpreis | Gesamt |
|---|---|---|---|---|
| 1 | Philodendron | 50 cm | 10,46 € | 10,46 € |
| 2 | Purchira aquatan (Wollbaumgewächs) | 60 cm | 37,34 € | 74,68 € |
| 2 | Howea forsteriana (KeniaPalme) | 110 cm | 20,06 € | 40,12 € |
| 5 | Colli | | | 125,26 € |
| 1 | Übertopf Terrakotta D. 21 cm | | | |
| | 28 Zentimeter hoch | | | 33,62 € |
| 1 | Übertopf Terrakotta D. 30 cm | | | |
| | 28 Zentimeter hoch | | | 21,38 € |
| 2 | Colli | | | 55,00 € |
| | Rabatt | | 5 % | 2,75 € |
| | Listenpreis | | | 52,25 € |
| | USt | | 7 % | 8,77 € |
| | USt | | 19 % | 9,93 € |
| | **Rechnungsbetrag** | | | **198,96 €** |

Zahlungsbedingungen: 7 Tage netto ab Rechnungsdatum

Raiffeisenbank Weilheim
BLZ 701 696 92
Konto-Nr. 114 357 200
IBAN DE60 7016 9692 0114 3572 00

Postbank München
BLZ 700 100 80
Konto-Nr. 28 143 587

Gesellschafter
Otto Seelmann
HRA 86551
München

USt-IdNr.:
DE 1269955311
Steuer-Nr.:
168/119/14222

# Anhang

## Pflanzen- und Gartenservice Otto Seelmann
www.PflanzenGarten-Seelmann.de

Pflanzen u. Gartenservice · Otto Seelmann e. K. · Bergwerkstr. 14 · 82380 Peißenberg

Bergwerkstraße 14
82380 Peißenberg
Tel. 08803-498090
Fax 08803-60980
pflanzengarten@seelmann.de

Frau
Simone Rauch
Sankt-Johann-Straße 34
82386 Huglfing

| Kunden-Nr. | Rechnungs-Nr. | Bestell-Nr. | Rechnungs- u. Lieferdatum |
|---|---|---|---|
| 240006 | AR 14 | 2554 | 24. Dez. 200x |

### Rechnung

Sehr geehrte Frau Rauch,
vielen Dank für Ihre Bestellung, die wir wie folgt in Rechnung stellen:

| Menge | Text | Größe | Einzelpreis | | Gesamt |
|---|---|---|---|---|---|
| 1 | Beaucarnia | 180 cm | 233,64 € | | 233,64 € |
| | USt | | | 7 % | 16,36 € |
| | Rechnungsbetrag | | | | 250,00 € |

---

## Zimmerpflanzen · Karla Grünwald GmbH

Zimmerpflanzen · Karla Grünwald GmbH · Schulestr. 7 · 96450 Coburg

Schulestr. 7
96450 Coburg
Tel. 09561-69520
Fax 09561-79020
Karla@zimmerpflanzen.com

Pflanzen- und Gartenservice
Otto Seelmann e. K.
Bergwerkstr. 14
82380 Peißenberg

Bankverbindung
Volksbank Coburg
BLZ 770 918 00
Kto.-Nr. 8 764 472

USt-IdNr.: DE 12345678

### Rechnung

| Ihre Bestellung | vom | Kunden-Nr. | Rechnungs-Nr. | Rechnungs- u. Lieferdatum |
|---|---|---|---|---|
| 6230 | 28. Dez. 200x | 48 | 6722 | 30. Dez. 200x |

Sehr geehrter Herr Seelmann,
wir lieferten gemäß beiliegenden Lieferscheinen

| Menge | | Text | | | Gesamt |
|---|---|---|---|---|---|
| 120 | Colli | Zimmerpflanzen | | | 1.314,12 € |
| | | Rabatt | | 5 % | 65,71 € |
| | | **Summe** | | | **1.248,41 €** |
| 3 | | Rollcontainer | | 45,00 € | 135,00 € |
| | | Winterverpackung | | | 78,00 € |
| | | USt | 7 % | | 87,39 € |
| | | USt | 19 % | | 40,47 € |
| | | Rechnungsbetrag | | | 1.589,27 € |
| | | Zahlungsbetrag bei Skontoabzug | | | 1.542,81 € |

Blumen Import KG · Prinzregentenstraße 46 · 83022 Rosenheim

Pflanzen- und Gartenservice
Otto Seelmann e. K.
Bergwerkstr. 14
82380 Peißenberg

Prinzregentenstraße 46
83022 Rosenheim
Tel. 08031-395223
Fax 08031-17908
Blu_Imp@t-online.de

| Ihre Bestellung vom | Bestell-Nr. | Kunden-Nr. | Rechnungs-Nr. | Rechnungs-/Lieferdatum |
|---|---|---|---|---|
| 30. Dez. 200x | 3952 | 298 | 2785 | 31. Dez. 200x |

## Rechnung

Sehr geehrter Herr Seelmann,
hiermit berechnen wir für unsere Lieferung im Dezember:

| Text | Stückpreis | | |
|---|---|---|---|
| Rosen | 0,90 € | 220,00 € | 198,00 € |
| Nelken | 0,50 € | 250,00 € | 75,00 € |
| Astern | 0,30 € | 300,00 € | 90,00 € |
| diverse | 0,40 € | 170,00 € | 68,00 € |
| Warenwert | | | 431,00 € |
| USt | | 7 % | 30,17 € |
| Rechnungsbetrag | | | 461,17 € |

Zahlungsbedingungen: bis 7. Jan. 200x 1,5 % Skonto
bis 14. Jan. 200x netto

Raiffeisenbank Rosenheim
BLZ 711 601 61
Konto-Nr. 87 461 125
IBAN DE06 7116 0161 0874 6112 50

Geschäftsführer
Thomas Sommer
HRA 85223 Rosenheim

USt-IdNr.:
DE 975132

Steuer-Nr.:
156/141/13090

# Pflanzen- und Gartenservice Otto Seelmann
www.PflanzenGarten-Seelmann.de

Pflanzen u. Gartenservice · Otto Seelmann e. K. · Bergwerkstr. 14 · 82380 Peißenberg

Bauservice GmbH
Wilhelm-Köhler-Straße 40
86956 Schongau

Bergwerkstraße 14
82380 Peißenberg
Tel. 08803-498090
Fax 08803-60980
pflanzengarten@seelmann.de

Kunden-Nr.
240004

Datum
31. Dez. 200x

## Bonusgutschrift

Sehr geehrter Herr Schiller,
hiermit geben wir 5 % Bonus auf alle Umsätze aus dem Jahr 200x.
Abrechnung:

| Beleg-datum | Umsatz-brutto | Gegenk. | MwSt | Umsatz netto | 5 % | Umsatz-steuer | Bonus brutto |
|---|---|---|---|---|---|---|---|
| 12.09.2003 | 714,40 € | 5110 | 7 % | 667,66 € | 33,38 € | 2,34 € | 35,72 € |
| 07.10.2003 | 519,94 € | 5110 | 7 % | 485,93 € | 24,30 € | 1,70 € | 26,00 € |
| 01.11.2003 | 2.306,92 € | 5110 | 7 % | 2.156,00 € | 107,80 € | 7,55 € | 115,35 € |
| 01.11.2003 | 2.764,50 € | 5120 | 19 % | 2.383,19 € | 119,16 € | 22,64 € | 141,80 € |
| 02.11.2003 | 953,84 € | 5110 | 7 % | 891,44 € | 44,57 € | 3,12 € | 47,69 € |
| Summen | 7.259,60 € | | | 6.584,22 € | 329,21 € | 37,34 € | 366,55 € |
| Gutschriftbetrag | | | | 366,55 € | | | |

Raiffeisenbank Weilheim
BLZ 701 696 92
Konto-Nr. 114 357 200
IBAN DE60 7016 9692 0114 3572 00

Postbank München
BLZ 700 100 80
Konto-Nr. 28 143 587

Gesellschafter
Otto Seelmann
HRA 86551
München

USt-IdNr.:
DE 1269955311
Steuer-Nr.:
168/119/14222

Blumen Import KG · Prinzregentenstraße 46 · 83022 Rosenheim

Pflanzen- und Gartenservice
Otto Seelmann e. K.
Bergwerkstr. 14
82380 Peißenberg

Prinzregentenstraße 46
83022 Rosenheim
Tel. 08031-395223
Fax 08031-17908
Blu_Imp@t-online.de

| Ihre Bestellung vom | Bestell-Nr. | Kunden-Nr. | Rechnungs-Nr. | Datum |
|---|---|---|---|---|
| | | | | 31. Dez. 200x |

## Bonusgutschrift

Sehr geehrter Herr Seelmann,
hiermit schreiben wir Ihnen folgenden Bonusbetrag gut, der sich wie folgt berechnet:

| Rechnungsdatum | Ihre Umsätze brutto | Ihre Umsätze netto | MwSt. |
|---|---|---|---|
| 30.09.200x September | 460,10 € | 430,00 € | 7 % |
| 31.10.200x Oktober | 388,41 € | 363,00 € | 7 % |
| 30.11.200x November | 470,80 € | 440,00 € | 7 % |
| 31.12.200x Dezember | 461,17 € | 431,00 € | 7 % |
| Summen: | 1.780,48 € | 1.664,00 € | 7 % |

| Bonus | 7 % | 124,63 € | |

| Bonusstaffeln   ab netto | | |
|---|---|---|
| | 1000 | 5 % |
| | 1500 | 7 % |
| | 2000 | 10 % |
| | 2500 | 12 % |
| | 3000 | 15 % |
| | 3500 | 17 % |
| | 4000 | 20 % |
| | 5000 | n. V |

| Raiffeisenbank Rosenheim | Geschäftsführer | USt-IdNr.: | Steuer-Nr.: |
|---|---|---|---|
| BLZ 711 601 61 | Thomas Sommer | DE 975132 | 156/141/13090 |
| Konto-Nr. 87 461 125 | HRA 85223 Rosenheim | | |
| IBAN DE06 7116 0161 0874 6112 50 | | | |

# Anhang

```
                                    Kontonummer      erstellt am          Auszug       Blatt
  RAIFFEISENBANK WEILHEIM EG        114 357 200     30.09.200x        1/200x    1/1
  82362 WEILHEIM                                    13:10             Kontokorrent
  BLZ 701 696 92                     K o n t o a u s z u g            EUR-Konto
  Bu-Tag      Wert      Vorgang     alter Kontostand vom 01.09.200x        78.32 H

  01.09.   Kontoeröffnung                                                  78,32 H
  05.09.   Einzahlung                                                     500,00 H
  09.09.   Leichtmetall Oberland                    522,00 S
  12.09.   Darlehensvalutierung                                        25.000,00 H
  12.09.   Überweisung Postbank Konto 116 300 806  5.000,00 S
  14.09.   Rigi Peißenberg AR1 v. 1.9.200x                                 532,89 H
  15.09.   Kraftfahrzeugsteuer Kennz. WM-DR-23       259,00 S
  15.09.   Grundsteuer Juli - September              126,89 S
  15.09.   Grainau-Plast AR2 v. 02.09.                                     419,42 H


  Pflanzen- u. Gartenservice
  Otto Seelmann e.K.
                       Bank Identifier Code (BIC):             GENODEF1WM2
                       interBank-AccNr (IBAN): DE60 7016 9692 0114 3572 00

  Bitte Rückseite beachten.
```

```
                                    Kontonummer      erstellt am          Auszug       Blatt
  RAIFFEISENBANK WEILHEIM EG        114 357 200     30.09.200x        1/200x    2/1
  82362 WEILHEIM                                    13:10             Kontokorrent
  BLZ 701 696 92                     K o n t o a u s z u g            EUR-Konto
  Bu-Tag      Wert      Vorgang

  18.09.   Gehrmann Rechn. v. 09.09. Nr. 561        6.172,20 S
  18.09.   Holz & Boden Rechn. v. 08.09. Nr. 189    8.120,00 S
  18.09.   Bauservice AR3 v. 12.09.                                        714,40 H
  20.09.   Direkt Printer Rechn. v. 14.09. Nr. 125   621,60 S
  22.09.   Singer Gartenbedarf Rechn. v. 10.09 Nr. 3224  367,35 S
  22.09.   Rauch, Simone AR4 v. 19.09.                                     348,90 H
  27.09.   Torf & Erden Rechn. v. 15.09. Nr. 963     739,50 S
  29.09.   Argrarbedarf u. Baumschule Wennekamp
           Rechn. v. 01.09. Nr. 428                  388,79 S
  30.09.   Lux Rechn. v. 03.09. Nr. 510              812,00 S
  30.09.   HBCI-Lastschrift Online: 3                                      809,15 H
  30.09.   Kontoführungsgebühr September 200x;         6,00 S
  30.09.   0,75% Habenzinsen aus 1817 Zinszahlen                             3,79 H
  30.09.   Provisionsertrag Martha Ubbens, September                        11,60 H

  Bitte Rückseite beachten.
```

```
                                    Kontonummer      erstellt am          Auszug       Blatt
  RAIFFEISENBANK WEILHEIM EG        114 357 200     30.09.200x        1/200x    3/1
  82362 WEILHEIM                                    13:10             Kontokorrent
  BLZ 701 696 92                     K o n t o a u s z u g            EUR-Konto
  Bu-Tag      Wert      Vorgang

  30.09.   Zinsen Sept. Fälligkeitsdarlehen;
           8,5% Zinszahlen 6063; neuer Kontostand nach
           Buchung 14.211,37 €                      141,20 S
  30.09.   Zinsen Sept. Hypothekendarlehen;
           4,9% Zinszahlen 4500; neuer Kontostand
           nach Buchung 25.000,00 €                  60,41 S
           --------------------------------------------------------
                        neuer Kontostand vom 30.09.200x          5.081,53 H
           --------------------------------------------------------

  Bitte Rückseite beachten.
```

# Anhang

## Raiffeisenbank Weilheim — Einzahlung

| Konto-Nr. | | Betrag |
|---|---|---|
| 114 357 200 | EUR | 500,00 |

Kontoinhaber: Otto Seelmann

Den von mir genannten Betrag zahlte ich heute zugunsten des angegebenen Kontos ein.

5. Sept. 200x

Datum, Unterschrift des Einzahlers

358 0103 ! DG VERLAG BB3 5.01

---

Finanzamt Weilheim
Kraftfahrzeugsteuernummer
**WM-DR 23/9**
(Bitte bei Rückfragen angeben)

82360 Weilheim
Waisentor 9
Telefon 08801-700
Telefax 08801-710    Zimmer 008

Finanzkasse
Telefon 08801-700-374 VORMITTAGS
Zimmer 209

Finanzamt 82360 Weilheim, POSTFACH 1255
495//0045377/30//76185-10/0,56 EUR

PFLANZEN- UND GARTENSERVICE
OTTO SEELMANN E. K.
BERGWERKSTR. 14
82380 PEIßENBERG

**Bescheid**
über
Kraftfahrzeugsteuer

**Festsetzung**

Die Steuer wird für das Fahrzeug mit dem amtlichen Kennzeichen WM-DR 23 festgesetzt:
für die Zeit ab 01. Sept. 200x

jährlich . . . . . . . . . . . . . . . . . . . . . . . . . . . . . . . . . . . . .

| Kraftfahrzeugsteuer |
|---|
| EUR |
| 259,00 |

---

## Gemeinde Peißenberg

Gemeinde Peißenberg, 82380 Peißenberg

PFLANZEN- UND GARTENSERVICE
OTTO SEELMANN E. K.
BERGWERKSTR. 14
82380 PEIßENBERG

**Bescheid**
über
Grundsteuer

**Festsetzung**

Grundsteuer von Juli-September

126,89 EUR

Fällig 15. Sept. 200x
Bankeinzug

# Martha Ubbens
## GARTENPFLEGE

Martha Ubbens Gartenpflege e. K. · Blumenstraße 2 · 82383 Hohenpeißenberg

Pflanzen- und Gartenservice
Otto Seelmann e. K.
Bergwerkstr. 14
82380 Peißenberg

Blumenstraße 2
82383 Hohenpeißenberg
Tel. 08805 9210-0
Fax 08805 921880
m.ubben@telecom.de

Ihre Zeichen, Ihre Nachricht vom   Unsere Zeichen, Unsere Nachricht vom   Telefon, Name   Datum
30. Sep. 200x

**Abrechnung Provision**

Sehr geehrter Herr Seelmann,

für den im September vermittelten Auftrag überweisen wir Ihnen die Provision in der vereinbarten Höhe von 5 %:

| Rechnungsdatum | Umsatzhöhe | Provisionssatz | Provision netto | USt-Satz | USt-Betrag | Provision brutto |
|---|---|---|---|---|---|---|
| 30. September | 200,00 € | 5 % | 10,00 € | 19 % | 1,90 € | 11,90 € |

## Anhang

```
                                    Kontonummer    erstellt am      Auszug        Blatt
  RAIFFEISENBANK WEILHEIM EG        114 357 200    31.10.200x      2/200x      1/2
  82362 WEILHEIM                                   10:20           Kontokorrent
  BLZ 701 696 92                     K o n t o a u s z u g         EUR-Konto
  Bu-Tag    Wert    Vorgang          alter Kontostand vom 30.09.200x      5.081,53 H

  01.10.   Argrarbedarf u. Baumschule Wennekamp
           Rechn. v. 29.09. Nr. 429                         242,89 S
  01.10.   Handwerkskammer                                  465,00 S
  01.10.   Lastschrift Bielefeld Verlag                     102,60 S
  04.10.   Ausburger Töpferei Rechn. v. 15.09.
           Nr. 1011                                       1.316,85 S
  05.10.   Däumling Rechn. v. 05.10.                        222,97 S
  05.10.   Werbung Rechn. v. 05.10. Nr. 312                 162,40 S
  07.10.   Garten-Großhandel Rechn. v. 24.09. Nr. 582        85,17 S


  Pflanzen- u. Gartenservice
  Otto Seelmann e.K.
                    Bank Identifier Code (BIC):            GENODEF1WM2
                    interBank-AccNr (IBAN): DE60 7016 9692 0114 3572 00

  Bitte Rückseite beachten.
```

```
                                    Kontonummer    erstellt am      Auszug        Blatt
  RAIFFEISENBANK WEILHEIM EG        114 357 200    31.10.200x      2/200x      2/2
  82362 WEILHEIM                                   10:20           Kontokorrent
  BLZ 701 696 92                     K o n t o a u s z u g         EUR-Konto
  Bu-Tag    Wert    Vorgang

  11.10.   Monika Buttner, Rosenspezialist, Rechn.
           v. 05.10. Nr. 531 abzgl. 3% Skonto 10,51 €        339,92 S
  13.10.   Druckerei Papier Rechn. v. 05.10. Nr. 03-0080     119,64 S
  13.10.   Blumen Import Rosenheim Rechn. v. 30.09.
           Nr. 2388                                          460,10 S
  15.10.   Leasing Gartentraktor Fendt 377004                222,22 S
  16.10.   Telekom September                                 262,00 S
  16.10.   M. Gebauer AR6 v. 10.10. abzgl. 2% Skonto 4,93 €              241,81 H
  17.10.   Bauservice AR5 v. 07.10. abzgl. 3% Skonto 15,60 €             504,34 H
  17.10.   Hotter, Klaus AR7 v. 15.10.                                   198,62 H
  27.10.   Argrarbedarf u. Baumschule Wennekamp
           Rechn. v. 01.10. Nr. 431                          257,00 S
  28.10.   Argrarbedarf u. Baumschule Wennekamp
           Rechn. v. 29.09. Nr. 430                          416,45 S

  Bitte Rückseite beachten.
```

```
                                    Kontonummer    erstellt am      Auszug        Blatt
  RAIFFEISENBANK WEILHEIM EG        114 357 200    31.10.200x      2/200x      3/2
  82362 WEILHEIM                                   13:10           Kontokorrent
  BLZ 701 696 92                     K o n t o a u s z u g         EUR-Konto
  Bu-Tag    Wert    Vorgang

  30.10.   Provisionsertrag Martha Ubbens, Oktober                        40,60 H
  30.10.   HBCI-Lastschrift Online: 11                                 2.133,51 H
  31.10.   Hypothekendarlehen Oktober; 4,9% Zinszahlen 7500:
           102,08 €, Tilgung 41,67 €; neuer Kontostand
           nach Buchung: 24.958,33 €                         143,75 S
           -----------------------------------------------------------
                         neuer Kontostand vom 31.10.200x        3.624,34 H
           -----------------------------------------------------------

  Bitte Rückseite beachten.
```

# Anhang

## HANDWERKSKAMMER MÜNCHEN

Handwerkskammer München, Postfach 340138, 80098 München

Abteilung: Beiträge

**Vertraulich – nur für die Geschäftsleitung**

Pflanzen- und Gartenservice
Otto Seelmann e. K.
Bergwerkstr. 14
82380 Peißenberg

Hausanschrift: Max-Joseph-Str. 4, 80333 München
Postanschrift: Postfach 340138, 80098 München
Tel.: 089/5119-0
Fax: 089/5119-295
E-Mail: info@hwk-muenchen.de
Internet: http://www.hwk-muenchen.de

| Betriebsnummer | Datum |
|---|---|
| **0038946** | 01.10.03 |
| Bitte bei Zahlung/Schriftverkehr angeben! | |

**Beitragsbescheid** 2 0 0 3

Blatt 1 von 2

| Beitrags-jahr | | Gesamtbetrag | bereits veranlagt | Gesamtbetrag bzw. Abweichung EUR |
|---|---|---|---|---|
| 2003 | siehe Blatt 2 | 465,00 | 0,00 | 465,00 |

---

# Bielefeld Verlag GmbH

Bielefeld Verlag GmbH · Windhorststr. 1 · 33604 Bielefeld

Pflanzen- und Gartenservice
Otto Seelmann e. K.
Bergwerkstr. 14
82380 Peißenberg

Windhorststr. 1
33604 Bielefeld
Tel. 0521-1465390
Fax 0521-1465399
bvggmbh@t-online.de

| Ihre Zeichen, Ihre Nachricht vom | Unsere Zeichen, Unsere Nachricht vom | Telefon, Name | Datum |
|---|---|---|---|
| | | | 1. Okt. 200x |

## Rechnung

1 Abonnement Fachzeitschrift

| | | | |
|---|---|---|---|
| 1/4-jährlich „Mein grüner Garten" | | | 95,89 € |
| | | USt | 6,71 € |
| Rechnungsbetrag | | | 102,60 € |

Der Rechnungsbetrag wird per Bankeinzug von Ihren Konto eingezogen.

# Martha Ubbens
## GARTENPFLEGE

Martha Ubbens Gartenpflege e. K. · Blumenstraße 2 · 82383 Hohenpeißenberg

Pflanzen- und Gartenservice
Otto Seelmann e. K.
Bergwerkstr. 14
82380 Peißenberg

Blumenstraße 2
82383 Hohenpeißenberg
Tel. 08805 9210-0
Fax 08805 921880
m.ubben@telecom.de

| Ihre Zeichen, Ihre Nachricht vom | Unsere Zeichen, Unsere Nachricht vom | Telefon, Name | Datum |
|---|---|---|---|
|  |  |  | 30. Okt. 200x |

**Abrechnung Provision**

Sehr geehrter Herr Seelmann,

für den im Oktober vermittelten Auftrag überweisen wir Ihnen die Provision in der vereinbarten Höhe von 5 %:

| Rechnungsdatum | Umsatzhöhe | Provisionssatz | Provision netto | USt-Satz | USt-Betrag | Provision brutto |
|---|---|---|---|---|---|---|
| 30. Oktober | 700,00 € | 5 % | 35,00 € | 19 % | 6,65 € | 41,65 € |

```
RAIFFEISENBANK WEILHEIM EG        Kontonummer        erstellt am          Auszug    Blatt
                                  114 357 200        30.11.200x          3/200x    1/3
82362 WEILHEIM                                       14:25               Kontokorrent
BLZ 701 696 92                    K o n t o a u s z u g                  EUR-Konto
Bu-Tag      Wert      Vorgang     alter Kontostand vom 31.10.200x        3.624,34 H
01.11.  Allianz Betriebshaftspflicht HV 0011275/F    672,05 S
05.11.  Torf & Erden Rechn. v. 30.10. Nr. 980
        abzgl. 3% Skonto 18,96 €                     612,92 S
05.11.  Blumenimport Rosenheim Rechn. V. 31.10.
        Nr. 2615 abzgl. 1,5% Skonto 5,83 €           382,58 S
07.11.  Bauservice AR8 v. 01.11. abzgl.
        3% Skonto 149,44 €                                               4.831,97 H
10.11.  Zimmerpflanzen Karla Grünwald Rechn. v. 05.09.
        Nr. 6411 abzgl. 3% Skonto 30,49 €            985,97 S

        Pflanzen- u. Gartenservice
        Otto Seelmann e.K.
                    Bank Identifier Code (BIC):                GENODEF1WM2
                    interBank-AccNr (IBAN): DE60 7016 9692 0114 3572 00
```

```
RAIFFEISENBANK WEILHEIM EG        Kontonummer        erstellt am          Auszug    Blatt
                                  114 357 200        30.11.200x          3/200x    2/3
82362 WEILHEIM                                       14:25               Kontokorrent
BLZ 701 696 92                    K o n t o a u s z u g                  EUR-Konto
Bu-Tag      Wert      Vorgang
10.11.  Bauservice AR9 v. 02.11. abzgl. 3% Skonto 28,61 €                925,23 H
12.11.  Zimmerpflanzen Karla Grünwald Rechn. v. 30.10. Nr. 539
        Betrag: 950,13 €, Gutschrift Rollcontainer 104,40 €
        abzgl. 3% Skonto 25,37 €                     820,36 S
14.11.  Garten-Großhandel Rechn. v. 02.11. Nr. 601
        abzgl. 3% Skonto 9,72 €                      314,43 S
15.11.  Leasing Gartentraktor Fendt 377004           222,22 S
15.11.  Telekom Oktober                              312,11 S
18.11.  Garten-Großhandel Rechn. v. 05.11. Nr. 609
        abzgl. 3% Skonto 11,73 €                     379,28 S
25.11.  Augsburger Töpferei Rechn. v. 20.11. Nr. 1210
        abzgl. 3% Skonto 5,10 €                      165,07 S
28.11.  Rigi-Peißenberg AR10 v. 20.11., Gutschrift
        v. 22.11. 58,00 € abzgl. 2% Skonto 17,90 €                       930,18 H
```

```
RAIFFEISENBANK WEILHEIM EG        Kontonummer        erstellt am          Auszug    Blatt
                                  114 357 200        30.11.200x          3/200x    3/3
82362 WEILHEIM                                       14:25               Kontokorrent
BLZ 701 696 92                    K o n t o a u s z u g                  EUR-Konto
Bu-Tag      Wert      Vorgang
30.11.  Provisionsertrag Martha Ubbens, November                         23,20 H
30.11.  HBCI-Lastschrift Online: 4                                       1.390,74 H
30.11.  Hypothekendarlehen November; 4,9% Zinszahlen 7488:
        101,91 €, Tilgung 41,84 €; neuer Kontostand nach
        Buchung: 24.916,50 €                         143,75 S
                    -----------------------------------------------
                    neuer Kontostand vom 30.11.200x                      6.714,92 H
                    -----------------------------------------------
```

## Martha Ubbens
### GARTENPFLEGE

Martha Ubbens Gartenpflege e. K. · Blumenstraße 2 · 82383 Hohenpeißenberg

Pflanzen- und Gartenservice
Otto Seelmann e. K.
Bergwerkstr. 14
82380 Peißenberg

Blumenstraße 2
82383 Hohenpeißenberg
Tel. 08805 9210-0
Fax 08805 921880
m.ubben@telecom.de

| Ihre Zeichen, Ihre Nachricht vom | Unsere Zeichen, Unsere Nachricht vom | Telefon, Name | Datum |
|---|---|---|---|
| | | | 30. Nov. 200x |

**Abrechnung Provision**

Sehr geehrter Herr Seelmann,

für den im November vermittelten Auftrag überweisen wir Ihnen die Provision in der vereinbarten Höhe von 5 %:

| Rechnungsdatum | Umsatzhöhe | Provisionssatz | Provision netto | USt-Satz | USt-Betrag | Provision brutto |
|---|---|---|---|---|---|---|
| 30. November | 400,00 € | 5 % | 20,00 € | 19 % | 3,80 € | 23,80 € |

# Anhang

```
RAIFFEISENBANK WEILHEIM EG        Kontonummer      erstellt am       Auszug      Blatt
                                  114 357 200      31.12.200x        4/200x      1/4
82362 WEILHEIM                                     09:14             Kontokorrent
BLZ 701 696 92                    K o n t o a u s z u g              EUR-Konto
Bu-Tag    Wert     Vorgang        alter Kontostand vom 30.11.200x    6.714,92 H
02.12.   Grainau-Plast AR11 v. 25.11.
         Abzgl. 2% Skonto 0,83 €                                        40,41 H
03.12.   Sportplatzwerbung Rechn. 03-0082 v. 01.12.     150,00 S
05.12.   Blumen Import Rosenheim Rechn. v. 30.11.
         Nr. 2830 abzgl. 1,5% Skonto 7,06 €             463,74 S
06.12.   Zimmerpflanzen Karla Grünwald, Rechn. v. 30.11.
         Nr. 6601, Betrag: 1.123,09 €,
         Gutschrift Rollcontainer 109,04 €
         abzgl. 3% Skonto 27,81 €                       986,24 S


Pflanzen- u. Gartenservice
Otto Seelmann e.K.
               Bank Identifier Code (BIC):              GENODEF1WM2
               interBank-AccNr (IBAN): DE60 7016 9692 0114 3572 00

Bitte Rückseite beachten.
```

```
RAIFFEISENBANK WEILHEIM EG        Kontonummer      erstellt am       Auszug      Blatt
                                  114 357 200      31.12.200x        4/200x      2/4
82362 WEILHEIM                                     09:14             Kontokorrent
BLZ 701 696 92                    K o n t o a u s z u g              EUR-Konto
Bu-Tag    Wert     Vorgang
12.12.   Grainau-Plast AR12 v. 05.12.
         Abzgl. 2% Skonto 1,17 €                                        57,29 H
15.12.   Staatsanzeiger Kd-Nr. 93011040                 63,00 S
15.12.   Grundsteuer Oktober - Dezember                126,89 S
15.12.   Leasing Gartentraktor Fendt 377004            222,22 S
15.12.   Telekom November                              423,50 S
17.12.   Agrarbedarf u. Baumschule Wennekamp Rechn.
         v. 20.11. Nr. 452, Gutschrift v. 05.12. 249,28 €
         abzgl. 3% Skonto 21,56 €                      778,95 S
18.12.   Lux Rechn. v. 12.12. Nr. 728 abzgl.
         2% Skonto 5,30 €                              259,87 S
20.12.   Saphon Rechn. v. 01.12. Nr. 2514              730,80 S
20.12.   Torf & Erden Rechn. v. 07.12. Nr. 1030 abzgl.
         3% Skonto 5,74 €                              185,43 S
```

```
RAIFFEISENBANK WEILHEIM EG        Kontonummer      erstellt am       Auszug      Blatt
                                  114 357 200      31.12.200x        4/200x      3/4
82362 WEILHEIM                                     09:14             Kontokorrent
BLZ 701 696 92                    K o n t o a u s z u g              EUR-Konto
Bu-Tag    Wert     Vorgang
23.12.   Hotter, Klaus AR14 v. 16.12.                                   197,39 H
28.12.   Lastschrift: Versicherung Einbruchdiebstahl
         EB 6923785                                     64,85 S
29.12.   Rauch, Simone AR v. 24.12.                                     250,00 H
30.12.   Provisionsertrag Martha Ubbens, Dezember                        29,00 H
30.12.   HBCI-Lastschrift Online: 10                                  1.344,21 H
31.12.   Kontoführung Oktober - Dezember                18,00 S
31.12.   Zinsen September - Oktober Kontokorrentkonto
         12,75% Zinszahlen 12.000                      120,00 S
31.12.   Zinsen September - Oktober ERP-Darlehen
         2,9% Zinszahlen 22.000,
         neuer Kontostand nach Buchung 20.000,00 €     174,79 S

Bitte Rückseite beachten.
```

# Anhang

```
                                          Kontonummer      erstellt am        Auszug      Blatt
  RAIFFEISENBANK WEILHEIM EG               114 357 200     31.12.200x         4/200x      4/4
  82362 WEILHEIM                                           09:14              Kontokorrent
  BLZ 701 696 92
                                                K o n t o a u s z u g                    EUR-Konto
  Bu-Tag    Wert      Vorgang

  31.12.    Zinsen Oktober - Dezember Fälligkeitsdarlehen
            8,5% Zinszahlen 12.790,-
            neuer Kontostand nach Buchung 14.211,37 €         297,85 S
  31.12.    Hypothekendarlehen 4,9% Zinszahlen 7475
            101,74 €, Tilgung 42,01 €,
            neuer Kontostand nach Buchung 24.772,75 €         143,75 S
            ----------------------------------------------------------------
                      neuer Kontostand vom 30.09.200x              3.423,34 H
            ----------------------------------------------------------------


  Bitte Rückseite beachten.
```

---

**Gemeinde Peißenberg**                                   15. Dez. 200x

Gemeinde Peißenberg, 82380 Peißenberg

PFLANZEN- UND GARTENSERVICE                              **Bescheid**
OTTO SEELMANN E. K.                                         über
BERGWERKSTR. 14                                          Grundsteuer
82380 PEIßENBERG

**Festsetzung**

Grundsteuer von Oktober-Dezember
                                                         126,89 EUR

# Martha Ubbens
## GARTENPFLEGE

Martha Ubbens Gartenpflege e. K. · Blumenstraße 2 · 82383 Hohenpeißenberg

Pflanzen- und Gartenservice
Otto Seelmann e. K.
Bergwerkstr. 14
82380 Peißenberg

Blumenstraße 2
82383 Hohenpeißenberg
Tel. 08805 9210-0
Fax 08805 921880
m.ubben@telecom.de

| Ihre Zeichen, Ihre Nachricht vom | Unsere Zeichen, Unsere Nachricht vom | Telefon, Name | Datum |
|---|---|---|---|
| | | | 30. Dez. 200x |

**Abrechnung Provision**

Sehr geehrter Herr Seelmann,

für den im Dezember vermittelten Auftrag überweisen wir Ihnen die Provision in der vereinbarten Höhe von 5 %:

| Rechnungsdatum | Umsatzhöhe | Provisionssatz | Provision netto | USt-Satz | USt-Betrag | Provision brutto |
|---|---|---|---|---|---|---|
| 30. Dezember | 500,00 € | 5 % | 25,00 € | 19 % | 4,75 € | 29,75 € |

## Anhang

```
┌─────────────────────────────────────────────────────────────────────┐
│  Festgeldkonto         Kontonummer  723 544                         │
│  Bel.-dat.          Buchungstext                    Haben      Soll │
│                                                                     │
│  30.11.    Neuanlage Festgeld                    7.500,00 € -      │
│                                                                     │
│  30.12.    Zins Festgeld 2,5%, Zinszahlen für 30 Tage 2250          │
│            vom 30.11.200x-30.12.200x                 15,63 € -     │
│            Neuer Kontostand                       7.515,00 € -     │
│                                                                     │
│                                                                     │
│  Pflanzen- u. Gartenservice                                         │
│  Otto Seelmann e.K.                                                 │
│                                                                     │
│  Festgeld                                                           │
│                                                                     │
└─────────────────────────────────────────────────────────────────────┘
```

```
┌─────────────────────────────────────────────────────────────────────┐
│  Postbank München        │ Kontonummer │ erstellt am │ Nummer │ Blatt/von │
│  BLZ 700 100 80          │ 116 300-806 │ 30.09.200x  │ 1/200x │   1/1     │
│                          │             │   07.15     │  Kontokorrent      │
│                              Kontoauszug              Umsätze/Euro-Konto │
│  Buch.Tag  Wert   Umsatzvorgang    alter Kontostand vom             │
│  01.09.    Kontoeröffnung                                  0,00 H  │
│  08.09.    Kreiskurier Rechn. v. 08.09. Nr. 233   110,25 S         │
│  12.09.    Gutschrift Otto Seelmann                     5.000,00 H │
│  15.09.    EnBW E 265092042-/F2                    311,00 S        │
│  26.09.    Kreiskurier Rechn. v. 26.09. Nr. 285    146,16 S        │
│  28.09.    Einzahlung                                   1.000,00 H │
│  30.09.    DEA-Lastschrift, Agenturware 133,70 €,                  │
│            Gebühren 1,50€                          135,20 S        │
│                                                                     │
│            neuer Kontostand vom 30.09.200x              4.653,09 H │
│                                                                     │
│  Pflanzen- u. Gartenservice                                         │
│  Otto Seelmann e.K.                                                 │
│             Bank Identifier Code (BIC):              PBNKDEDF      │
│             interBank-AccNr (IBAN): DE60 7016 9692 0114 3572 00    │
│  Bitte Rückseite beachten.                                          │
└─────────────────────────────────────────────────────────────────────┘
```

```
┌─────────────────────────────────────────────────────────────────────┐
│  Postbank München        │ Kontonummer │ erstellt am │ Nummer │ Blatt/von │
│  BLZ 700 100 80          │ 116 300-806 │ 31.10.200x  │ 2/200x │   1/1     │
│                          │             │   11.55     │  Kontokorrent      │
│                              Kontoauszug              Umsätze/Euro-Konto │
│  Buch.Tag  Wert   Umsatzvorgang    alter Kontostand vom 30.09.200x  4.653,09 H │
│  05.10     Einzahlung                                   1.000,00 H │
│  13.10     Einzahlung                                   1.000,00 H │
│  26.10     Einzahlung                                   1.000,00 H │
│  27.10     Wasserzins Gemeinde W 3055-7            212,56 S        │
│  31.10     DEA-Lastschrift, Agenturware 151,38 €,                  │
│            Gebühren 1,50 €                         152,88 S        │
│                                                                     │
│            neuer Kontostand vom 31.10.200x              7.287,65 H │
│                                                                     │
│  Pflanzen- u. Gartenservice                                         │
│  Otto Seelmann e.K.                                                 │
│             Bank Identifier Code (BIC):              PBNKDEDF      │
│             interBank-AccNr (IBAN): DE60 7016 9692 0114 3572 00    │
│  Bitte Rückseite beachten.                                          │
└─────────────────────────────────────────────────────────────────────┘
```

## Anhang

**Postbank München**
BLZ 700 100 80

| Kontonummer | erstellt am | Nummer | Blatt/von |
|---|---|---|---|
| 116 300-806 | 30.11.200x 10.35 | 3/200x | 1/1 |
| | Kontoauszug | Kontokorrent Umsätze/Euro-Konto | |

| Buch.Tag | Wert | Umsatzvorgang | | |
|---|---|---|---|---|
| | | alter Kontostand vom 31.10.200x | | 7.287,65 H |
| 15.11 | | EnBW E 265092042-/F2 | 311,00 S | |
| 17.11 | | Einzahlung | | 1.000,00 H |
| 17.11 | | Neuanlage Festgeld 723544, Zinsen 2,5%, 30.11.200x-17.02.200x" | 7.500,00 S | |
| 30.11 | | DEA-Lastschrift, Agenturware 197,17 €, Gebühren 1,50 € | 198,67 S | |
| | | neuer Kontostand vom 30.11.200x | | 277,98 H |

Pflanzen- u. Gartenservice
Otto Seelmann e.K.
Bank Identifier Code (BIC):      PBNKDEDF
interBank-AccNr (IBAN): DE60 7016 9692 0114 3572 00

Bitte Rückseite beachten.

---

**Postbank München**
BLZ 700 100 80

| Kontonummer | erstellt am | Nummer | Blatt/von |
|---|---|---|---|
| 116 300-806 | 31.12.200x 15.03 | 4/200x | 1/1 |
| | Kontoauszug | Kontokorrent Umsätze/Euro-Konto | |

| Buch.Tag | Wert | Umsatzvorgang | | |
|---|---|---|---|---|
| | | alter Kontostand vom 30.11.200x | | 277,98 H |
| 01.12 | | Einzahlung | | 1.200,00 H |
| 11.12 | | Einzahlung | | 1.200,00 H |
| 15.12 | | EnBW E 265092042-/F2 | 311,00 S | |
| 18.12 | | Einzahlung | | 2.000,00 H |
| 31.12 | | Einzahlung | | 2.200,00 H |
| 31.12 | | DEA-Lastschrift, Agenturware 186,69 €, Gebühren 1,50 € | 188,19 S | |
| | | neuer Kontostand vom 31.12.200x | | 6.378,79 H |

Pflanzen- u. Gartenservice
Otto Seelmann e.K.
Bank Identifier Code (BIC):      PBNKDEDF
interBank-AccNr (IBAN): DE60 7016 9692 0114 3572 00

Bitte Rückseite beachten.

# Anhang

**EnBW Energie-Vertriebsgesellschaft mbH**

EnBW Energie-Vertriebsgesellschaft mbH,
88398 Biberach

Pflanzen- und Gartenservice
Otto Seelmann e. K.
Bergwerkstr. 14
82380 Peißenberg

Ihre Kundennummer:
E 265092042/F2

Stromabrechnungsstelle:
Bergwerkstr. 14
82380 Peißenberg

Unsere Telefon-Nr.  Datum
01802-223622  15. Sept. 200x

**Neuanmeldung**

Sehr geehrter Kunde,

Wir begrüßen Sie als neuen Kunden.
Aufgrund ihrer Betriebsgröße berechnen wir Ihnen eine monatliche
Abschlagszahlung von 311,00 €.
Der Rechnungsbetrag wird jeweils zum 15. des Monats von Ihrem
Postbankkonto abgebucht.

Mit freundlichen Grüßen
EnBW Vertriebsgesellschaft mbH

Steuer-Nr.
103/117/01504

---

Gemeinde Peißenberg  27. Okt. 200x

Gemeinde Peißenberg, 82380 Peißenberg

PFLANZEN- UND GARTENSERVICE
OTTO SEELMANN E. K.
BERGWERKSTR. 14
82380 PEIßENBERG

Wasserzins  212,56 EUR

# DEA-Tankstelle – Franz Schmid

DEA-Tankstelle – Franz Schmid e. K. · Schongauer Str. 25 · 82383 Peißenberg

Pflanzen- und Gartenservice
Otto Seelmann e. K.
Bergwerkstr. 14
82380 Peißenberg

Schongauer Straße 25
82383 Peißenberg
Tel. 08803-60980
Fax 08803-60981
Franz.Schmid@dea.com

Bankverbindung
Raiffeisenbank Weilheim
BLZ 701 696 92
Konto-Nr. 6 670 809

| Ihre Bestellung | vom | Kunden-Nr. | Rechnungs-Nr. | Rechnungsdatum |
|---|---|---|---|---|
| 1677 | 30. Sept. 200x | 1022 | 9 | 30. Sept. 200x |

Sehr geehrter Herr Seelmann,
im Rahmen unseres Lastschriftverfahrens stellen wir Ihnen für den Monat September folgende Beträge in Rechnungen:

| Datum | Menge | Liter Preis pro | Gesamt |
|---|---|---|---|
| 1.9. | 31,91 l | 0,939 | 29,96 € |
| 7.9. | 38,50 l | 0,944 | 36,34 € |
| 14.9. | 33,00 l | 0,944 | 31,15 € |
| 30.9. | 43,54 l | 0,953 | 41,49 € |
| | | Gebühren | 1,50 € |
| | | | **140,44 €** |

| Nettobetrag | 19 % USt | Agenturware | |
|---|---|---|---|
| 118,02 € | | 22,18 € | 138,94 € |

Wir buchen den Rechnungsbetrag vom Konto 28 143 587, Postbank München, BLZ 700 100 80 ab.

Raiffeisenbank Weilheim
BLZ 701 696 92
Konto-Nr. 6 670 809
IBAN DE05 7016 9692 0667 0809 03

HRA 83665
Weilheim

Steuer-Nr.
168/150/78903

## Kassenbuch

| Bel'dat. | Buchungstext | Soll | Haben | Gegenk. |
|---|---|---|---|---|
| 01. Sept. 200x | EB = Anfangsbestand | 894,88 € | | 8000 |
| 01. Sept. 200x | Gewerbeanmeldung | | 20,00 € | 6730 |
| 05. Sept. 200x | S. 46 Kassen/Bankbeleg | | 500,00 € | 2800 |
| 11. Sept. 200x | KW 37 lt. Tabelle | 504,53 € | | 5120 |
| 11. Sept. 200x | KW 37 lt. Tabelle | 318,99 € | | 5110 |
| 17. Sept. 200x | rabu rabhamsi Büromaterial | | 37,47 € | 6800 |
| 18. Sept. 200x | TL KW 38 lt. Tabelle | 312,09 € | | 5110 |
| 18. Sept. 200x | TL KW 38 lt. Tabelle | 514,67 € | | 5120 |
| 21. Sept. 200x | Schreibwaren (A) | | 12,15 € | 6800 |
| 25. Sept. 200x | TL KW 39 lt. Tabelle | 316,44 € | | 5110 |
| 25. Sept. 200x | TL KW 39 lt. Tabelle | 595,96 € | | 5120 |
| 26. Sept. 200x | Bürgermeister Amt | | 10,00 € | 6730 |
| 28. Sept. 200x | Einzahlung | | 1.000,00 € | 2850 |
| 29. Sept. 200x | Briefmarken (Porto) | | 55,00 € | 6825 |

### Einnahmen je Kalenderwoche – Tageslosungen

| Kalender-woche | Buchungsdatum | Gesamteinnahmen brutto | davon mit 7 % | davon mit 19 % |
|---|---|---|---|---|
| 37 | 11. September | 823,52 € | 318,99 € | 504,53 € |
| 38 | 18. September | 826,76 € | 312,09 € | 514,67 € |
| 39 | 25. September | 912,40 € | 316,44 € | 595,96 € |
| 40 | 2. Oktober | 712,33 € | 403,00 € | 309,33 € |
| 41 | 9. Oktober | 708,56 € | 299,98 € | 408,58 € |
| 42 | 16. Oktober | 418,99 € | 116,20 € | 302,79 € |
| 43 | 23. Oktober | 799,01 € | 226,33 € | 572,68 € |
| 44 | 30. Oktober | 630,19 € | 214,90 € | 415,29 € |
| 45 | 6. November | 979,33 € | 402,02 € | 577,31 € |
| 46 | 13. November | 743,83 € | 313,89 € | 429,94 € |
| 47 | 20. November | 499,17 € | 300,40 € | 198,77 € |
| 48 | 27. November | 705,13 € | 366,77 € | 338,36 € |
| 49 | 4. Dezember | 904,27 € | 318,13 € | 586,14 € |
| 50 | 11. Dezember | 940,19 € | 463,45 € | 476,74 € |
| 51 | 18. Dezember | 962,22 € | 439,07 € | 523,15 € |
| 52 | 24. Dezember | 1.127,64 € | 301,62 € | 826,02 € |
| 53 | 31. Dezember | 219,12 € | 117,40 € | 101,72 € |
| | | 12.912,66 € | 5.230,68 € | 7.681,98 € |

# Anhang

## Dienstleistungen — Abrechnung per Lastschriftverfahren

Einzüge jeweils am letzten des Monats

| Rechnungsdatum | Kunde + Tätigkeit | Zeitansatz oder Stück | Entgelt je Stunde oder Stück | Entgelt Arbeit oder Nettowarenwert | abgerechnete km | km-Satz | Entgelt Fahrtkosten | Rechnungsbetrag netto | USt-Satz | USt-Betrag | Rechnungsbetrag brutto | Summen | Dienstleistungen 19 % | Waren 7 % | Waren 19 % |
|---|---|---|---|---|---|---|---|---|---|---|---|---|---|---|---|
| 12. Sept. 200x | Strauß: Hecken schneiden | 3 h | 35,00 € | 105,00 € | 12 km | 0,43 € | 5,17 € | 110,17 € | 19 % | 20,93 € | 131,10 € | 131,10 € | 131,10 € | | |
| 19. Sept. 200x | Trakl: Gartenpflege | 5 h | 35,00 € | 157,50 € | 25 km | 0,43 € | 10,78 € | 168,28 € | 19 % | 31,97 € | 200,25 € | 306,72 € | 200,25 € | | |
|  | Viola Patiola | 50 Stück | 1,99 € | 99,50 € |  |  | – € | 99,50 € | 7 % | 6,97 € | 106,47 € |  |  | 106,47 € | |
| 26. Sept. 200x | Raabe: Gartenpflege | 7 h | 35,00 € | 245,00 € | 14 km | 0,43 € | 6,03 € | 251,03 € | 19 % | 47,70 € | 298,73 € | 409,19 € | 298,73 € | | |
|  | Viola Patiola | 30 Stück | 1,99 € | 59,70 € | 13 km | 0,43 € | 5,60 € | 65,30 € | 7 % | 4,57 € | 64,27 € |  |  | 64,27 € | |
|  | Ziersträucher | 4 Stück | 5,55 € | 22,20 € |  |  |  |  | 7 % | 1,55 € | 23,75 € |  |  | 23,75 € | |
|  | Rhododendron yakushimanum | 3 Stück | 6,99 € | 20,97 € |  |  |  |  | 7 % | 1,47 € | 22,44 € |  |  | 22,44 € | |
| **Einzug September** | | | | | | | | | | | | **847,01 €** | **630,08 €** | **216,93 €** | **– €** |

## Anhang

| Rechnungsdatum | Kunde + Tätigkeit | Zeitansatz oder Stück | Entgelt je Stunde oder Stück | Entgelt Arbeit oder Nettowarenwert | abgerechnete km | km-Satz | Entgelt Fahrtkosten | Rechnungsbetrag netto | USt-Satz | USt-Betrag | Rechnungsbetrag brutto | Summen | Dienstleistungen 19 % | Waren 7 % | Waren 19 % |
|---|---|---|---|---|---|---|---|---|---|---|---|---|---|---|---|
| 3. Okt. 200x | Schiller: Hecken schneiden | 3 h | 35,00 € | 87,50 € | 8 km | 0,43 € | 3,45 € | 90,95 € | 19 % | 17,28 € | 108,23 € | 108,23 € | 108,23 € | | |
| 3. Okt. 200x | Mühsam: Gartenpflege | 4 h | 35,00 € | 140,00 € | 14 km | 0,43 € | 6,03 € | 146,03 € | 19 % | 27,75 € | 173,78 € | | 173,78 € | | |
| | Blumenzwiebeln | 80 Stück | 0,99 € | 79,20 € | 13 km | 0,43 € | 5,60 € | 84,80 € | 7 % | 5,94 € | 90,74 € | | | 90,74 € | |
| | Zierstr. | 2 Stück | 5,55 € | 11,10 € | | | | | 7 % | 0,78 € | 11,88 € | | | 11,88 € | |
| | Rhododendron yakushimanum | 2 Stück | 6,99 € | 13,98 € | | | | 13,98 € | 7 % | 0,98 € | 14,96 € | 285,75 € | | 14,96 € | |
| 10. Okt. 200x | Lessing: Gartenpflege | 5 h | 35,00 € | 175,00 € | 15 km | 0,43 € | 6,47 € | 181,47 € | 19 % | 34,48 € | 215,95 € | 215,95 € | 215,95 € | | |
| 17. Okt. 200x | Bach: Gartengestaltung | 10 h | 42,00 € | 420,00 € | 12 km | 0,43 € | 5,17 € | 425,17 € | 19 % | 80,78 € | 505,95 € | | 505,95 € | | |
| | Maschineneinsatz | 7 h | 40,00 € | 280,00 € | | | | 280,00 € | 19 % | 53,20 € | 333,20 € | | 333,20 € | | |
| | Blumenzwiebeln | 60 Stück | 0,99 € | 59,40 € | 13 km | 0,43 € | 5,60 € | 65,00 € | 7 % | 4,55 € | 69,55 € | | | 69,55 € | |
| | Zierstr. | 5 Stück | 5,55 € | 27,75 € | | | | | 7 % | 1,94 € | 29,69 € | | | 29,69 € | |
| | Rhododendron yakushimanum | 5 Stück | 6,99 € | 34,95 € | | | | 37,40 € | 7 % | 2,45 € | 37,40 € | 970,19 € | | 37,40 € | |
| 24. Okt. 200x | Schuhmann: Gartenpflege | 4 h | 35,00 € | 140,00 € | 17 km | 0,43 € | 7,33 € | 147,33 € | 19 % | 27,99 € | 175,32 € | 175,32 € | 175,32 € | | |
| 30. Okt. 200x | Wagner: Grabpflege | 2 h | 35,00 € | 70,00 € | | 0,43 € | – € | 70,00 € | 19 % | 13,30 € | 83,30 € | | 83,30 € | | |
| | Grabschmuck 7 % | | | | | | | 50,00 € | 7 % | 3,50 € | 53,50 € | | | 53,50 € | |
| | Grabschmuck 19 % | | | | | | | 20,00 € | 19 % | 3,80 € | 23,80 € | 161,60 € | | | 23,80 € |
| | Kleist: Grabpflege | 1 h | 35,00 € | 35,00 € | | 0,43 € | – € | 35,00 € | 19 % | 6,65 € | 41,65 € | | 41,65 € | | |
| | Grabschmuck 7 % | | | | | | | 30,00 € | 7 % | 2,10 € | 32,10 € | | | 32,10 € | |
| | Grabschmuck 19 % | | | | | | | 105,00 € | 19 % | 19,95 € | 124,95 € | 198,70 € | | | 124,95 € |
| | Brentano: Grabpflege | 1 h | 35,00 € | 35,00 € | | 0,43 € | – € | 35,00 € | 19 % | 6,65 € | 41,65 € | | 41,65 € | | |
| | Grabschmuck 7 % | | | | | | | 25,00 € | 7 % | 1,75 € | 26,75 € | | | 26,75 € | |
| | Grabschmuck 19 % | | | | | | | 30,00 € | 19 % | 5,70 € | 35,70 € | 104,10 € | | | 35,70 € |
| | Herder: Grabpflege | 2 h | 35,00 € | 70,00 € | | 0,43 € | – € | 70,00 € | 19 % | 13,30 € | 83,30 € | | 83,30 € | | |
| | Grabpflege | 1 h | 35,00 € | 35,00 € | | 0,43 € | – € | 35,00 € | 19 % | 6,65 € | 41,65 € | | 41,65 € | | |
| | Grabschmuck 7% | | | | | | | 70,00 € | 7 % | 4,90 € | 74,90 € | | | 74,90 € | |
| | Grabschmuck 19% | | | | | | | 10,00 € | 19 % | 1,90 € | 11,90 € | 211,75 € | | | 11,90 € |
| | Bachmann: Grabpflege | 1 h | 35,00 € | 35,00 € | | 0,43 € | – € | 35,00 € | 19 % | 6,65 € | 41,65 € | | 41,65 € | | |
| | Eschenbach: Grabpflege | 2 h | 35,00 € | 70,00 € | | 0,43 € | – € | 70,00 € | 19 % | 13,30 € | 83,30 € | 124,95 € | 83,30 € | | |
| **Einzug Oktober** | | | | | | | | | | | | **2.567,74 €** | 1.928,93 € | 441,47 € | 196,35 € |

# Anhang

| Rechnungsdatum | Kunde + Tätigkeit | Zeitansatz oder Stück | Entgelt je Stunde oder Stück | Entgelt Arbeit oder Nettowarenwert | abgerechnete km | km-Satz | Entgelt Fahrtkosten | Rechnungsbetrag netto | USt-Satz | USt-Betrag | Rechnungsbetrag brutto | Summen | Dienstleistungen 19 % | Waren 7 % | Waren 19 % |
|---|---|---|---|---|---|---|---|---|---|---|---|---|---|---|---|
| 7. Nov. 200x | Kleist: Gartenpflege Maschineneinsatz | 4 h  2 h | 35,00 € 40,00 € | 140,00 € 80,00 € | 8 km | 0,43 € 0,43 € | 3,45 € – € | 143,45 € 80,00 € | 19 % 19 % | 27,25 € 15,20 € | 170,70 € 95,20 € | 265,90 € | 170,70 € 95,20 € | | |
| 14. Nov. 200x | Verdi: Gartenpflege Maschineneinsatz | 5 h 5 h | 35,00 € 40,00 € | 175,00 € 200,00 € | | 0,43 € 0,43 € | – € – € | 175,00 € 200,00 € | 19 % 19 % | 33,25 € 38,00 € | 208,25 € 238,00 € | 446,25 € | 208,25 € 238,00 € | | |
| 21. Nov. 200x | Telemann: Gartenpflege | 3 h | 35,00 € | 105,00 € | | 0,43 € | – € | 105,00 € | 19 % | 19,95 € | 124,95 € | 124,95 € | 124,95 € | | |
| 28. Nov. 200x | Mann: Einrichtung eines Wintergartens div. Pflanzen | 5 h | 35,00 € | 175,00 € 350,00 € | 10 km | 0,43 € | 4,31 € | 179,31 € 350,00 € | 19 % 7 % | 34,07 € 24,50 € | 213,38 € 374,50 € | 587,88 € | 213,38 € | 374,50 € | |
| **Einzug November** | | | | | | | | | | | | **1.424,98 €** | 1.050,48 € | 374,50 € | – € |

# Anhang

| Rechnungsdatum | Kunde + Tätigkeit | Zeitansatz oder Stück | Entgelt je Stunde oder Stück | Entgelt Arbeit oder Nettowarenwert | abgerechnete km | km-Satz | Entgelt Fahrtkosten | Rechnungsbetrag netto | USt-Satz | USt-Betrag | Rechnungsbetrag brutto | Summen | Dienstleistungen 19 % | Waren 7 % | Waren 19 % |
|---|---|---|---|---|---|---|---|---|---|---|---|---|---|---|---|
| 05. Dez. 200x | Dostojewski: Gartenpflege | 3 h | 35,00 € | 105,00 € | 14 km | 0,43 € | 6,03 € | 111,03 € | 19 % | 21,10 € | 132,13 € | 132,13 € | 132,13 € | | |
| 12. Dez. 200x | Händel: Gartenpflege | 4 h | 35 | 140,00 € | 18 km | 0,43 € | 7,76 € | 147,76 € | 19 % | 28,07 € | 175,83 € | 175,83 € | 175,83 € | | |
| 18. + 19. Dez. 200x | Schubert: Dekorationen Weihnachtsbaum im Garten | 2 h | 30 | 60,00 € | 4 km | 0,43 € | 1,72 € | 61,72 € | 19 % | 11,73 € | 73,45 € | | 73,45 € | | |
|  | Dekorationsmaterial pauschal | | | | | | | 40,00 € | 19 % | 7,60 € | 47,60 € | 121,05 € | | | 47,60 € |
|  | Hechenbichler: Dekorationen Weihnachtsbaum im Garten | 2 h | 30 | 60,00 € | 3 km | 0,43 € | 1,29 € | 61,29 € | 19 % | 11,65 € | 72,94 € | | 72,94 € | | |
|  | Dekorationsmaterial pauschal | | | | | | | 60,00 € | 19 % | 11,40 € | 71,40 € | 144,34 € | | | 71,40 € |
|  | Moroder: Dekorationen Weihnachtsbaum im Garten | 2 h | 30 | 60,00 € | 7 km | 0,43 € | 3,02 € | 63,02 € | 19 % | 11,97 € | 74,99 € | 74,99 € | 74,99 € | | |
|  | Dr. Reiter: Dekorationen Weihnachtsbaum im Garten | 2 h | 30 | 60,00 € | 5 km | 0,43 € | 2,16 € | 62,16 € | 19 % | 11,81 € | 73,97 € | 73,97 € | 73,97 € | | |
|  | Borowczyk: Dekorationen Weihnachtsbaum im Garten | 2 h | 30 | 60,00 € | 3 km | 0,43 € | 1,29 € | 61,29 € | 19 % | 11,65 € | 72,94 € | | 72,94 € | | |
|  | Dekorationsmaterial pauschal | | | | | | | 60,00 € | 19 % | 11,40 € | 71,40 € | 144,34 € | | | 71,40 € |
|  | Außerlechner: Dekorationen Weihnachtsbaum im Garten | 2 h | 30 | 60,00 € | 2 km | 0,43 € | 0,86 € | 60,86 € | 19 % | 11,56 € | 72,42 € | | 72,42 € | | |
|  | Dekorationsmaterial pauschal | | | | | | | 40,00 € | 19 % | 7,60 € | 47,60 € | 120,02 € | | | 47,60 € |
|  | Kröniger: Dekorationen Weihnachtsbaum im Garten | 2 h | 30 | 60,00 € | 2 km | 0,43 € | 0,86 € | 60,86 € | 19 % | 11,56 € | 72,42 € | | 72,42 € | | |
|  | Dekorationsmaterial pauschal | | | | | | | 40,00 € | 19 % | 7,60 € | 47,60 € | 120,02 € | | | 47,60 € |
|  | Schneller: Dekorationen Weihnachtsbaum im Garten | 2 h | 30 | 60,00 € | 2 km | 0,43 € | 0,86 € | 60,86 € | 19 % | 11,56 € | 72,42 € | | 72,42 € | | |
|  | Dekorationsmaterial pauschal | | | | | | | 60,00 € | 19 % | 11,40 € | 71,40 € | | | | 71,40 € |
|  | weiter gehende Deklarationen | 2 h | 35 | 70,00 € | 2 km | 0,43 € | 0,86 € | 70,86 € | 19 % | 13,96 € | 84,32 € | 228,14 € | | | 84,32 € |
| **Einzug Dezember** | | | | | | | | | | | | **1.334,83 €** | 893,51 € | – € | 393,72 € |

## Liste der Belege zu den Privatentnahmen und zur Privateinlage

| Belegdatum | Belegart | Geschäftsvorfall | Betrag |
|---|---|---|---|
| 20. Dez. 200x | Eigenbeleg | private Einlage des Geschäftsinhabers Postbank | 10.000,00 € |
| 15. Dez. 200x | Eigenbeleg | Privatentnahme aus der Kasse | 500,00 € |
| 20. Dez. 200x | Eigenbeleg | Privatentnahme Blumen | 107,00 € |
| 20. Dez. 200x | Eigenbeleg | Privatentnahme Tonwaren | 254,00 € |
| 20. Dez. 200x | Eigenbeleg | Privatentnahme aus der Kasse | 58,00 € |

# Glossar

→ = siehe auch unter diesem Begriff nach

| | |
|---|---|
| Bedürfnis | Das Verlangen des Menschen, der Empfindung eines Mangels abzuhelfen. |
| Colli | Anzahl der Einzelstücke |
| Darlehen | Ein Kreditgeber (Darlehensgeber) stellt einer kreditsuchenden Person (Darlehensnehmer) Geld oder andere vertretbare Sachen zur Verfügung. Im Darlehensvertrag vereinbaren die Partner die Aus- und Rückzahlungsbedingungen, die Kosten sowie die Sicherheitsleistungen des Darlehensnehmers (zum Beispiel Hypotheken als Sicherheit → Hypothekendarlehen). |
| Defizit | Ein Defizit ist ein Fehlbetrag beziehungsweise eine Unterdeckung |
| ERP-Kredit | **E**uropean **R**ecovery **P**rogram; Kredite aus Mitteln, die von der Bundesregierung für Zwecke der Wirtschaftsförderung eingesetzt werden. ERP-Kredite sind oft für eine bestimmte Zeit tilgungsfrei und haben einen sehr gemäßigten Zinssatz. |
| Fälligkeitsdarlehen | Ein → Darlehen, das zu einem bestimmten Zeitpunkt in einer Summe zurückzuzahlen ist. Gegensatz: Tilgungsdarlehen; bei diesem wird ein gleich hoher Betrag, zum Beispiel monatlich, für die Rückzahlung verwendet. |
| FIBU-Programm | Software zur Erfassung von buchhalterischen Vorgängen; FIBU = Finanzbuchhaltung |
| finanzieren | durch Geldzuschuss ermöglichen; Kapital beschaffen |
| Frei Haus | Die gesamten Kosten des Versands übernimmt vertraglich der Verkäufer. |
| Gehalt | Monatliches Entgelt für geleistete Arbeit, im Gegensatz zum Lohn in stets gleicher Höhe |
| Handelsbrief | = Geschäftsbrief; alle den Gewerbebetrieb eines Kaufmanns betreffenden ein- und ausgehenden Schriftstücke |
| Handelswaren | Bewegliche Sachgüter, die bezogen werden und ohne Be- oder Verarbeitung in der Regel mit einem Aufschlag weiterverkauft werden. |
| Haushaltsvorstand | Familienoberhaupt; früher nur der Vater, heute meist von beiden Elternteilen partnerschaftlich wahrgenommen |
| Hypothekendarlehen | Ein → Darlehen, das durch ein Grundstück gesichert ist; dabei wird das Grundstück mit einer bestimmten Summe belastet, sodass der Gläubiger ein Grundpfandrecht zur Sicherung seiner Forderung hat. |
| Insolvenzverfahren | Insolvenz ist die Zahlungsunfähigkeit einer natürlichen oder juristischen Person. Beim Insolvenzverfahren handelt es sich um die (gerichtliche) Abwicklung der Folgen einer Zahlungsunfähigkeit. |
| investieren | Verwenden von Geldmitteln für unternehmerische Zwecke |
| Kontokorrentkonto | Konto für Leistungs- und Zahlungsverkehr mit Kunden (Debitoren) und Lieferanten (Kreditoren) |

| | |
|---|---|
| Kreditlimit | Die Grenze bei einem → Kontokorrentkonto, bis zu der jederzeit Kredit aufgenommen werden kann. |
| Lastschriftverfahren | Zahlung mit der EC-Karte und Unterschrift; die Zahlung erfolgt offline → siehe auch POS-Verfahren |
| materielles Bedürfnis | stoffliches (gegenständliches) → Bedürfnis, zum Beispiel das Bedürfnis einen PC zu besitzen; Gegensatz: immaterielle Bedürfnisse; z. B. das Bedürfnis nach Ruhe |
| Mikro-Fiches | Organisationsmittel zur Archivierung und Wiedergabe von Dokumenten. Der Inhalt einer großen Anzahl von Belegen und Dokumenten wird in starker Verkleinerung auf einen Mikrofilm kopiert. |
| normativ | maßgebend, gültig |
| Patentrecht | Das Recht, sich vom Deutschen Patentamt oder vom Europäischen Patentamt Erfindungen, die gewerblich genutzt werden können, schützen zu lassen. |
| Periodenabschlüsse | buchhalterische Rechnungslegung nach einem bestimmten Zeitablauf |
| POS-Verfahren | **P**oint **o**f **S**ale; Zahlung mit der EC-Karte und gleichzeitiger Eingabe der PIN (Geheimzahl); die Zahlung erfolgt unmittelbar online. → Lastschriftverfahren |
| Streckengeschäft | Eine Form des Handels, bei dem der Händler den Hersteller anweist, den Auftrag unmittelbar an den Abnehmer auszuliefern. |

# Stichwortverzeichnis

## A
Abschluss .................................. 3, 31, 33, **73ff.**, 85
Aktiva ............... 30, 39, **41**, 45, 62, 63, 67, **68**, 74, 89
Aktivkonten ............................................................. 47
Aktivtausch ................................... 3, **45**, 47, **75**
Anlagevermögen ................................ 3, **45f.**, 58, **61**
Aufwandskonten ..................................... 5, 73, 74, 76
Aufwendungen ........................... **58ff.**, 67, 83, 84
Ausgangsrechnung ............... **49f.**, 55ff., **63**, 66, 78, 88f.

## B
Belege ...... 3, 31, 33, 49, 51ff., **58ff.**, 66ff., 71, 72, 76, 78, 81, 83, 88
Bestandskonten ................................................... 73ff.
Bezugskosten ............................. 4, 48, 78, **80**, 83f.
Bilanz .............. 3, 7, 32ff., **39ff.**, 59ff., 68, 73ff., 85ff.
Bilanzrichtliniengesetz ................................................. 7
Bilanzverkürzung ............................................ 47, 75
Bilanzverlängerung ................................. **45**, 46, **75**
Bonus ............................................... 4, 80, 81, 84
Buchführung ........................ 3, **5ff.**, 22, 25, **29ff.**, 41, 43, 49, 50, 68, 71, 75, 77, 85, 86
Buchungssatz ........................... 71, 73, **79ff.**, 90f.

## D
Debitorenkonten .................................... 4, 76, 86
Dispositionskredit ............. 15f., 18f., 21, 29, 35
doppelte Buchführung ........................... 3, 25, 41
Doppik ................................. 26, 28, 30, 34, 43, 51

## E
Eigenkapital ............. 23, 26f., 30, 32, 35, 41, 43, 45ff., 58ff., 73ff., 89ff.
Eingangsrechnung ......... **49f.**, 56f., 61f., 66, 78ff., 88f.
Einstandspreis ........... **48**, 50, 56f., 59, 63f., 78, 80, 90
Erfolgskonten .................................... 3, 66, 75ff.
Erlösberichtigung ................................ 4, 81, 83f.
Eröffnungsbilanz ......... 3, 34, 39, **41ff.**, 59f., 74, 76f., 85, 87

Erträge .................................... 5, **58ff.**, 76
Ertragskonten ............................... 63, 73ff.

## F
FIBU-Programm .............. 50, 61, 85, 87f., 90
FIBU-Stempel ................ 50, 61, 85, **87ff.**
Finanzierung ......................................... 46
Fremdkapital ................ 23, 26f., 30, 46, 58, 90

## G
Geschäftsvorfälle ........................ 3, 83, 89, 92
Gewinn .......... 3, 42, 48, 50, 58ff., 63ff., **73ff.**, 80, 89
Girokonto ....................................... 14ff., 29
Grundsätze der doppelten Buchführung ....... 5, 30
Gutschriften ................................................ 80ff.
GuV-Konto ............................................. 60, 74

## H
Handelsgesetzbuch (HGB) ............ 33, 35, 39, 41, 75
Handelswaren ........ 3, 10, 18f., 42, **48f.**, 52, 58f., 65f., 83, 90

## I
Inventar ....................... 3, 30, **33ff., 39ff.**, 45, 68
Inventur ......................... 3, **28ff.**, 33, 35, 41, 68
Inventurbestand ............................................. 29

## K
Kapital ............. 23, 26f., 30, 34, 41f., 58, 75, 89
Kassenbuch ........................................... 50, 83
Konten .......... 3f., 31, 34, 39, 42f., 47, 61ff., **66ff.**, 80, 82, **85ff.**, 92
Kontensystem der doppelten Buchführung ........ 5, 30
Kontoauszug ...................... **17ff.**, 21, 29, 67ff., 72, 88
Kreditorenkonten ................................... 4, 76, 86
Kundenskonto ................................... 48, 82, 84

## L
Leihverpackung ........................................... 80

# Stichwortverzeichnis

## M
Mandanten .................................................. 57, 69, 85
Mängelrüge .................................................. 78
Mehrwert .................................................. 46, 51ff., 57f.
Mehrwertsteuer .................................................. 46, 51ff., 57f.
Miete .................................................. 13, 21, 76
Mittelherkunft .......... **25ff.**, 29, 35, 39ff., 43, 62f., 68
Mittelverwendung ....... 25, 28, 30, 35, 39, **40ff.**, 62f., 68

## N
Nachlässe .................................................. 3, 78, 83f.

## P
Passiva .................. 30, 39, 41, 45, 63, 67f., 74, 89f.
Passivtausch .................................................. 3, **46**, 47, **75**
Privat .......... 3f., 7f., 14, 17, 22, 25, 28, 31, 34, 41, 51, 58, **89ff.**

## R
Reingewinn .................................................. 60
Reinvermögen .................................................. 41
Rohgewinn .................................................. 48, 50, 63ff.

## S
Schlussbilanz .................................................. 40, 73ff., 85, 87
Schulden .................................................. 21, 24, 28ff., 35, 41, 54
Schulkontenrahmen .................................................. 76
Skonto .......... 17, 47ff., 53, 61, 63ff., 68ff., 72f., **78ff.**, 86, 90, 92
Steuern .................................................. 52
System der doppelten Buchführung .............. 5, 30, 41
Systemlogik .................................................. 8f., 26, 29, 43, 68

## T
T-Konto .................................................. 42, **61ff.**, 71ff., 77, 85
Tageslosung .................................................. 50ff.
Transportkosten .................................................. 78, 80

## U
Überschuss .................................................. 10, 12, **15ff.**, 60
Überweisung .................................................. 18
Umlaufvermögen .................................................. 45
Umsatzsteuer .................. 45f., **51**, 53, 54, 57ff., 63, 66f., 73f., 77, 82ff.
Unterkonto .................................................. 77, 80, 82, 90f., 93

## V
Verbindlichkeiten ..... 30, 45, 47, 49, 54, 61f., 66f., 69, 75, 80f., 83f., 86
Verlust .................................................. 3, 60, 73ff.
Vermögen .......... 2, **22ff.**, 30, 35, 39, 41, 45f., 58, 61, 89f., 92
Verpackungsmaterial .................................................. 81
Versandkosten, .................................................. 81
Vorsteuer .......... 35, **53f.**, 57ff., 62, 66f., 74, 77, 79f., 83ff., 90, 92

## W
Waren ......... 3f., 29, 31, 42, 48f., 51ff., 62ff., 72, 78ff., 89ff.

## Z
Zahllast .................................................. 54
Zinsen .................................................. 67
Zug-um-Zug .................................................. 49

# Anhang

## Debitorenliste

| Nr. | Kürzel | Name | Zusatz | Land | PLZ | Ort | Straße | Telefon | Fax | E-Mail | Skonto-frist 1 | Skonto-frist 2 | Skonto 1 | Skonto 2 | Netto-zeit | BLZ | Bank | Konto-nummer |
|---|---|---|---|---|---|---|---|---|---|---|---|---|---|---|---|---|---|---|
| 240001 | RP | Rigi Peißenberg | GmbH | D | 82380 | Peißenberg | Forsterstraße 19 | 08803-690200 | 08803-9745 | Rigi@peißenberg.com | 10 | 2% | | | 15 | 70169602 | Raiffeisenbank | |
| 240002 | GP | Grainau-Plast | GmbH | D | 82491 | Grainau | Zugspitzstraße 12 | 08821-943190 | 08821-555113 | grainauplast@gp.com | | | | | | 70350000 | Sparkasse | |
| 240003 | KH | Klaus Hotter | e. K. | D | 87600 | Kaufbeuren | Bleicherweg 2 | 08341-2554 | 08341-73449 | klaus.hotter@web.de | | | kein Skonto | | | 73491300 | Volksbank | |
| 240004 | B. S. | Bauservice | GmbH | D | 86956 | Schongau | Wilhelm-Köhler-Straße 40 | 08861-2321-0 | 08861-2321-23 | Bauservice@schongau.com | 10 | 3% | | | 21 | WM 70070010 | Deutsche Bank | |
| 240005 | MG | M. Gebauer | Privat | D | 82481 | Mittenwald | | | | m.gebauer@t-online.de | 7 | | 2,0% | | 14 | 70090500 | Sparda-Bank | |
| 240006 | RA | Rauch Simone | Privat | D | 82386 | Hugfing | Sankt-Johann-Straße 34 | 08802-1376 | ---- | sabine.rauch@compuserve.de | | | kein Skonto | | | 70321194 | HypoVereinsbank | |

202

# Anhang

## Kreditorenliste

| Nr. | Kürzel | Name | Zusatz | Land | PLZ | Ort | Straße | Telefon | Fax | E-Mail | Skonto-frist 1 | Skonto-frist 2 | Skonto 1 | Skonto 2 | Netto-zeit | BLZ | Bank | Konto-nummer | Geschäfts-führer | Gerichts-stand |
|---|---|---|---|---|---|---|---|---|---|---|---|---|---|---|---|---|---|---|---|
| 440001 | ATW | Agrarbedarf und Baumschule Wennekamp | GmbH | D | 85221 | Dachau | Ludwig-Dill-Straße 28 | 08131-735673 | 08131-80383 | Agra.Baum@wennekamp.com | 7 | | 3% | | 20 | 70091500 | Raiffeisen-bank | 123123123 | Hilke Wennekamp | Dachau |
| 440002 | K D | Zimmerpflanzen Karla Grünwald | GmbH | D | 96450 | Coburg | Schulestr. 7 | 09561-69520 | 09561-79020 | Karla@zimmerpflanzen.com | 14 | | 3% | | 30 | 77091800 | Volksbank | 876472 | Karla Zeitler | München |
| 440003 | Si | Singer Gartenbedarf | e. K. | D | 80469 | München | Frauen-straße 19 | 089-23322796 | 089-2335540 | Singer@gartenbedarf.com | | | | | 14 | 70020270 | HypoVereins-bank | 116280344 | | München |
| 440004 | GaGro | Garten-Groß-handel | KG | D | 90443 | Nürnberg | Eilgutstr. 10 | 0911-221313 | 0911-2148058 | Garten.GH@nürnberg.com | 14 | | 3% | | 30 | 76080040 | Dresdner Bank | 380725664 | Komplementär Friedrich Kurz | München |
| 440005 | SA | Saphon | GmbH | D | 80333 | München | Schwantha-lerstraße 53 | 089-5398050 | 089-53980592 | saphon@gmx | 14 | | 2% | | 30 | 70150000 | STADTSPAR-KASSE | 201158 | Kurt Sommer | München |
| 440006 | AT | Augsburger Töpferei | GbR | D | 86159 | Augsburg | Alter Post-weg 86 a | 0821-32418203 | 0821-32418205 | Augsburger.Töpferei@compuserve.de | 7 | | 3% | | 21 | 72070001 | Deutsche Bank | 190225378 | Jutta Matthes | Augsburg |
| 440007 | Bu | Monika Buttner, Rosenspezialist | e. K. | D | 90762 | Fürth | Tannen-straße 17 | 0911-9742161 | 0911-9742170 | Monika.Buttner@yahoo.de | 7 | | 3% | | 21 | 76240011 | Commerz-bank | 530114256 | | Fürth |
| 440008 | T&E | Torf & Erden | OHG | D | 87700 | Memmin-gen | Bodensee-straße 41 | 08331-96490 | 08331-71030 | Torf_Erden@memmingen.com | 7 | | 3% | | 14 | 73190000 | Volksbank | 8347761 | Dr. Heinz Wolff | Memmingen |
| 440009 | BIR | Blumen Import Rosenheim | KG | D | 83022 | Rosen-heim | Prinzregen-tenstraße 46 | 08031-395323 | 08031-17908 | Blu_Imp@t-online.de | 7 | | 1,5% | | 14 | 71160161 | Raiffeisen-bank | 87461125 | Thomas Sommer | Rosenheim |
| 440010 | LX | Lux | GmbH | D | 91052 | Erlangen | Artillerie-str. 25 | 09131-53430 | 09131-534344 | Lux@web.de | 8 | | 2% | | 30 | 76350000 | Sparkasse Erlangen | 746589 | Dr. Margot Miller | Erlangen |

## Anhang

| Nr. | Kürzel | Name | Zusatz | Land | PLZ | Ort | Straße | Telefon | Fax | E-Mail | Skonto-frist 1 | Skonto-frist 2 | Skonto 1 | Skonto 2 | Netto-zeit | BLZ | Bank | Kontonummer | Geschäftsführer | Gerichtsstand |
|---|---|---|---|---|---|---|---|---|---|---|---|---|---|---|---|---|---|---|---|---|
| 440020 | Div | Diverse Kreditoren | | | | | | | | | | | | | | | | | | |
| 440020 | | Leichtmetall Oberland | AG | D | 82380 | Peißenberg | Bergwerkstraße 26 | 08803-833 | 08803-60985 | leichtmetall@oberlandmetall.de | | | kein Skonto | | 7 | 70169602 | Raiffeisenbank | 3157678 | Martina Zarges | Weilheim |
| 440020 | | Holz und Boden | GmbH | D | 63741 | Aschaffenburg | Erlenmeyerstr. 3–5 | 06021-424880 | 06021-424366 | holzundboden@aol.com | | | n. V. | | | 79580099 | Dresdner Bank | 4456567112 | Gabriele Pfeffer | Aschaffenburg |
| 440020 | | A. & H. Gehrmann | GbR | D | 82380 | Peißenberg | Zugspitzstraße 2 | 08803-2660 | 08803-2660 | a.h.g.@web.de | | | n. V. | | | 70169602 | Raiffeisenbank | 1122752 | Anne Gehrmann | Weilheim |
| #BEZUG! | | Nülag | GmbH | D | 90461 | Nürnberg | Schönweißstr. 7 | 0911-230710 | 0911-2148058 | nuelag@nuernberg.com | 14 | | 2% | | 30 | 76090500 | Sparda-Bank | | Rainer Zeller | Nürnberg |
| #BEZUG! | | Grainau-Plast | GmbH | D | 82491 | Grainau | Zugspitzstraße 12 | 08821-94319 0 | 08821-555113 | grainauplast@gp.com | 14 | | 2% | | 30 | 70390000 | Volksbank | | Nadja Groß | Garmisch-Partenkirchen |
| #BEZUG! | | Holzer Spedition | e. K. | D | 87435 | Kempten | Alpenstraße 45 | 0831-25385241 | 0831-25385293 | holzer.spedition@s.com | | | kein Skonto | | | 73320073 | HypoVereinsbank | 120444115 | | Kempten |
| 440020 | | Kreis-Kurier | GmbH | D | 82380 | Peißenberg | Hauptstraße 25 | 08803-6072 | 08803-607210 | kk-peissenberg@web.de | | | kein Skonto | | | 71030035 | Sparkasse Peißenberg | 825830 | Rita Schmidt | Weilheim |
| 440020 | | Rabuk Rabhamsi | e. K. | D | 82380 | Peißenberg | Bergstraße 38 | 08803-2563 | 08803-2563 | rabrab@t-online.de | | | kein Skonto | | | 70169692 | Volksbank | 115787100 | | Weilheim |
| 440020 | | Bielefeld Verlag | GmbH | D | 33604 | Bielefeld | Windhorststraße 1 | 0521-1465390 | 0521-1465399 | bvggmbh@t-online.de | | | | | | 25010030 | Postbank Bielefeld | 17963201 | Christian Ahlmann | Weilheim |
| 440020 | | Däumling | GmbH | D | 82347 | Bernried | Karwendelstraße 15 | 08158-3755 | 08158-3750 | daeumling@web.de | | | kein Skonto | | | 70169692 | Raiffeisenbank | 117378150 | Herbert Geier | Weilheim |
| 440020 | | Buck | e. K. | D | 86956 | Schongau | Marktoberdorfer Straße 22 | 08861-1061 | 08861-1060 | buck@t-online.de | | | kein Skonto | | | 70080000 | Dresdner Bank München | 493143900 | | Weilheim |
| 440020 | | Direkt Printer | GmbH | D | 82380 | Peißenberg | Sonnenstraße 25 | 08803-77945 | 08803-77950 | info@direkt.de | | | kein Skonto | | | 79350101 | Sparkasse | 825848 | Hermine Schönborn | Weilheim |